Modern Ukrainian
Short Stories

Titles Published by
Ukrainian Academic Press

Pidmohylny, Valerian. *A Little Touch of Drama.* 1972.

Luckyj, George S. N. *Modern Ukrainian Short Stories.* 1973.

Struk, Danylo Husar. *A Study of Vasyl' Stefanyk.* 1973.

Kulish, Panteleimon. *The Black Council.* 1973.

Cyzevs'kyj, Dmytro. *History of Ukrainian Literature.* 1975.

Kulish, Mykola. *Sonata Pathetique.* 1975.

Wynar, Lubomyr R., and Orest Subtelny. *The Habsburgs and Zaporozhian Cossacks.* 1975.

Sverstiuk, Ievhen. *Clandestine Essays.* 1976.

Armstrong, John A. *Ukrainian Nationalism*, 2nd ed. 1980.

Kotsiubynsky, Mykhailo. *Shadows of Forgotten Ancestors.* 1981.

Armstrong, John A. *Ukrainian Nationalism*, 3d ed. 1990.

Wynar, Bohdan S. *Ukraine: A Bibliographic Guide to English-Language Publications.* 1990.

Modern Ukrainian
Short Stories

Revised First Edition

Edited by
George S. N. Luckyj

Ukrainian/English Parallel Text

Ukrainian Academic Press
Englewood, Colorado
1995

UKRAINIAN ACADEMIC PRESS
A Division of Libraries Unlimited, Inc.
P.O. Box 6633
Englewood, CO 80155-6633
1-800-237-6124

Library of Congress Cataloging-in-Publication Data

Modern Ukrainian short stories / edited, with a preface by
    George S. N. Luckyj. -- Rev. 1st ed.
       230 p. 17x25 cm.
       Parallel text edition Ukrainian and English.
       ISBN 1-56308-391-4
       1. Short stories, Ukrainian. 2. Short stories, Ukrainian--
    Translations into English. 3. Ukrainian fiction--20th century.
    I. Luckyj, George Stephen Nestor, 1919-
    PG3986.E8M63   1995
    891.7'930108--dc20   95-19552
                                                          CIP

TABLE OF CONTENTS

PREFACE TO THE REVISED FIRST EDITION

For over 20 years, the first edition of this book has often served as a text in courses on Ukrainian language and literature on this continent. Its value today is undiminished. The bilingual texts, studied in class, can enhance both a knowledge of Ukrainian language and an appreciation of the literature. For this reason a need was established for a revised edition of this first volume.

The Ukrainian literary scene has changed a great deal since 1973 when this book first appeared. Even more profound have been the social and political changes leading to the proclamation of Ukraine's independence in 1991. Yet the material contained in this collection has remained representative of a classic period of Ukrainian literature, sometimes labeled "modernist." Today, in a post-modernist era, it offers much that is best in Ukrainian literature. Some of the authors (Hutsalo, Vinhranovsky, Shevchuk) continue writing today, though under very different circumstances. Their earlier works, however, like the works of writers in the 1920s, has not become dated. Their language is as vibrant today as it was then. Certainly, new trends have appeared in Ukrainian literature since 1991. That literature displays a new openness and freedom and should be represented in a separate volume.

Writers in this collection, from Vasyl Stefanyk to Valeriy Shevchuk, offer texts which may be approached with different tools than they were 20 years ago. Yet no matter the approach, these works are offered here, with a parallel English translation, for discriminating readers. Readers may choose to look for different and novel elements in the works, but they must first digest the writings in both the original forms and in the translations.

The usefulness of this volume has not been superseded. It may even prove helpful to students in Ukraine who are increasingly eager to see English translations of Ukrainian literature. I hope this effort from the diaspora may replenish the knowledge of native Ukrainians. The Ukrainian prose collected here offers an appreciation of a genre that, in Ukraine, followed after poetry in the development of literature. Today, it is precisely prose, rather than poetry, which is making great strides in Ukraine. This offering, therefore, may already be the fecund ground from which present literature evolves.

The translation project was assisted by a humanities research grant from the University of Toronto, and the publication of the parallel text edition was made possible by a grant from the Taras Shevchenko Foundation in Winnipeg, Ontario. Both are gratefully acknowledged.

George S. N. Luckyj
1995

EDITOR'S PREFACE

The fifteen Ukrainian stories collected here were written over the last seventy years. The earliest appeared in 1897, the latest in 1968 and all are printed in the order of their original appearance. This is done not so much for the sake of historical perspective but rather to bring out similar literary features. These are defined rather inadequately by the use of the word "modern" in the title of the collection. In different ways these stories are all "modern," regardless of their age, because they reflect modernist trends in contemporary literature, as opposed to the traditional realistic and populist literary schools which predominated in Ukraine early in the century and still do today. Thus, this anthology does not claim to be representative of all Ukrainian short stories of the last seven decades. It attempts to offer a sampling of prose which deviated from the generally accepted norm of the time but which has in turn become the most enriching contribution to contemporary Ukrainian literature.

The first four authors (Stefanyk, Kotsyubynsky, Yatskiv and Vynnychenko) wrote during the period of Modernism when aesthetic considerations in literature began to displace social and ideological attitudes. All four were very much influenced by the Western European literary climate. The First World War and the Revolution created new conditions by temporarily liberating literature from political strictures and social preoccupations. During the 1920s Ukrainian literature enjoyed a brief renaissance which was cut short by the onset of Stalinism. It is in this period that writers like Khvylovy, Pidmohylny, Kosynka and Yanovsky wrote their best works. The most recent period is represented here by Hutsalo, Vinhranovsky and Shevchuk. They became prominent during the so-called cultural "thaw" in Khrushchev's Soviet Union.

Since the day of the ancient Rus *Lay of Ihor's Campaign* the strength of Ukrainian literature has lain in poetry. During the national revival in the 19th century it was the poets who were in the forefront of the new literature. Prose developed too, but much more slowly. No doubt this was a sign of the weakness of the Ukrainian middle class, a class which usually has a great deal to do with the rise of the novel. Much of the writing in this volume is still strongly influenced by the poetic and particularly by the lyric tradition. But slowly Ukrainian prose came of age. Today there are still more good Ukrainian poets than prosewriters, but the demand for good prose is growing.

In the present edition, Ukrainian texts of the short stories are printed opposite the English translations. This has been done in order to

allow an advanced student to compare them and thus enrich his understanding of the original works. It will probably be most useful to those whose Ukrainian is still imperfect but who do have some native knowledge of the language. The translators who have collaborated on this project were given a free hand in their task and at no time was a literal rendering of the original demanded. The reader will find some disparities in the length of the parallel texts, partly due to typographical requirements and partly due to the difficulties of being absolutely faithful to the original while translating it into another language. It is hoped that the literary value of the stories has been emphasized and that they will not be studied as language texts alone. For this reason it was decided not to add too much explanatory material or stresses. Occasionally, footnotes were found to be necessary, but these have been kept to a minimum. There are, after all, good Ukrainian-English dictionaries available.

The translation project was assisted by a Humanities Research Grant from the University of Toronto and the publication of the parallel text edition was made possible by a grant from the Taras Shevchenko Foundation in Winnipeg. Both are gratefully acknowledged.

George S. N. Luckyj
1973

9

ВАСИЛЬ СТЕФАНИК

Побожна

Семен та Семениха прийшли з церкви та й обідали — мачали студену кулешу в сметану. Чоловік їв, аж очі вилазили, а жінка почтиво їла. Раз-у-раз втиралася рукавом, бо чоловік кидав на неї цяточками слини. Таку мав натуру, що цьмакав і пускав слиною, як піском, в очі.

— Не можеш ти башту трохи приперти, не мож хліба з'їсти...

Семен їв і не припирав башти. Трохи його жінка вколола отим словом, але він возив далі сметану з миски.

— Чмакає, як штири свині. Боже, Боже, таку маєш гямбу нехарапутну, як у старої конини.

Семен іще мовчав. Трохи був і винен, а по-друге, хотів добре попоїсти. Врешті встав і перехрестився. Вийшов надвір, дав свиням пити і вернувся, аби лягати.

— Аді, насадивси та й лігає, як колода, ану-ко, ци він вікаже де носа? Гниє отак кождого свєта та й неділі.

— Чьо ти собі ґузда зо мнов шукаєш? Як я тобі зав'єжу ґудз, то ти його не роз'єжиш, я тобі дам ґудза!

— Я би тебе щонеділі живого кусала.

— Коби-то свиня мала роги...

— Стоїть у церкві як баран недорізаний. Інші ґазди як ґазди; а він такий зателепаний, як колєра. Мені аж лице лупаєси за такого ґазду.

— Ото, бідна головко, та й втратю царство небесне! На-гаруйси цілий тиждень, та ще у церкові гаптах стій! Стій уже ти за мене, а я і так Божого Слова віслухаю.

— Ой, вже ти слухаєш Слова Божого. Одного лумера не знаєш, що ксьондз казав на казаню. Станеш насеред церкви, як сновида. Дивиси, а очі вже пішли у стовбір, дивиси, а рот вже розхиливси, як ворота, дивиси, а слина тече вже з рота. А я дивлюси, та й земля підо мнов горить зі стиду!

— Уступиси від мене ти, побожна, най я трохи очі прижмурю. Тобі однако молоти, а я ледви тлінний.

VASYL STEFANYK

The Pious Woman

Semen and Semenykha had come from church and were eating dinner: dipping cooled cornmeal into sour cream. The husband ate so that his eyes were just about ready to pop, but the wife ate more delicately. Time after time she wiped herself with her sleeve, for her husband was showering her with spit. It was his way to smack his lips while he ate and send a shower of spit into people's eyes.

"Can't you close that trap a bit? Can't even eat one's bread in peace . . ."

Semen went on eating without closing his trap. His wife had hurt him a bit by using that word but he kept on hauling the sour cream from the bowl.

"He smacks like four swine. My God, Christ! You've got such a disgusting snout; like an old horse."

Semen remained silent. He felt a bit at fault and besides, first of all he wanted to get something under his belt. Finally he got up and crossed himself. He went outside, gave the swine some water and came back to lie down.

"Will you look at him? He's stuffed himself and now he's gonna lie there like a log. D'you think he'd show his puss someplace? No, he rots like that every holiday and Sunday."

"Why are you itching for it? I'll give you such an itch you'll be scratching for the rest of your life."

"Every Sunday I'd eat you alive."

"If only pigs had horns . . ."

"He stands there in church like a near-dead ram. Other men are like men; but he's as sloppy as dishwater. My face burns on account of a man like that."

"Oh, poor me; I'll probably miss the Heavenly Kingdom for that. Work your head off all week and then stand at attention in church. You stand there for me and I'll get to hear the Lord's word without it."

"You sure listen to the Lord's word. You don't know one word of what the priest said in his sermon. You stand there in the middle of the church like a sleepwalker. No sooner are you there than your eyes go blank, your mouth opens as wide as a gate, and the spittle starts running out of it. And I look at you and the earth is about ready to swallow me up with shame."

"Leave me alone, you pious female, so that I can get some shuteye. It doesn't matter to you if you go on squawking like that, but I'm dead tired."

—Бо не стій у церкві, як слуп. Лиш ксьондз стане з книжки читати, а ти вже очі віпулиш, як цибулі. Та й махаєш головов, як конина на сонці, та й пускаєш нитки слини, як павук, такі тоненькі, — лиш що не захаркотиш у церкві. А моя мама казали, що то нечисте закрадаєси та чоловіка на сон ломить, аби Божого Слова не слухав. А коло тебе нема Бога, ой, бігме, нема!

—Агій на тебе, таже най твої голови дідько причепитьси не мої! Ото побожна?! Мой, та ти написаласи в якесь архиримське брастго та гадаєш, що-с вже свєта? Та я тобі так шкіру спишу, як у книжці, такими синіми рєдами... Зійшлиси ґаздині у брастго! Ніхто такого не чув та й не видів. Одна мала дитину дівков, друга одовов, трета найшла собі без чоловіка — самі порєдні ґаздині зійшлиси. Та якби вас тоті черці знали, що ви за чилєдинка, та вони би вас буком з церкви! Аді, які мені побожні, лиш фоста на заді хибує! Книжки читають, образи купують, таки живі до раю!

Семениха аж заплакала, аж затремтіла.

—То було ні не брати, як мала-м дитину! Ото-м собі долю напитала. Таже за тебе була би й сука не пішла, за такого вола невмиваного! Ще молиси Богу, що-м собі світ з тобов зав'єзала, бо був би-с ходив отак до гробної дошки.

—Бо-м був дурний, злакомивси на поле, та й відьму взєв до хати. Я би тепер і свого додав, коби си відчепити!

—Ой не відчепиши! Я знаю, то би хотів ще другу взєти з полем, але, не біси, мене не доїш і не діб'єш. Я таки буду жити, таки мусиш на ні дивитиси — та й решта!

—Та жий, поки світа та сонця...

—Та й до брастга буду ходити, та й що ми зробиш!

—О, вже ти в тім брастгі не будеш, хіба би мене не було! Я ті книжки пошпурєю, а тебе прив'єжу. Вже ти мені не будеш приносити розуму від черців...

—Ой буду, буду — та й вже!

—А відчписи від мене, бо як озму яке лихо та й перевалю!

—Мамко, мамко, то-с ні дала за кальвіна, тото-с ми світ зав'єзала! Аді, в неділю береси бити!

—Аді, аді, мой, а то ж я розчинав сварку? Та міркуйте собі, що це за побожна? Ей, небого, коли ти так, то я тобі трохи прикоротаю, я тобі писочок трохи припру. Таже через цю побожну треба би хату покидати! Спи біда, але буду бити!

Семениха втікла надвір, але чоловік імив у сінях і бив. Мусив бити.

"Well, don't stand there in church like a pole. No sooner does the priest start to read than you pop your eyes like two onions. And you wag your head like a horse in the sun, and you dribble spittle threads as thin as a spider's web; you just about snore. And my mother told me it's the evil spirit sneaking up on a man that snags him into sleep so that he won't hear the Lord's word. There's no God near you, honest to God there isn't."

"The hell with you, woman. Leave me alone. You're a holy one! So you've joined some "archroman" sisterhood and you think you're a saint already? Boy, will I tan your hide until it has blue lines, just like a book! So the ladies've formed a sisterhood? No one's ever seen or heard anything like it: one had a kid while she was still a girl, another while she was a widow, a third had one without a husband; real respectable ladies you've got together. Boy, if those priests knew what kind of a crowd you are, they'd chase you out of church with a whip. Look at the pious females; all you need is a tail. They read books, they buy holy pictures; they want to get into Heaven alive."

Semenykha, on the verge of tears, trembled with anger.

"Then you shouldn't have taken me when I had a child. So-oo what a fate I found for myself! Even a bitch wouldn't have gone for a bull like you. You should thank God that I ruined my life with you or you'd still be hanging around alone 'till you died."

"Because I was stupid and greedy for land, I took a witch into my house. Now I'd even add some of my own land to get rid of you."

"Oh, no you won't. You won't get rid of me. I know, you'd like to have another wife with land, but don't you worry, you're not going to get rid of me that easy. I'll live and you'll have to put up with me and look at me and that's that."

"Go ahead—live 'till there's sun and a world to live in."

"And I'll keep going to the sisterhood, and you can't do anything about it."

"Well, we'll see about that. You're not going to belong to any sisterhood as long as I'm around. I'll throw those books of yours to the wind and I'll tie you up. No sir, you're not gonna keep bringing me any of that wisdom from the priests . . ."

"Oh, yes I will, yes I will and that's that."

"Lay off woman, 'cause I'm gonna grab something and I'll latch onto you, but good."

"Oh, mother, did you ever marry me off to a Calvin; look at him there, he's planning to beat me on a Sunday!"

"Well, did I begin the fight? And she still thinks she's holy! Oh, my dear, if you're gonna carry on like that then I'll have to take you down a peg or two, I'll have to close that mouth of yours a bit. Or I'll have to leave my house because of this pious female. But whatever happens I'll beat you."

Semenykha was running out of the house, but her husband caught up with her in the hallway, and he beat her. He had to beat her.

— Translated by D. Struk

13

ВАСИЛЬ СТЕФАНИК

Новина

У селі сталася новина, що Гриць Летючий утопив у ріці свою дівчинку. Він хотів утопити і старшу, але випросилася. Відколи Грициха вмерла, то він бідував. Не міг собі дати ради з дітьми без жінки. Ніхто за нього не хотів піти заміж, бо коби-то лишень діти, але то ще й біда і нестатки. Мучився Гриць цілі два роки сам із дрібними дітьми. Ніхто за нього не знав, як він жиє, що діє, хіба найближчі сусіди. Оповідали вони, що Гриць цілу зиму майже не палив у хаті, а зимував разом із дівчатами на печі.

А тепер усе село про нього заговорило.

То прийшов він вечором додому та й застав дівчата на печі.

— Дєдю, ми хочемо їсти, — сказала старша, Гандзуня.

— То їжте мене, а що ж я дам вам їсти? Аді, є хліб, та й начинєйтеси!

Та й дав їм кусень хліба, а вони, як щенята коло голої кістки, коло того хліба заходилися.

— Начинила вас та й лишила на мою голову, бодай ї земля вікінула! А чума десь ходить, бодай голову зломила, а до вас не поверне. Цієї хати і чума збояла би си!

Дівчата не слухали татової бесіди, бо таке було щоднини і щогодини, і вони привикли. Їли хліб на печі, і дивитися на них було страшно і жаль. Бог знає, як ті дрібонькі кісточки держалися вкупі? Лише четверо чорних очей, що були живі і що мали вагу. Здавалося, що ті очі важили би так, як олово, а решта тіла, якби не очі, то полетіла би з вітром, як пір'я. Та й тепер, як вони їли сухий хліб, то здавалося, що кістки в лиці потріскають.

Гриць глянув на них із лави і погадав: "Мерці" — і напудився так, що аж його піт обсипав. Чогось йому так стало, як коли би йому хто тяжкий камінь поклав на груди. Дівчата глемедали хліб, а він припав до землі і молився, але щось його тягнуло все глядіти на них і гадати: "Мерці!"

Через кілька день Гриць боявся сидіти в хаті, все ходив по сусідах, а вони казали, що він дуже журився. Почорнів, і очі запали всередину так, що майже не дивилися на світ, лиш на той камінь, що давив груди.

VASYL STEFANYK

The News

There was news in the village that Hryts Letyuchy had drowned his little girl in the river. He had wanted to drown the elder one, too, but she talked him out of it. Ever since Hryts's wife had died, he had lived in misery. He just couldn't take care of his children without a wife. No one would marry him, for not only were there children, but there was also nothing to eat. For two years he suffered like that with his little girls. No one knew how he lived and what he did, except maybe his nearest neighbors. They said that Hryts didn't make a fire in the house almost all winter, and that, along with his little girls, he spent most of the time sitting on the stove.

And now the whole village was talking about him. When he came home one evening, the girls were on top of the stove.

"Daddy, we want to eat," said Handzunya, the elder one.

"Then eat me! What am I going to give you to eat? Here, take some bread and stuff yourselves!"

And he gave them a piece of bread, and they fell upon it like puppies on a bare bone.

"She made you and left you on my neck, may the earth spit her out! And the plague wanders somewhere, but it wouldn't come here! Even the plague would be afraid to come to this house!"

The girls didn't listen to their father's words, for this was how it was every hour of every day, and they were used to it. They ate the bread sitting on the stove, and their behavior evoked terror and pity. God knows how those little bones managed to stay together. Only the four black eyes were alive and, somehow, heavy. It seemed as if those eyes were as heavy as lead, and that the rest of the body would fly away with the wind, like feathers, if it weren't for those eyes. And, even now, as they ate the stale bread, it seemed that the bones in their faces were about to crack.

Hryts looked at them from the bench on which he was sitting, and he thought: "corpses," and then such terror came over him that he became covered with sweat. Somehow he grew sad, as if a heavy stone had been put on his chest. The girls were chewing the bread, and he fell on the floor and prayed, but all the time he wanted to look at them and to think that they were corpses.

So, for a few days, Hryts was afraid to stay in the house, and would visit his neighbors, and they said that he was worrying all the time. He grew black, his eyes sank into his head, so that he almost didn't look at the outside world, but at the stone that weighed on his chest.

15

Одного вечора прийшов Гриць до хати, зварив дітям бараболі, посолив та й кинув на піч, аби їли. Як попоїли, то він сказав.

— Злізайте з печі та підемо десь у гості.

Дівчата злізли з печі. Гриць натягнув на них драночки, взяв меншу, Доцьку, на руки, а Гандзуню за руку та й вийшов із ними. Йшов довго лугами та став на горі. У місячнім світлі розстелилася на долині ріка, як велика струя живого срібла. Гриць здригнувся, бо блискуча ріка заморозила його, а той камінь на грудях став іще тяжчий. Задихався і ледви міг нести маленьку Доцьку.

Спускалися в долину до ріки. Гриць скреготав зубами, аж гомін лугом розходився, і чув на грудях довгий огневий пас, що його пік у серце і в голову. Над самою рікою не міг поволі йти, але побіг і лишив Гандзуню. Вона бігла за ним. Гриць борзенько взяв Доцьку і з усієї сили кинув у воду.

Йому стало легше, і він заговорив скоро:

— Скажу панам, що не було ніякої ради: ані їсти що, ані в хаті затопити, ані віпрати, ані голову змити, ані ніц! Я си кари приймаю, бо-м завинив, та й на шибеницю!

Коло нього стояла Гандзуня і говорила так само скоро:

— Дєдику, не топіть мене, не топіть, не топіть!

— Та як си просиш, то не буду, але тобі би ліпше, а мені однако пацити, ци за одну, ци за дві. Будеш бідити змалку, а потім підеш у мамки жидам та й знов меш бідити. Як собі хочеш.

— Не топіть мене ,не топіть!

— Ні, ні, не буду, але Доці вже ліпше буде, як тобі. То вертайси до села, а я йду мелдуватиси. Аді, оцев стежечков йди, геть, геть аж угору, а там прийдеш до першої хати, та й увійди, та й кажи, що так і так, дєдя хотіли мене утопити, але я си віпросила та й прийшла, абисте мене переночували. А завтра, кажи, може би, ви мене де наймили до дитини бавити. Гай, іди, бо то ніч.

І Гандзуня пішла.

— Гандзю, Гандзю, а на тобі бучок, бо як ті пес надибає, та й роздере, а з бучком май безпечніше.

Гандзя взяла бучок і пішла лугами.

Гриць закочував штани, аби перейти ріку, бо туди була дорога до міста. Вступив уже у воду по кістки та й задеревів.

— Мнєоца і Сина і Світого Духа амінь. Очинаш їжи єс на небесі і на землі...

Вернувся і пішов до моста.

One evening Hryts came home, cooked his children some potatoes, put salt on them, and threw them on top of the stove, so that they would eat them. When they had finished, he said:

"Come down, we will go and visit somebody!"

The girls got off the stove. Hryts dressed them in their rags, took the younger one, Dotska, on his arm, and the elder one, Handzunya, by the hand, and went outside. He walked a long way through the fields and finally stopped on top of a hill. In the valley below, the river, illuminated by the moon, curved like a thick current of mercury. Hryts shuddered, for the gleaming river almost hypnotized him, and the stone on his chest became even heavier. He was panting and could hardly carry little Dotska.

They were going down to the river. Hryts was grinding his teeth so loudly that the echo of it vibrated in the valley, and he felt as if a long, fiery tongue was burning his heart and his head. When he came close to the river, he couldn't stop himself from running, and he left Handzunya behind. She ran after him. Hryts quickly threw Dotska into the water as far as he could.

He felt better, and he began to speak rapidly:

"I'll tell the police that there was no other way—nothing to eat, nothing to heat the house with, or to heat some water for washing the clothes or our heads, nothing at all. I want to be punished, for I'm a criminal, and I should be hanged!"

Handzunya stood near him and spoke just as fast as he:

"Daddy, please don't drown me, don't drown me, don't drown me!"

"Well, since you ask me, I won't drown you, but you would be better off dead, and I'll hang for one just as soon as for two. You'll starve while you are little, and then you'll go as a wet-nurse to the Jews, and you'll starve again. Well, it's up to you."

"Don't drown me, don't drown me, please!"

"No, no, I won't, but Dotska will be better off than you. So go back to the village, and I'll go and report myself. See, take this path, and go way, way up the hill, and then you'll come to the first house, and go in and say what happened, and that your father wanted to drown you, but that you asked him not to, and he let you go, and that you would like to spend the night there. And then tomorrow ask them if you could work there, taking care of little children. So go now, for it's late."

And Handzunya went.

"Handzunya, Handzunya, here is a stick for you, for if a dog jumps at you, he will bite you, and you can defend yourself with the stick."

Handzunya took the stick and went through the fields.

Hryts rolled up his trousers to cross the river, for the city lay in that direction. The water had already reached his ankles, when he suddenly stopped.

"In the name of the Father, and of the Son, and of the Holy Ghost, amen. Our Father, who art in heaven and on earth . . ."

He turned around and went toward the bridge.

— Translated by G. Tarnawsky

ВАСИЛЬ СТЕФАНИК

Камінний хрест

I

Відколи Івана Дідуха запам'ятали в селі ґаздою, відтоді він мав усе лиш одного коня і малий візок із дубовим дишлем. Коня запрягав у підруку, сам себе в борозну; на коня мав ремінну шлею і нашильник, а на себе Іван накладав малу мотузяну шлею. Нашильника не потребував, бо лівою рукою спирав, може, ліпше, як нашильником.

То як тягнули снопи з поля або гній у поле, то однако і на коні, і на Івані жили виступали, однако їм обом під гору посторонки моцувалися, як струнви, і однако з гори волочилися по землі. Догори ліз кінь як по леду, а Івана як коли би хто буком по чолі тріснув, така велика жила напухала йому на чолі. Згори кінь виглядав, як би Іван його повисив на нашильнику за якусь велику провину, а ліва рука Івана обвивалася сітею синіх жил, як ланцюгом із синьої сталі.

Не раз ранком, іще перед сходом сонця, їхав Іван у поле пільною доріжкою. Шлеї не мав на собі, лише йшов із правого боку і тримав дишель як би під пахою. І кінь, і Іван держалися крепко, бо оба відпочали через ніч. То як їм траплялося сходити з горба, то бігли. Бігли вдолину і лишали за собою сліди коліс, копит і широчезних п'ят Іванових. Придорожнє зілля і бадилля гойдалося, вихолітувалося на всі боки за возом і скидало росу на ті сліди. Але часом серед найбільшого розгону, на самій середині гори Іван починав налягати на ногу і спирав коня. Сідав коло дороги, брав ногу в руки і слинив, аби найти те місце, де бодяк забився.

— Та цу ногу сапов шкребчи, не ти її слинов промивай, — говорив Іван іспересердя.

— Діду Іване, а батюгов того борозного, най біжить, коли овес поїдає...

Це хтось так брав на сміх Івана, що видів його патороч зі свого поля. Але Іван здавна привик до таких сміхованців і спокійно тягнув бодяк дальше. Як не міг бодяка витягнути, то кулаком його вгонив далі в ногу і, встаючи, казав:

— Не біси, вігнієш та й сам відпадеш, а я не маю чєсу з тобов панькатиси...

VASYL STEFANYK

A Stone Cross

I

For as long as people in the village remembered, *gazda*[1] Ivan Didukh had always had only one horse and a small wagon with an oak shaft. He harnessed the horse on the left and himself on the right; for the horse he had leather harness and a breast collar, and on himself he placed a small rope harness. He did not need a breast collar for with his left hand he pulled even better than he would with a collar.

Whenever they carted sheafs from the field or took manure to the field, then on both horse and Ivan the veins protruded, just as for both of them going uphill the traces tightened like strings, while going down they dragged on the ground. Going uphill the horse climbed as if he were on ice, and on Ivan's forehead a huge vein swelled up as if he had been lashed with a switch. From above, the horse looked as if Ivan had hanged him by the breast collar for some great crime, and Ivan's left arm was wound in a net of blue veins, like a chain of blue steel.

Often in the mornings, even before dawn, Ivan rode to the field on a dirt road. He did not have the harness on him; instead he walked on the right and tucked the wagon shaft under his arm. Both the horse and Ivan moved strongly, for both had rested during the night. And when they had to go down a hill, they ran. They ran down and left behind them the tracks of the wheels, of hoofs and of Ivan's wide heels. The grass and weeds by the side of the road bent, swaying in all directions after the cart and throwing dew on the tracks. But sometimes at the height of the speed, Ivan would start limping and holding back the horse. He'd sit by the road, take his foot in his hands and wet it with his spittle to find the place where a thistle had stuck itself in.

"You ought to scrape this foot with a hoe instead of washing it with your spit," said Ivan querulously.

"Grandpa Ivan, git that blackie with a whip, make him run if he eats oats," called someone who, from his own field, had seen Ivan's trouble and was trying to make fun of him. But Ivan was quite used to these jokers and calmly went on pulling out the thistle. When he could not dislodge it, he hit it with his fist and drove it deeper into the foot and got up saying:

"Don't worry, you'll rot and then you'll fall out by yourself, and I

---

[1] *Gazda*: A West Ukrainian dialect word, not translatable into English directly; implies being master of one's home and property.

А ще Івана кликали в селі Переломаним. Мав у поясі хибу, бо все ходив схилений, як би два залізні краки стягали тулуб до ніг. То його вітер підвіяв.

Як прийшов із войська додому, то не застав ні тата, ані мами, лише хатчину завалену. А всього маєтку лишив йому тато букату горба щонайвищого і щонайгіршого над усе сільське поле. На тім горбі копали жінки пісок, і зівав він ярами та печерами під небеса, як страшний велетень. Ніхто не орав його і не сіяв, і межі ніякої на нім не було. Лиш один Іван узявся свою пайку копати і сіяти. Оба з конем довозили гною під горб, а сам уже Іван носив його мішком наверх. Часом на долішні ниви спадав із горба його голосний крик:

— Е-ех, мой, як тобов грєну, та й по нитці розлетишси, який же-с тєжкий!

Але, відай, ніколи не гримнув, бо шкодував міха, і поволі його спускав із плечей на землю. А раз вечором оповідав жінці і дітям таку пригоду:

— Сонце пражить, але не пражить, аж вогнем сипле, а я колінкую з гноєм наверх, аж шкіра з колін обскакує. Піт із-за кожного волоска просік, та й так ми солоно в роті, аж гірко. Ледви я добивси на гору. А на горі такий вітрець дунув на мене, але такий легонький, що аж! А підіть же, як мене за мінуту в попереці зачело ножами шпикати — гадав-сми, що минуси!

Від цієї пригоди Іван ходив усе зібганий у поясі, а люди прозвали його Переломаний.

Але хоч той горб його переломив, то політки давав добрі. Іван бив палі, бив кілля, виносив на нього тверді кицки трави і обкладав свою частку довкола, аби осінні і весняні дощі не сполікували гною і не заносили його в яруги. Вік свій збув на тім горбі.

Чим старівся, тим тяжче було йому, поломаному, сходити з горба.

— Такий песій горб, що стрімголов удолину тручеє!

Не раз, як заходяче сонце застало Івана наверху, то несло його тінь із горбом разом далеко на ниви. По тих нивах залягала тінь Іванова, як велетня, схиленого в поясі. Іван тоді показував пальцем на свою тінь і говорив горбові:

— Ото-с ні, небоже, зібгав у дугу! Але доки ні ноги носе, то мус родити хліб!

На інших нивах, що Іван собі купив за гроші, принесені з войська, робили сини і жінки. Іван найбільше коло горба заходився.

Ще Івана знали в селі з того, що до церкви ходив лиш раз у рік, на Великдень, і що курей зіцірував. То так він їх научував, що жадна не важилася поступити на подвір'я і порпати гній. Котра раз лапкою драпнула, то вже згинула від ло-

don't have the time to play around with you . . ."

People also called him Broken Ivan, for he had a fault in his back and always walked around bent over as if two iron clamps were pulling his body toward his feet. A draught of wind did this to him.

When he came back home from the army, he found neither father nor mother, only a small crumbling shack. And all the wealth his father had left him consisted of a piece of the highest and the worst land in all the village. On this hill the women used to dig for sand and it yawned towards the sky with gullies and caves like some awful giant. Nobody ploughed it or seeded it, and there were no boundaries marked on it. Ivan took to ploughing and seeding his pitiful share by himself. Along with the horse he carted manure up to the hill, but Ivan carried it to the top in a sack by himself. Sometimes his shouts were carried down to the fields below:

"Boy, am I gonna slam you down. You'll fall apart thread by thread, you're so damn heavy."

But apparently he never did slam it down, for he did not want to waste the sack, and so he always lowered it down slowly. And once in the evening he told his wife and children what happened:

"The sun is burning, no not burning, but spewing fire and I am kneeing my way up to the top with the manure so that the skin is peeling off my knees. Sweat is trickling down every hair and my mouth is so salty it's bitter. I hardly made it to the top. And on top such a breeze blew over me, such a light breeze. And in a minute it got me right across the middle, like knives pricking me. I thought I was a goner."

From then on, Ivan always walked around bent in the middle, and the people called him Broken.

But even though that hill broke him, it still gave good harvests. Ivan drove stakes and poles into it, brought turf to it and covered his part of the hill with it so that autumn and spring rains wouldn't wash away the manure into the gullies. He spent his whole life on that hill.

The older he got, the harder it was for him, broken in half as he was, to get down that hill.

"Such a bitchy hill, always pulling one down head over heels."

Often when the setting sun caught Ivan on top then it carried his shadow and that of the hill far over the fields. Over those fields spread Ivan's shadow, like a shadow of a giant bent in half. Ivan then pointed his finger at his shadow and spoke to the hill:

"Oh, boy, did you ever make an arc out of me. But as long as my feet carry me, you have to bear bread for me. You can't just eat the sun and drink the rain for nothing."

In the other fields which Ivan bought for the money he brought back from the army his sons and wife worked. Ivan spent most of his time on his hill.

They also knew Ivan in the village because he went to church only once a year at Easter and because he "drilled" his chickens. He got them so trained that not one of them dared get into the yard and scratch the manure. If one scratched as much as once with her leg, then she died under

пати або від бука. Хоч би Іваниха хрестом стелилася, то не помогло.

Та й хіба ще то, що Іван ніколи не їв коло стола. Все на лаві.

— Був-сми наймитом, а потім вібув-сми десіть рік у воську, та я стола не знав, та й коло стола мені їда не йде до трунку.

Отакий був Іван, дивний і з натурою, і з роботою.

II

Гостей у Івана повна хата, ґазди і ґаздині. Іван спродав усе, що мав, бо сини з жінкою наважилися до Канади, а старий мусив укінці податися.

Спросив Іван ціле село.

Стояв перед гостями, тримав порцію горівки у правій руці і, видко, каменів, бо слова не годен був заговорити.

— Дєкую вам файно, ґазди і ґаздині, що-сте ні мали за ґазду, а мою за ґаздиню...

Не договорював і не пив до нікого, лиш тупо глядів наперед себе і хитав головою, як би молитву говорив і на кожне її слово головою потакував.

То як часом якась долішня хвиля викарбутить великий камінь із води і покладе його на беріг, то той камінь стоїть на березі тяжкий і бездушний. Сонце лупає з нього черепочки давнього намулу і малює по нім маленькі фосфоричні звізди. Блимає той камінь мертвими блисками, відбитими від сходу і заходу сонця, і кам'яними очима своїми глядить на живу воду і сумує, що не гнітить його тягар води, як гнітив від віків. Глядить із берега на воду, як на утрачене щастя.

Отак Іван дивився на людей, як той камінь на воду. Потряс сивим волоссям, як гривою, кованою зі сталевих ниток, і договорював:

— Та дєкую вам красно, та най вам Бог дасть, що собі в Него жєдаєте. Дай вам Боже здоров'є, діду Міхайле...

Подав Михайлові порцію і цілувалися в руки.

— Куме Іване, дай вам Боже прожити ще на цім світі, та най Господь милосердний щасливо запровадить вас на місце та й допоможе ласков Своєв наново ґаздів стати!

— Коби Бог позволив... Газди, а проше, а доцегніть же... Гадав-сми, що вас за стів пообсаджую, як прийдете на весіле синове, але інакше зробилоси. То вже таке настало, що за що наші діди та й тати не знали, то ми мусимо знати. Господа воля! А законтентуйте ж си, ґазди, та й вібачєйте за решту.

Взяв порцію горівки та й підійшов д жінкам, що сиділи на другім кінці стола від постелі.

— Тимофіхо, кумо, я хочу до вас напитиси. Дивюси на

the shovel or a stick. Even if Ivan's wife laid herself out in a cross of supplication it wouldn't help.

And also perhaps because Ivan never ate at the table but always at a bench.

"I was a servant, and then spent ten years in the army so I never saw a table and now food just doesn't pass my gullet at a table."

This was Ivan. Strange in both character and work.

II

Ivan's house is full of guests; *gazdas* and their wives. Ivan had sold everything he owned. His sons and his wife had decided on Canada and the old man finally had to agree.

Ivan invited the whole village.

He stood in front of his guests, held a measure of *horilka*[1] in his right hand, and seemed to have turned to stone for he could not say a word.

"I thank you sincerely, *gazdas* and *gazdynias*, that you had me for a *gazda* and my woman for a *gazdynia*."

He did not finish his speech and drank to no one, but kept staring straight in front of him and bowing his head as if he were saying a prayer and nodding in agreement with every word.

Just as when some wave dislodges a huge stone from the water and places it on the shore, then that stone sits on the beach heavy and spiritless. The sun chips off pieces of old sediment and draws small phosphorescent stars on it. That stone blinks with dead reflections from the rising and the setting of the sun and with its stone eyes it looks at the live water and longs for the weight of the water which no longer presses against it as it had for ages. It looks from the shore at the water as if it were some lost happiness.

So Ivan looked at the people, like the stone at the water. He shook his gray hair, like a mane forged from steel threads, and continued:

"And I thank you heartily, and may God grant you what you wish. May God give you health, grandpa Mykhaylo . . ."

He gave Mykhaylo the drink and they kissed each other's hands.

"My friend Ivan, may God grant you a few more years in this world and may merciful God lead you successfully to your place and may He with his goodness help you again to become a *gazda*."

"May God will it. . . . *Gazdas*, please, drink up . . . I thought that I'd sit you around the table when you came for my son's wedding, but it turned out differently. It's already like that. What our grandfathers and our fathers knew nothing about, we now have to know. It's God's will. But content yourselves, *gazdas*, and forgive the rest."

He took another measure of *horilka* and went over to the women who sat at the other end of the table, near the beds.

"Tymofikha, friend, I want to drink to you. I look at you and, as

---

[1] *Horilka*: Ukrainian vodka.

вас, та й ми, як якись казав, молоді літа нагадуються. Де, де, де-е? Ото-сте були хлопєнна дівка, годна-сте були! То-сми за вами не одну нічку збавив, то-сте в данці ходили, як сновавка — так рівно! Ба, де, кумо, тоті роки наші! Ану-ко пережийте та й вібачєйте, що-м на старість данець нагадав. А проше...

Глянув на свою стару, що плакала між жінками, і виймив із пазухи хустину.

— Стара, ня, на-ко тобі платину та файно обітриси, аби я тут ніяких плачів не видів! Гостий собі пилнуй, а плакати ще доста чєсу, ще так си наплачеш, що очі ти витечуть.

Відійшов до газдів і крутив головою.

— Щось би-м сказав, та най мовчу, най шіную образи в хаті і вас яко грешних. Але рівно не дай Боже нікому доброму на жіночий розум перейти! Аді, видите, як плаче, та на кого, на мене? На мене, газдине моя? То я тебе вікорінував на старість із твої хати? Мовчи, не хлипай, бо ти сиві кіски зараз обмичу, та й підеш у ту Гамерику, як жидівка.

— Куме Іване, а лишіть же ви собі жінку, таже вона вам не воріг, та й дітем своїм не воріг, та її банно за родом та й за своїм селом.

— Тимофіхо, як не знаєте, то не говоріть анідзелень! То її банно, а я туда з віскоком іду?!

Заскреготав зубами, як жорнами, погрозив жінці кулаком, як довбнею, і бився в груди.

— Озміть та вгатіть ми сокиру отут у печінки, та, може, той жовч пукне, бо не вітримаю! Люди, такий туск, такий туск, що не памнєтаю, що си зо мнов робить!

III

— А проше, газди, а озміть же без царамонії та будьте вібачні, бо ми вже подорожні. Та й мені, старому, не дивуйтеси, що трохи втираю на жінку, але то не задурно, ой, не задурно. Цего би ніколи не було, якби не вона з синами. Сини, уважєєте, письменні, так як дістали якесь письмо до рук, як дістали якусь напу, та як підійшли під стару, та й пилили, пилили, аж перерубали. Два роки нічо в хаті не говорилоси, лиш Канада та й Канада. А як ні дотиснули, як-єм видів, що однако ні муть отут на старість гризти, як не піду, та й єм продав щодо крішки. Сини не хотє бути наймитами після мої голови та й кажуть: "Ти наш тато, та й заведи нас до землі, та дай нам хліба, бо як нас розділиш, та й не буде з чим киватиси". Най їм Бог помагає їсти тот хліб, а мені однако гинути. Але, газди, де мені, переломаному, до ходів? Я зробок — ціле тіло мозиль, кості дрихлаві, що заки їх рано зведеш докупи, то десіть раз йойкнеш!

24

someone said, I recall my youth. Where, where, oh, whe-e-re? Oh, you were a strong girl, you were beautiful. I lost many a night because of you; and how you danced, straight as a top. Here, my friend, are those years of ours. Well, live on and forgive me that in my old age I recalled our dancing. Please . . ."

He looked at his old woman who was weeping among the women and took out a handkerchief from his pocket.

"Here, my old one, here's a kerchief for you; dry your eyes nicely so that I don't see any weeping here. Look after the guests; you'll have plenty of time still for weeping; you'll still weep so much that your eyes will flow out."

He went over to the men and shook his head.

"I'd say something but I'd better keep quiet in respect for the holy icons in the house and you, my good people. But still don't let any good person have a woman's brain. See, how she weeps, and because of who? Me? You're crying because of me, my *gazdynia*? Was it I who uprooted you in your old age from your own home? Keep quiet, don't sob, for I'll pluck your gray braids right out and you'll go to that Hamerica like a Jewess."

"Ivan, my friend, leave your wife be. You know she means you no harm, nor her sons; she's just missing her people and her village."

"Tymofikha, if you don't know everything there is to know, then don't say a word. So she's missing people, and what about me, am I roaring to go?"

He gnashed his teeth as if they were mill stones, threatened his wife with a fist like a club, and struck his chest with his fist.

"Here, take an axe and drive it here into my liver and maybe this bile will burst out, for I can't take it anymore. My people, such sorrow, such sorrow that I don't know what's going on around me."

III

"Please, *gazdas*, don't stand on ceremony, drink up and excuse us, for we are already travelers. Don't be surprised at old me for drubbing my wife, but it's not for nothing, not for nothing. This would never have happened, if it were not for her and our sons. Our sons, mind you, can read and write, so when they got hold of some paper, some map, they got at their mother and worked on her, and worked on her until they broke her. For two years there was no talk in the house except about Canada and Canada. And then they got at me, and when I saw that they would keep on gnawing at me in my old age, then I sold everything to the very last button. Our sons don't want to be servants after I'm gone, so they say: "You're our father so take us to some land, and give us bread, for if you divide your land among us there will be nothing for any of us." Let God help them eat that bread, and I'll perish anyway, here or there. But, *gazdas*, how am I, a broken man, to go wandering about? I'm a worked out hasbeen—my whole body is one callous, my bones so mouldy it takes several groans each morning to put them together."

25

— То вже, Іване, пропало, а ви собі туск до голови не припускайте. А може, як нам дорогу покажете, та й усі за вами підемо. За цим краєм не варт собі туск до серця брати! Ця земля не годна кілько народа здержіти та й кількі біді вітримати. Мужик не годен, і вона не годна, обоє вже не годні. І саранчі нема, і пшениці нема. А податки накипають: що-с платив лева, то тепер п'єть, що-с їв солонину, то тепер барабулю. Ой, ззолили нас, так нас ймили в руки, що тих рук ніхто нас не годен вірвати, хіба лиш тікати. Але колись на ці землі буде покаяніє, бо нарід поріжеси! Не маєте ви за чим банувати!..

— Дєкую вам за це слово, але єго не приймаю. Певне, що нарід поріжеси. А тож Бог не гніваєси на таких, що землю на гиндель пускають? Тепер нікому не треба землі, лиш викслів та банків. Тепер молоді газди мудрі настали, такі фаєрмани, що за землев не згоріли. А дивіть ко си на ту стару скрипку, та пускати її на гиндель?! Таже то дуплава верба, кини пальцем, та й маком сєде! Та гадаєте, що вона зайде на місце? От, перевернеси десь у окіп та й пси роз-тєгнуть, а нас поженуть далі і подивитиси не дадуть! Відки таким дітем має Бог благословити? Стара, а суди ж!

Прийшла Іваниха, старенька і сухонька.

— Катерино, що ти собі, небого, у своїй голові гадаєш? Де ті покладу в могилу? Ци риба ті має з'їсти? Та тут порєдні рибі нема що на один зуб узєти. Аді!

І натягав шкіру на жінчиній руці і показував людям.

— Лиш шкіра та кости. Куда цему, газди, йти з печі? Була-с порєдна газдиня, тєжко-с працювала, не гайнувала-с, але на старість у далеку дорогу вібралаcи. Аді, видиш, де твоя дорога та й твоя Канада? Отам!

І показав їй через вікно могилу.

— Не хотіла-с іти на цу Канаду, то підемо світами і роз-віємоси на старість, як лист по полі. Бог знає, як з нами буде... а я хочу з тобов перед цими нашими людьми віпрощи-тиси. Так, як слюб-сми перед ними брали, та так хочу перед ними віпрощитиси з тобов на смерть. Може, тебе так кинуть у море, що я не буду видіти, а може, мене кинуть, що ти не меш видіти, та прости ми, стара, що-м ти не раз догорив, що-м, може, ті коли скривдив, прости мені і перший раз, і другій раз, і третій раз.

Цілувалися. Стара впала Іванові на руки, а він казав:

— А то ті, небого, в далеку могилу везу...

Але сих слів уже ніхто не чув, бо від жіночого стола надбіг плач, як вітер, що з-поміж острих мечів повіяв та всі голови мужиків на груди похилив.

"It's too late now, Ivan, and there's no point in making your head ache. And perhaps if you show us the way we'll all follow you. It's not worth filling your heart with pain over this land. This earth can't endure so many people and so much misfortune. The peasant can't and it can't; neither of them can put up with it any longer. There's no locust, but there's no wheat either. And the taxes keep growing, for where you once paid a *lev* now you pay five; where you once ate salt pork, now you eat potatoes. Boy, they sure got to us, they latched on to us so well that no one can rip us out of their clutches anymore, unless you go away. But someday a reckoning will come to these lands for the people will slaughter one another. You won't miss anything when you leave."

"Thank you for these words, but I don't agree with them. Sure, the people will slaughter one another. For doesn't God get angry with people who speculate with their land? No one needs land anymore; all they want is promissory notes and banks. Now young *gazdas* have become very wise, such firemen that they don't burn for the sake of land. And look at that old fiddle, should one speculate with her? She's no more than a hollow willow; just flick your finger and she'll fall to dust. Do you think she'll make it? She'll probably fall over into some ditch and the dogs will pull her apart, and we'll be pressed on so that we won't even have a chance to look at her. How is God to bless such children? Well, my old one, judge for yourself."

Ivan's wife, old and skinny, came up.

"Well, Kateryna, what is going on in that head of yours? Where will I find a grave for you? Or should the fish make a meal of you? But a good fish won't even have enough for one bite. Look at her."

And he pulled the skin on his wife's arm and showed it to the people.

"Skin and bones. Where is this bag of bones to go from her warm place by the stove? You were a good and proper *gazdynia*, you worked hard, you didn't waste time, and in your old age you have decided on a journey? You see, over there, there's your journey, there's your Canada. See."

And through the window he showed her a grave.

"You didn't want to go to this Canada, then we'll go into the world and be blown about in our old age, like a leaf over the fields. God alone knows how it will be with us . . . and I want to do my parting with you in front of all these good people. We were wed before their eyes, so now let's part for death before them. Maybe they'll throw you into the sea, so I won't even see you; or maybe they'll throw me, so that you won't see it, so forgive me, my old one, for often enough have I given you a hard time, for probably I hurt you sometimes, so forgive me the first time and the second time and the third . . ."

They kissed. The old woman fell into his arms and Ivan spoke:

"For I'm taking you, my dear, on a long journey . . ."

But no one heard these words anymore for from the women's table the weeping rose like a wind taking off from among sharp swords and all the peasants' heads slumped to their chests.

27

IV

— А тепер ступай собі, стара, межи ґаздині та пильнуй, аби кожду своє дійшло, та напийси раз, аби-м ті на віку видів п'єну.

— А вас, ґазди, я ще маю на два ґатунки просити. Десь, може, сини пусте в село на пошту, що нас із старов уже нема. Та би-м просив вас, аби-сте за нас наймили служебку та й аби-сте си так, як сегодні, зійшли на обідець та віказали Очинаш за нас. Може, Пан Бог менше гріха припише. Я гроші лишу Яковові, бо він молодий та й слушний чоловік та не сховає дідів ґрейцір.

— Наймемо, наймемо і Очинаш за вас вікажемо...

Іван задумався. На його тварі малювався якийсь стид.

— Ви старому не дивуйтеси та й не смійтеси з діда. Мені самому гей устид вам це казати, але здає ми си, що би-м гріх мав, якби-м цего не сказав. Ви знаєте, що я собі на своїм горбі хресток камінний поклав. Гірко-м го віз і гірко-м го наверх вісаджував, але-м поклав. Такий тєжкий, що горб го не скине, мусить го на собі тримати так, як мене тримав. Хотів-єм кілько памнєтки по собі лишити.

Стулив долоні в трубу і притискав до губів.

— Так баную за тим горбом, як дитина за цицков. Я на нім вік свій спендив і окалічів-єм. Коби-м міг, та й би-м го впазуху сховав, та й взєв з собов у світ. Банно ми за найменшов крішков у селі, за найменшов дитинов, але за тим горбом таки ніколи не перебаную.

Очі замиготіли великим жалем, а лице задрожало, як чорна рілля під сонцем дрожить.

— Оцеї ночі лежу в стодолі, та думаю, та думаю: Господи милосердний, ба що-м так глібоко зогрішив, що женеш ні за світові води? Я ціле житє лиш роб, та й роб, та й роб! Не раз, як днинка кінчилиси, а я впаду на ниву та й ревно молюси до Бога: Господи, не покинь ні ніколи чорним кавалком хліба, а я буду все працювати, хіба бих не міг ні руков, ні ногов кинути...

— Потім мене такий туск напав, що-м чиколонки гриз і чупер собі микав, качєв-єм си по соломі, як худобина. Та й нечисте цукнулоси до мене! Не знаю і як, і коли вчинив-єм си під грушов з воловодом. За малу филю був би-м си затєг. Але Господь милосердний знає, що робить. Нагадав-єм собі за свій хрест та й мене геть відійшло. Ій, як не побіжу, як не побіжу на свій горб! За годину вже-м сидів під хрестом. Посидів, посидів довгенько — та й якось ми легше стало.

— Аді, стою — перед вами і говорю з вами, а тот горб не віходить ми з голови. Таки го виджу та й виджу, та й умирати буду та й буду го видіти. Все забуду, а його не забуду.

"And now go on among the women, and see to it that each gets her due and have a drink, for God's sake, so that at least once in my life I'll see you drunk."

"And you, *gazdas*, I still have two favors to ask of you. Perhaps one day our sons will leave word through the village post that we have gone. Then I'll ask you to have a mass said for us and you get together like today, for dinner, and say an Our Father for us. Maybe the Lord God will write down fewer sins for us. I'll leave the money for the mass with Yakiv, for he is a young and proper man and won't steal an old man's money."

"We'll have the mass, we'll have it and we'll say an Our Father for you . . ."

"Don't wonder and don't laugh at an old man. I'm ashamed to tell you this, but it seems to me that I'd have a sin on my soul if I didn't tell you. You know that I put up a little stone cross for myself on my hill. Bitterly I carted it, and bitterly I hoisted it to the top, but I placed it there. It's so heavy that the hill won't be able to throw it off; it'll have to carry it on its back as it carried me. I wanted to leave at least that in memory of myself."

He clenched his fists and pressed them to his lips.

"I long so for that hill like a child for the teat. I've spent my life on it, and I'm crippled because of it. If I could I'd take it and hide it in my pocket and take it with me into the world. I long for the smallest speck in the village, for every child, but I'll never stop missing that hill."

His eyes glimmered with a great hurt and his face quivered, as the black field quivers under the sun.

"Last night I lay in the shed and thought, and thought: God all merciful, what great sin have I committed that you are chasing me past the world's waters? All my life, all I did was work, and work, and work. Often when the day was ending, I would fall on the field and earnestly pray to God, Lord, never deny me a piece of black bread and I will always work unless I can no longer move an arm or a leg . . ."

"Then such longing came upon me, that I chewed my knuckles and tore my hair, I rolled on the straw like the cattle. And then the evil spirit touched me. I don't know how or when but I found myself under the pear tree with an ox harness. In a little while I would have strung myself up. But the merciful Lord knows what He is doing. I remembered my cross, and it all left me. I ran, I ran up my hill. In an hour I was sitting under my cross. I sat there, I sat there for quite a while, and somehow it became much easier for me."

"Even now as I stand in front of you and tell you this, that hill is always before my eyes. I see it, and I really see it, and when I'm dying I'll still see it. I'll forget everything, but I'll never forget that. I knew songs and on that hill I forgot them; I had strength and on that hill I lost it."

One tear rolled down his face like a pearl over a ragged cliff.

"So I beg you, *gazdas*, when on a Holy Sunday you will be going to bless your land, that you never leave out my hill. Let some young one run

Співанки-м знав — та й на нім забув-єм, силу-м мав — та й на нім лишив-єм.

Одна сльоза котилася по лиці, як перла по скалі.

— Та я вас прошу, газди, аби ви, як мете на світу неділю поле світити, аби ви ніколи мого горба не минали. Будь котрий молодий най вібіжить та най покропить хрест свіченов водицев, бо знаєте, що ксьондз на гору не піде. Прошу я вас за це дуже грешно, аби-сте мені мого хреста ніколи не минали. Буду за вас Бога на тім світі просити, лиш зробіть дідові єго волю.

Як коли би хотів рядном простелитися, як коли би добрими, сивими очима хотів навіки закопати в серцях гостей свою просьбу.

— Іване, куме, а лишіть же ви туск на боці, геть єго відкиньте. Ми вас усе будемо нагадувати, раз назавше. Булисте порєдний чоловік, не лізли-сте натарапом на нікого, нікому-сте не переорали, ані не пересіяли, чужого зеренця-сте не порунтали. Ой, ні! Муть вас люди нагадувати та й хреста вашого на світу неділю не минуть.

Отак Михайло розводив Івана.

V

— Вже-м вам, панове газди, все сказав, а тепер хто ні любить, та тот буде пити зо мнов. Сонечко вже над могилов, а ви ще порцію горівки зо мнов не віпили. Заки-м ще в свої хаті і маю гості за своїм столом, то буду з ними пити, а хто ні навидить, той буде також.

Почалася пиятика, та пиятика, що робить із мужиків подурілих хлопців. Незабавки п'яний уже Іван казав закликати музику, аби грав молодіжі, що заступила ціле подвір'я.

— Мой, маєте так данцувати, аби земля дудніла, аби одної травички на току не лишилоси!

В хаті всі пили, всі говорили, а ніхто не слухав. Бесіда йшла сама для себе, бо треба її було конче сказати, мусили сказати, хоч би на вітер.

— Як-єм го віпуцував, то був віпуцований, котре чорний, то як сріблом посипав по чорну, а котре білий, то як маслом сніг помастив. Коні були в мене в ордунку, цісар міг сідати! Але-м гроший мав, ой, мав, мав!

— Коби-м учинився серед такої пустині — лиш я та Бог аби був! Аби-м ходив, як дика звір, лиш кобих не видів ні тих жидів, ні панів, ні ксьондзів. Отогди би називалоси, що-м пан! А ця земля най западаєси, най си і зараз западе, то-м не згорів. За чим? Били та катували наших татів, та в ярем запрєгали, а нам уже кусня хліба не дають прожерти... Е, коби-то так по-мому...

30

up and sprinkle the cross with holy water, for you know that the priest won't climb the hill. I beg you never to leave out my cross. I'll pray to God for you in the next world, if you'll only grant an old man's wish."

As if he wanted to spread himself in front of them, as if he wanted to bury his wish with his good gray eyes in the hearts of his guests.

"Ivan, friend, leave off grieving, throw it aside. We'll remember you once and for all. You were a good man, you never bothered anyone without a reason, you never ploughed over into anyone else's field, nor sowed over it, you never touched even a grain of someone else's. No. People will always remember you and they won't leave out your cross on Holy Sunday."

So Mykhaylo cheered Ivan.

V

"I've already told you, fellow *gazdas*, everything there is to say, and now those who want can drink with me. The sun is close to its grave and still you haven't drunk a portion of *horilka* with me. While I'm still in my house, and have guests at my table then I will drink with them, and all those who like me will do the same."

The drinking began, the kind of drinking that makes wild boys out of peasants. Soon, Ivan, drunk by now, called for musicians to play for the young people filling the whole yard.

"Boy, you have to dance until the earth shakes and not a blade of grass remains in the yard."

In the house everyone drank, everyone talked and no one listened. Talk went on for its own sake, for out it had to come even if only the wind listened to it.

"When I polished him, then he was polished; if he was black, then it was as if someone had sprinkled silver on black; if he was white, then he was like snow covered with butter. My horses were always in order, the Kaiser himself could ride them. And did I have money. Boy-oh boy . . ."

"If I could only land in the middle of a desert where there's only God and I. Let me walk like a wild animal as long as I don't have to see either those Jews, or lords, or priests. Then they could say that I'm a real master. And let this earth fall through, let it fall through right now, no skin off my nose. Why? They tortured and beat our fathers, enslaved them and now they don't even give us a piece of bread. Oh, if only I could have it my way . . ."

"There's never yet been a tax collector who could get anything out of him. The Czechs tried, the Germans, the Poles—and they all got shit, excuse the expression. But when Mazur came then he found even the stuff that was buried under ground. I tell you Mazurs are an evil; even if you burnt out their eyes it wouldn't be a sin . . ."

There was all sorts of talk, but it flew in various directions like rotten wood in an old forest.

Into this noise, racket, and shouts and into the sorrowful joy of the violin, into all of this broke the singing of Ivan and old Mykhaylo. The

— Ще не находивси такий секвертант, аби що з него стєг за податок, ой, ні! Був чех, був німець, був поляк — г..., пробачєйте, взєли. Але як настав мадзур, та й найшов кожушину аж під вишнев. Кажу вам, мадзур біда, очі печи та й гріху за него нема...

Всякої бесіди було богато, але вона розліталася в найріжніші сторони, як надгнилі дерева в старім лісі.

В шум, гамір, і зойки, і в жалісну веселість скрипки врізувався спів Івана і старого Михайла. Той спів, що його не раз чути на весіллях, як старі хлопи доберуть охоти і заведуть стародавніх співанок. Слова співу йдуть через старе горло з перешкодами, як коли би не лиш на руках у них, але і в горлі мозилі понаростали. Ідуть слова тих співанок, як жовте осіннє листя, що ним вітер гонить по замерлій землі, а воно раз на раз зупиняється на кожнім ярочку і дрожить подертими берегами, як перед смертю.

Іван та й Михайло отак співали за молодії літа, що їх на кедровім мості здогонили, а вони вже не хотіли назад вернутися до них навіть у гості.

Як де підтягали вгору яку ноту, то стискалися за руки, але так кріпко, аж сустави хрупотіли, а як подибували дуже жалісне місце, то нахилювалися до себе і тулили чоло до чола і сумували. Ловилися за шию, цілувалися, били кулаками в груди і в стіл і такої собі своїм заржавілим голосом туги завдавали, що врешті не могли жадного слова вимовити, лиш: "Ой Іванку, брате!" "Ой Міхайле, приятелю!"

VI

— Дєдю, чуєте, то вже чєс віходити до колії, а ви розспівалиси як за добро-миру.

Іван витріщив очі, але так дивно, що син побілів і подався назад, та й поклав голову в долоні і довго щось собі нагадував. Устав із-за стола, підійшов до жінки і взяв її за рукав.

— Стара, гай, машір — інц, цвай, драй! Ходи, уберемоси по-панцьки та й підемо пановати.

Вийшли обоє.

Як уходили назад до хати, то ціла хата заридала. Як би хмара плачу, що нависла над селом, прірвалася, як би горе людське дунайську загату розірвало — такий був плач. Жінки заломили руки і так сплетені держали над старою Іванихою, аби щось ізгори не впало і її на місці не роздавило. А Михайло ймив Івана за барки, і шалено термосив ним, і верещав як стеклий.

— Мой, як-єс газда, то фурни того катранє з себе, бо ті віполичкую як курву!

Але Іван не дивився в той бік. Ймив стару за шию і пу-

32

kind of singing which can often be heard at weddings when old men get up courage and the desire to sing old songs. The words of the song go through the old throat with difficulty, as if there were callouses not only on the hands but in the throat too. The words of these songs float like yellow leaves in the fall when the wind chases them over the frozen ground and they stop over and over again in every gully and tremble with torn edges as if at the point of death.

So Ivan and Mykhaylo sang about youth which they tried to catch again at the cedar bridge, but it did not want to come back to them, even for a visit.

When they reached a high note they pressed each other's hands so hard that the joints cracked, and when they came to a very sad place, then they bowed to each other and pressed forehead to forehead and lamented. They embraced each other, kissed, beat their fists on their breasts or the table, and with their rusty voices drove each other to such sadness that finally they could say no more than: "Oh, Ivan, my brother. Oh, Mykhaylo, my friend."

VI

"Father, do you hear, it's already time to leave for the train and you sing as if you were singing for the good of the world."

Ivan's eyes bulged, but so strangely that his son turned pale and stepped back. Ivan put his head in his hands and for a long time tried to remember something. Finally he got up and walked over to his wife and took her by the sleeve.

"OK. Old one, let's go. March, einz, zwei, drei. Let's go. We'll dress like lords and we'll go and rule."

Both left.

When they reentered the house the whole house wept. As if a cloud of rain hanging over the village had fallen through, as if people's sorrow had torn apart the Danube dam. There was so much weeping. The women clasped their hands and raised them above old Ivan's wife as if to protect her from something about to fall and squash her on the spot. And Mykhaylo seized Ivan by the scruff of the neck, shook him wildly, and screamed as if he were mad.

"If you're a *gazda* then throw those rags off or I'll slap you like a whore."

But Ivan did not pay any attention. He took his old lady and started to dance with her.

"Play a polka for me, as you do for the lords, I have money."

The people froze, and Ivan threw his wife about as if he had no intention of ever letting her get out of his hands alive.

Their sons ran in and forcibly carried both of them out of the house.

In the yard Ivan went on dancing some sort of polka and his wife latched on to the threshold and moaned:

"I walked you down, I chewed you down with these very feet."

And with her hand she kept shaping in the air how deeply she had gouged the threshold.

33

стився з нею в танець.

— Польки мені грай, по-панцьки, мам гроші!

Люди задеревіли, а Іван термосив жінкою, як би не мав уже гадки пустити її живу з рук.

Вбігли сини і силоміць винесли обоїх із хати.

На подвір'ю Іван танцював дальше якоїсь польки, а Іваниха обчепилася руками порога і приповідала:

— Ото-сми ті віходила, ото-сми ті вігризла оцими ногами!

І все рукою показувала в повітрю, як глибоко вона той поріг виходила.

VII

Плоти попри дороги тріщали і падали — всі люди випроваджували Івана. Він ішов зі старою, згорблений, в цайговім, сивім одінню і щохвиля танцював польки.

Аж як усі зупинилися перед хрестом, що Іван його поклав на горбі, то він трохи прочуняв і показував старій хрест:

— Видиш, стара, наш хрестик? Там є відбито і твоє намено. Не біси, є і моє, і твоє...

VII

The fences by the road creaked and fell—all the people were accompanying Ivan. He walked with his wife, hunched, in a cheap, gray denim suit and every few minutes he danced the polka.

Until they all reached and stopped at the cross which Ivan had placed on the hill, then he came to and showed his wife:

"You see, my old one, our cross? Your name is chiselled on it too. Don't worry, there's both mine and yours there . . ."

— Translated by D. Struk

МИХАЙЛО КОЦЮБИНСЬКИЙ

На камені

Акварель

З одинокої на ціле татарське село кав'ярні дуже добре видно було і море й сірі піски берега. В одчинені вікна й двері на довгу з колонками веранду так і перлась ясна блакить моря, в нескінченність продовжена блакитним небом. Навіть душне повітря літньої днини приймало м'які синяві тони, в яких танули й розпливались контури далеких прибережних гір.

З моря дув вітер. Солона прохолода принаджувала гостей, і вони, замовивши собі каву, тислись до вікон або сідали на веранді. Навіть хазяїн кав'ярні, кривоногий Мемет, пильно стежачи за потребами гостей, кидав своєму молодшому братові: "Джепар... он каве... бір каве!"[1] — А сам вихилявся в двері, щоб одітхнути вогким холодком та зняти на мить з голеної голови круглу татарську шапочку.

Поки червоний од задухи Джепар роздував у коминку жар та постукував рондельком, щоб вийшов добрий каймак[2], Мемет вдивлявся у море.

— Буде буря! — обізвався він не обертаючись. — Вітер дужчає. Он на човні збирають вітрила!

Татари повернули голови до моря.

На великому чорному баркасі, що, здавалося, повертав до берега, справді звивали вітрила. Вітер надував їх, і вони виривалися з рук, як великі білі птахи; чорний човен нахилився і ліг боком на блакитні хвилі.

— До нас повертає! — обізвався Джепар. — Я навіть пізнаю човен — то грек сіль привіз.

Мемет теж пізнав греків човен. Для нього це мало вагу, бо опріч кав'ярні він держав крамничку, також єдину на все село, і був різником. Значить, сіль йому потрібна.

Коли баркас наблизився, Мемет покинув кав'ярню і подався на берег. Гості поспішили вихилити свої філіжанки і рушили за Меметом. Вони перетяли круту вузьку вулицю, обігнули мечет і спустились каменистою стежкою до моря.

---

[1] Одна кава... дві кави.
[2] Піна на каві.

36

MYKHAYLO KOTSYUBYNSKY

On the Rock

A Watercolor

From the cafe, the only one in the whole Tatar village, one could very well see the sea and the gray sands of the shore. Through the opened windows and doors of the long columned veranda flowed the bright blue of the sea, prolonged into endlessness by blue sky. Even the sultry air of the summer day took on soft bluish tones in which the contours of the far littoral mountains melted and dissolved.

A wind blew from the sea. The salty damp air drew the customers to the cafe and, ordering coffee for themselves, they crowded beside the windows or sat on the veranda. Even the cafe owner, bowlegged Memet, watchfully keeping an eye on the customers, shouted from time to time to his younger brother: "Jepar! *Bir kave . . . eki kave!*—one coffee . . . two coffees!" and would stand in the doorway in order to breathe the damp breeze and to take his round Tatar cap off his shaved head for an instant.

While Jepar, red from the close air, blew on the embers in the oven and shook the little pot so there would be a good *kaimak*, or foam, on the coffee, Memet looked upon the sea.

"There'll be a storm," he said, not turning around. "The wind is getting stronger—out there, on the boat, they are furling the sails."

The Tatars turned their heads toward the sea.

On a large black boat which, it appeared, was veering toward the shore, they were furling the sails. The wind swelled the sails, and they were trying to free themselves like great white birds; the black boat leaned over and lay with its side on the blue waves.

"It's turning toward us," Jepar answered. "I even recognize the boat—that's the Greek bringing salt."

Memet also recognized the Greek's boat. For him this mattered a great deal, since, besides the cafe, he owned a small shop, also the only one in the village, and was the butcher. That is to say, he needed salt.

When the boat drew nearer, Memet left the cafe and went toward the beach. The customers hurriedly emptied their cups and followed Memet. They crossed the steep narrow street, went around the mosque, and down a stony path to the sea.

The blue sea billowed and boiled with foam on the beach. The boat bobbed up and down on the same spot; it splashed like a fish, but couldn't reach the shore. The gray-mustachioed Greek and his young servant-oarsman, slender and long-legged, wore themselves out straining on the

Синє море хвилювалось і кипіло на березі піною. Баркас підскакував на місці, хлюпав, як риба, і не міг пристати до берега. Сивовусий грек та молодий наймит-дангалак[1], стрункий і довгоногий, вибивались із сил, налягаючи на весла, однак їм не вдавалося розігнати човен на береговий пісок. Тоді грек кинув у море котвицю, а дангалак почав швидко роззуватися та закасувати жовті штани вище колін. Татари перемовлялись з берега з греком. Синя хвиля скипала молоком біля їх ніг, а відтак танула і шипіла на піску, тікаючи в море.

— Ти вже готовий, Алі? — крикнув грек на дангалака.

Замість одповіді Алі перекинув голі ноги через край човна і скочив у воду. Зручним рухом він підхопив у грека мішок з сіллю, кинув собі на плече і побіг на берег. Його струнка фігура в вузьких жовтих штанях та синій куртці, здоровий, засмалений морським вітром вид та червона хустка на голові прегарно одбивались на тлі блакитного моря. Алі скинув на пісок свою ношу і знов скочив у море, занурюючи мокрі рожеві литки в легку й білу, як збитий білок, піну, а далі миючи їх у чистій хвилі. Він підбігав до грека і мусив ловити мент, коли човен опускався врівень з його плечем, щоб зручно було прийняти важкий мішок. Човен бився на хвилі і рвався з котвиці, як пес із ланцюга, а Алі все бігав од човна на берег і назад. Хвиля здоганяла його та кидала йому під ноги клубки білої піни.

Часом Алі пропускав зручний мент і тоді хапався за бік баркаса і піднімався разом з ним догори, мов краб, приліплений до кораблевого облавка.

Татари сходились на берег. Навіть у селі, на пласких дахах осель з'явилися, незважаючи на спеку, татари і виглядали звідти, як купки квіток на грядках.

Море дедалі втрачало спокій. Чайки знімались із одиноких берегових скель, припадали грудьми до хвилі і плакали над морем. Море потемніло, змінилось. Дрібні хвилі зливались докупи і, мов брили зеленкуватого скла, непомітно підкрадались до берега, падали на пісок і розбивались на білу піну. Під човном клекотіло, кипіло, шумувало, а він підскакував і плигав, немов нісся кудись на білогривих звірах. Грек часто обертався назад і з тривогою поглядав на море. Алі прудкіше бігав од човна на берег, весь забризканий піною. Вода при березі починала каламутитись і жовкнути; разом з піском хвиля викидала зо дна моря на берег каміння і, тікаючи назад, волікла їх по дну з таким гуркотом, наче там щось велике скреготало зубами й гарчало. Прибій за якої півгодини перескакував уже через каміння, заливав прибережну дорогу і підбирався до мішків з сіллю. Татари мусили відступити на-

---
[1] Весляр. — Ред.

oars, but they were unable to beach the boat. Then the Greek threw the anchor into the sea, and the oarsman quickly began to take off his shoes and to roll his yellow trousers up above his knees. From the beach the Tatars were exchanging a few words with the Greek. A blue wave boiled like milk near their feet, and then melted and hissed on the sand, flowing back into the sea.

"Are you ready, Ali?" the Greek cried to the oarsman.

Instead of answering, Ali swung his bare feet over the side of the boat and jumped into the water. With an expert movement he took a sack of salt from the Greek, threw it onto his shoulder and carried it to the beach.

His slender figure in narrow yellow trousers and blue jacket, his healthy, swarthy face burned with sea wind, and the red scarf on his head, contrasted beautifully with the background of the blue sea. Ali threw his burden onto the sand and again leaped into the water, plunging his wet pink calves into the light foam that was white as beaten egg whites and, farther in, washing them in a clean, blue wave. He would run up to the Greek and would have to choose the right moment, when the boat was on a level with his shoulder, in order to take a heavy sack easily. The boat was struggling with the waves and jerking on the anchor like a dog on a chain, and Ali kept running from the boat to the shore and back again. A wave would overtake him and throw balls of white foam under his feet.

Sometimes Ali let the right moment pass, and then he would seize the side of the boat and be raised upward with it, like a crab, glued to the boat's side.

The Tatars were gathering on the beach. Even in the village, on the flat roofs of the huts, Tatar women would appear in spite of the heat, looking like bunches of flowers in flower beds.

The sea was getting rougher and rougher. Gulls flushed from the lonely shore cliffs, touching their breasts to the waves and crying over the sea. The sea blackened and changed. The small waves would merge and, looking like lumps of green glass, would creep furtively up to the beach, fall upon the sand and smash themselves into white foam. The water gurgled under the boat, it boiled, it foamed, and the boat jumped up and down and leaped, as if being carried somewhere on white-maned breasts. The Greek would often turn around and glance with alarm at the sea. Ali was running faster between the boat and the beach, spattered all over with foam. The water by the beach began to grow muddy and yellow; from the depths of the sea a wave would throw stones and sand onto the beach and, flowing down again, dragged them back with so much noise that it seemed as if some large animal were grinding its teeth and growling under the water. After about half an hour, the flood tide was already jumping over the stones, covering the beach path and advancing toward the sacks of salt. The Tatars had to draw back, in order not to get their shoes wet.

"Memet! Nurla! Help me, people, or else the salt will get wet. Ali! Well, come here!" the Greek yelled.

The Tatars stirred and, while the Greek, looking with anguish at the sea, remained in the boat which danced on the waves, the salt was taken to

зад, щоб не змочити капців.

— Мемет! Нурла! Поможіть, люди, а то сіль підмочить! Алі! Йди ж туди! — хрипів грек.

Татари заворушилися, і поки грек танцював з човном на хвилях, з нудьгою позираючи на море, сіль опинилась у безпечному місці.

Тим часом море йшло. Монотонний, ритмічний гомін хвиль перейшов у бухання. Спочатку глухе, як важке сапання, а далі сильне і коротке, як далекий стріл гармати. На небі сірим павутинням снували хмари. Розгойдане море, вже брудне й темне, наскакувало на берег і покривало скелі, по яких потому стікали патьоки брудної з піною води.

— Ге-ге! Буде буря! — кричав Мемет до грека. — Витягай на берег човна!

— Га? Що кажеш? — хрипів грек, намагаючись перекричати шум прибою.

— Човен на берег! — гукнув щосили Нурла.

Грек неспокійно закрутився і серед бризків і рику хвиль почав розплутувати ланцюг, ув'язувати мотуззя. Алі кинувся до ланцюга. Татари скидали капці, закочували штани й ставали до помочі. Врешті грек підняв котвицю, і чорний баркас, підхоплений брудною хвилею, що з ніг до голови змила татар, посунув до берега. Купка зігнутих і мокрих татар галасливо витягла з моря, серед клекоту піни, чорний баркас, немов якусь морську потвору або величезного дельфіна.

Та ось баркас ліг на піску. Його прив'язано до палі. Татари обтріпувались і важили з греком сіль. Алі помагав, хоч часом, коли хазяїн забалакувався з покупцями, він нишком позирав на незнайоме село. Сонце стояло вже над горами. По голому сірому виступу скелі ліпились татарські халупки, зложені з дикого каміння, з пласкими земляними покрівлями, одна на одній, як хатки з карт. Без тинів, без воріт, без вулиць. Криві стежки вились по каменистій спадині, щезали на покрівлях і з'являлись десь нижче просто од мурованих сходів. Чорно і голо. Тільки на одній покрівлі росла якимсь чудом шовковиця, а знизу здавалось, що вона розстеляла темну корону на блакиті неба.

Зате за селом, у далекій перспективі, одкривався чарівний світ. В глибоких долинах, зелених од винограду і повних сизої імли, тіснились кам'яні громади, рожеві од вечірнього сонця або синіючі густим бором. Круглі лисогори, мов велетенські шатра, кидали од себе чорну тінь, а далекі шпилі, сизо-блакитні, здавались зубцями застиглих хмар. Сонце часом спускало з-за хмар у імлу, на дно долини, скісні пасма золотих ниток — і вони перетинали рожеві скелі, сині ліси, чорні важкі шатра та засвічували вогні на гострих шпилях.

При цій казковій панорамі татарське село здавалось

a safe place.

Meanwhile, the sea was advancing. The monotonous, rhythmic sound of waves changed to booming. At first it was hollow, like heavy breathing, but later it became strong and short, like the distant shot of a cannon. In the sky, clouds like gray spiderwebs were moving slowly. The swaying sea, already dirty and dark, was leaping onto the beach and covering the rocks, down which streams of dirty, foamy water would flow after each inundation.

"It'll be quite a storm," Memet cried to the Greek. "Let's get the boat out of the water."

"What? What did you say?" the Greek yelled, trying to shout through the din of the tide.

"Get the boat out of the water," Nurla shouted as loud as he could.

The Greek busied himself and, amid the splashing and roar of waves, began to loosen the anchor-chain and secure the rigging. Ali grabbed the chain. The Tatars took off their shoes, rolled up their trousers, and began helping. Finally the Greek pulled up the anchor, and the black boat, caught by a dirty wave which sluiced the Tatars from head to foot, began to move toward the beach. Shouting, the little group of wet and bending Tartars pulled the boat from the sea, like some kind of monster or big dolphin, amid the gurgling of foam.

Finally the boat lay on the sand, and was fastened to a pole. The Tatars were smoothing their clothes and helping the Greek to weigh the salt. Ali also helped, although, at times, when his master was chatting with the customers, he would look at the strange village. The sun already stood above the mountains. The Tatar huts, made of rough stones and with flat, earthen roofs, clung to the naked gray projection of the cliffs, one above another, like little houses of cards. There were no fences, nor gates nor streets. The crooked paths writhed over the rocky slope, disappeared on the roofs and reappeared again somewhere lower, at the foot of some steps made of masonry. Everything around was black and naked. Only on one roof, by some miracle a thin mulberry tree grew, and from below it appeared that the tree was spreading its dark crown on the blue skies.

But outside the village, in the distance, a magical world opened up. In the deep valleys, green with grapes and full of bluish haze, clusters of rocks jostled one another, rosy from the evening sun or blue with thick pine woods. The round bald mountains, like gigantic tents, cast a black shadow, and the distant peaks, grayish blue, seemed like the fangs of frozen clouds. At times, from behind the clouds, the sun would let down into the mist and into the bottom of the valley the slanting skeins of golden threads, and they cut through the pink cliffs, the blue forests, the black heavy tents, and lit fires on the sharp peaks.

Compared to this fabulous panorama, the Tatar village looked like a lump of rough stone, and only the little file of slender girls who were returning from the *chishme*, the village fountain, with tall jars on their shoulders, enlivened the stony waste.

At the edge of the village, in a deep valley, a little stream ran among walnut trees. The tide prevented the water from flowing into the sea, and

грудою дикого каміння, і тільки рядок струнких дівчат, що вертали од "чішме"[1] з високими кухлями на плечах, оживляв кам'яну пустелю.

Край села, у глибокій долині, біг поміж волоських горіхів струмок. Морський прибій спинив його воду, і вона розлилась поміж деревами, одбиваючи в собі їх зелень, барвні халати татарок та голі тіла дітвори.

— Алі! — гукнув грек. — Поможи зсипати сіль!

За ревом моря Алі ледве дочув.

Над берегом висів солоний туман од дрібних бризків. Каламутне море скаженіло. Вже не хвилі, а буруни вставали на морі, високі, сердиті, з білими гребенями, од яких з луском одривалися довгі китиці піни і злітали догори. Буруни йшли невпинно, підбирали під себе зворотні хвилі, перескакували через них і заливали берег, викидаючи на нього дрібний сірий пісок. Скрізь було мокро, поналивано, в берегових ямках лишалась вода.

Раптом татари почули тріск, і рівночасно вода полилась їм у капці. То сильна хвиля підхопила човен і кинула їм на паль. Грек підбіг до човна і ахнув: у човні була діра. Він кричав од горя, лаявся, плакав — та рев моря покривав його лемент. Довелось витягти човен та й прив'язати знов. Грек був такий сумний, що хоч запала ніч і Мемет кликав його в кав'ярню, не пішов у село і лишивсь на березі. Мов привиди, блукали вони з Алі серед водяного пилу, сердитого бухання та сильного запаху моря, що проймав їх наскрізь. Місяць давно вже зійшов і перескакував з хмари на хмару; при світлі його берегова смуга біліла од піни, наче вкрита першим пухким снігом. Врешті Алі, зваблений вогнями в селі, намовив грека зайти в кав'ярню.

Грек розвозив сіль по прибережних кримських селах раз на рік і звичайно боргував. На другий день, щоб не гаяти часу, він наказав Алі лагодити човен, а сам подався гірською тропою збирати по селах довги: берегова стежка була затоплена і з боку моря село було одрізане од світу.

Вже з полудня хвиля почала спадати, і Алі взявся до роботи. Вітер тріпав червону хустинку на голові дангалака, а він порався коло човна та курникав монотонну, як прибій моря, пісню. У відповідний час, як добрий мусульманин, він розстеляв на піску хустинку і ставав на коліна в богомільному спокої. Вечорами він розкладав над морем огонь, варив собі пілав з підмоченого рижу, що лишивсь на баркасі, і навіть лагодився ночувати при човні, та Мемет покликав його в кав'ярню. Там лиш раз на рік, як наїздили покупці винограду, трудно було здобути місце, а тепер вільно й просторо.

---

[1] Фонтан.

so it flooded among the trees, reflecting their green leaves, the flowery robes of the Tatar women, and the naked bodies of children.

"Ali!" the Greek shouted. "Help pour the salt!"

Because of the roar of the sea, Ali barely heard this.

A salty fog from the fine spray hung upon the beach. The turbid sea raged. Already not waves but breakers were rising on the sea—tall, angry, with white crests from which long clusters of foam tore themselves with lashing noises and flew upward. The breakers moved unceasingly, trampling the returning waves, leaping over them and sluicing the beach, casting ashore fine gray sand. Everything was wet and washed down, and the holes along the shore were filled with water.

Suddenly the Tatars heard a crash, and simultaneously water poured over their feet. A strong wave had caught the boat and had thrown it against the pole. The Greek ran to the boat and gave a cry: there was a hole in the side. He shouted with grief, he cursed, he wept—but the roar of the sea drowned out his lament. The boat had to be dragged farther up the beach and tied again. The Greek was so sad that, although night had come and Memet was calling him into the cafe, he did not go to the village, but remained on the beach. Like ghosts, he and Ali wandered through the water spray, the angry booming, and the strong scent of the sea in which they were steeped. The moon had risen long ago, and it leaped from cloud to cloud: in its light the beach was white with foam as if covered with the first soft, fluffy snow. Finally Ali, lured by the fires in the village, persuaded the Greek to look in at the cafe.

The Greek delivered salt to the seaside Crimean villages once a year, and generally sold on credit. On the second day, so as not to waste time, he ordered Ali to repair the boat, and he himself set out by mountain path to collect debts throughout the villages; the shore path was flooded and so, on the sea side, the village was cut off from the world.

Early in the afternoon the sea had begun to calm down, and Ali went to work. The wind fluttered the red scarf on the oarsman's head, and he puttered around the boat and hummed a song as monotonous as the rote of the sea. At the proper time, like a good Moslem, he spread his scarf on the sand and knelt in devout silence. In the evening he built a fire on the beach, cooked himself a pilaf from some damp rice which had remained in the boat, and was even preparing to spend the night beside the boat, but Memet called him into the cafe. The place was crowded only once during the year, when the grape merchants came down, but now there was room for everyone.

It was cozy in the cafe. Jepar dozed beside the stove on which glittering pots were hanging, and in the stove the fire was slumbering and turning to ashes. When Memet would awaken his brother with the cry "Coffee!" Jepar would start, leap up, and begin working the bellows, in order to rouse the fire. In the stove the fire showed its teeth, sputtered with sparks, and gleamed intermittently over the copper plates and dishes, and the fragrant steam of fresh coffee would spread through the room. Flies droned under the ceiling. Behind the tables, on the wide benches upholstered with silk, the Tatars sat, playing dice here, cards there, and

43

В кав'ярні було затишно. Джепар дрімав коло печі, завішаної блискучою посудиною, а в печі дрімав і попелів вогонь. Коли Мемет будив брата покликом: "каве!" — Джепар здригався, схоплювався і брався за міх, щоб розбудити вогонь. Огонь у печі скалив зуби, пирскав іскрами і поблискував по мідяній посуді, а по хаті розходилась запашна пара свіжої кави. Під стелею гули мухи. За столами, на широких, оббитих китайкою ослонах, сиділи татари; в одному місці грали в кості, в другому — в карти, і скрізь стояли малі філіжанки з чорною кавою. Кав'ярня була серцем села, куди збігались усі інтереси людності, все, те, чим жили люди на камені. Там засідали самі значні гості: старий суворий мулла Асан, у чалмі й довгому халаті, що мішком висів на його кістлявому задубілому тілі. Він був темний і упертий, як віслюк, і за це всі його поважали. Був тут і Нурла-ефенді, багатир, бо мав руду корову, плетену гарбу і пару буйволів, а також заможний "юзбаш" (сотник), посідач єдиного на ціле село коня. Всі вони були родичі, як і ціла людність того невеличкого закинутого села, хоч це не заважало їм ділитися на два ворожі табори. Причина ворожнечі таїлась у невеличкому джерелі, що било з-під скелі і стікало течійкою якраз посередині села, поміж татарськими городами. Тільки ця вода давала життя всьому, що росло на камені, і коли одна половина села спускала її на свої городчики, у другої боліло серце дивитись, як сонце і камінь в'ялять їм цибулю. Дві найбагатші й найбільш впливові особи в селі мали городи на різних боках течійки — Нурла на правому, юзбаш на лівому. І коли останній спускав воду на свою землю, Нурла затамовував потік вище, одводив його до себе і давав воду своєму кутові. Це гнівило всіх лівобережних, і вони, забуваючи на родинні зв'язки, боронили право на життя своїй цибулі та розбивали один одному голову. Нурла і юзбаш стояли на чолі ворогуючих партій, хоч юзбашева партія немов переважала, бо на її боці був мулла Асан. Ця ворожнеча помічалась і в кав'ярні: коли прихильники Нурли грали в кості, то юзбашеві з презирством дивились на них і сідали до карт. В одному вороги сходились: усі пили каву. Мемет, що не мав города і, як комерсант, стояв вище партійних суперечок, усе шкандибав на кривих ногах од Нурли до юзбаша, зацитькував і мирив. Його гладке обличчя і голена голова лисніли, як у облупленого барана, а в хитрих очах, завжди червоних, блукав неспокійний вогник. Він вічно був чимсь заклопотаний, щось вічно розмірковував, пригадував, лічив і раз у раз бігав у крамничку, у льох, то знов до гостей. Часом він вибігав з кав'ярні, піднімав лице уверх, до пласкої покрівлі, і кликав:

— Фатьме!..

І тоді од стін його дому, що здіймався над кав'ярнею,

small cups of black coffee were standing everywhere. The cafe was the heart of the village, where all human interests crossed, everything by which the people on the rock lived. There sat the most important guests: the grim old *mullah*, Asan, in a turban and a long robe which hung on his stiff bony body like a sack. He was dark, and stubborn as a mule, and for this everyone respected him. Here also was Nurla-efendi, a rich man who had a red cow, a wicker cart, and a pair of buffaloes; and also the well-to-do *yuzbash*, the village officer, who owned the only horse in the village. They were all kinsmen, as were the rest of the people of that small forgotten settlement, although this didn't prevent them from dividing into two enemy camps. The cause of the hostility was a little spring which welled from underneath the cliffs and flowed in a narrow stream through the exact center of the village, among the Tatar gardens. This water gave life to all that lived on the rock, and when one half of the village put it on their gardens, it was painful for the other half to see how sun and stone dried their onions. Two of the richest and most influential persons in the village had gardens on different sides of the stream: Nurla on the right side, the *yuzbash* on the left side. And when the latter put water on his soil, Nurla dammed the stream higher up, diverted it, and put water on his own plot. This angered all the left-bankers and, forgetting family ties, they made war to preserve the life of their onions, and smashed one another's heads. Nurla and the *yuzbash* led the hostile parties, although the officer's party was somewhat stronger because on its side was the *mullah* Asan. This hostility could be seen even in the cafe: when Nurla's backers played dice, those of the officer looked at them with scorn and sat down to cards. In one thing the enemies agreed; they all drank coffee. Memet, who didn't have a garden and, like a businessman, stood above partisan conflicts, always hobbled on his bowlegs from Nurla to the *yuzbash*, trying to calm and reconcile them. His fleshy face and shaved head were always shiny, like those of a skinned ram, and in his clever eyes, always red, a restless little fire roamed. He was eternally preoccupied by something, eternally speculating, remembering or computing something, and time after time running into the shop, into the cellar, or again to the customers. Sometimes he would run out of the cafe, turn his face toward the flat roof, and call:

"Fatima!"

And then from the wall of his house, which rose above the cafe, a veiled woman would depart like a shadow, and would silently walk across the roof to the very edge.

He would throw up to her some empty sacks or order something with a rough, grating voice, tersely and imperiously, like a lord to his servant, and the shadow would disappear just as silently as it had come.

Ali saw her once. He was standing near the cafe, and watched closely how silently her yellow slippers descended the stone steps that united Memet's house with the earth, and how the pale green cloak, the *feredjhe*, fell in folds over her slender figure from her head down to her loose red trousers. She descended silently, slowly, carrying in one hand an empty pitcher, and with the other holding up the *feredjhe* in such a way that only

45

оділялась, мов тінь, завинена в покривало жінка і тихо проходила через покрівлю до самого її краю.

Він кидав їй наверх порожні мішки або щось наказував різким, скрипучим голосом, коротко і владно, як пан служебці, — і тінь зникала так само непомітно, як і з'являлась.

Алі раз побачив її. Він стояв коло кав'ярні і стежив, як тихо ступали жовті патинки по кам'яних сходах, що єднали Меметову хату з землею, а ясно-зелене "фередже"¹ складками спадало по стрункій фігурі од голови аж до червоних шароварів. Вона спускалась тихо, поволі, несучи в одній руці порожній кухоль, а другою притримуючи фередже так, що тільки великі довгасті чорні очі, вимовні, як у гірської сарни, міг бачити сторонній. Вона спинила очі на Алі, відтак спустила повіки і пройшла далі тихо і спокійно, як єгипетська жриця.

Алі здалося, що ті очі пірнули в його серце, і він поніс їх з собою.

Над морем, лагодячи човна та курникаючи свої сонні пісні, він дививсь у ті очі. Він бачив їх скрізь: і в прозорій, як скло, та як скло дзвінкій хвилі, і на гарячому, блискучому на сонці камені. Вони дивились на нього навіть із філіжанки чорної кави. Він частіше поглядав на село і часто бачив на кав'ярні, під одиноким деревом, невиразну фігуру жінки, що була звернена до моря, немов шукала своїх очей.

До Алі скоро звикли в селі. Дівчата, проходячи од чішме, ніби ненароком одкривали обличчя, коли стрічались з красунем турком, потому паленіли, йшли швидше й шептались поміж себе. Мужській молоді подобалась його весела вдача. Літніми вечорами, такими тихими й свіжими, коли зорі висіли над землею, а місяць над морем, Алі виймав свою зурну, привезену з-під Смірни, примощувався під кав'ярнею або деінде і розмовляв з рідним краєм сумними, хапаючими за серце згуками. Зурна скликала молодь, мужську, звичайно. Їм зрозуміла була пісня Сходу, і скоро в тіні кам'яних осель, перетканій блакитним світлом, починалась забава: зурна повторяла один і той самий голос, монотонний, невиразний, безконечний, як пісня цвіркуна, аж робилось млосно, аж починало під серцем свербіти, й запаморочені татари підхоплювали в такт пісні: — О-ля-ля... о-на-на...

З одного боку дрімав таємний світ чорних велетнів-гір, з другого — лягло долі погідне море й зітхало крізь сон, як мала дитина, і тремтіло під місяцем золотою дорогою...

— О-ля-ля... о-на-на...

Ті, що дивились згори, з своїх кам'яних гнізд, бачили часом простягнену руку, що попадала під промінь місяця, або тремтячі у танці плечі і слухала одноманітний, в'їдливий

¹ Паранджа. — Ред.

her large, oblong, black eyes, expressive as those of a mountain chamois, were visible to an onlooker. She turned her eyes upon Ali, then lowered her eyelids and continued on silently and quietly, like an Egyptian priestess.

It appeared to Ali as if those eyes plunged into his heart and stayed with him forever.

By the sea, mending the boat and humming his sleepy songs, he was continually looking into those eyes. He saw them everywhere: in the waves, pellucid and sonorous as glass, and on the hot rock blinding from the sun. They looked at him even from cups of black coffee. More and more often he would glance toward the village and would see, on top of the cafe, under the solitary tree, the indistinct figure of a woman which was turned to the sea, as if seeking there her own eyes.

In the village they soon became accustomed to Ali. The girls, walking back from the *chishme*, would, as if unintentionally, uncover their faces when they met the handsome Turk, and after that they would blush, walk faster, and whisper among themselves. His merry nature pleased the young men. During the summer evenings, so quiet and fresh, when stars were suspended above the earth, and the moon above the sea, Ali would take out his *zourna*, brought from Smyrna, settle himself below the cafe or somewhere else, and talk to his native country with sad sentimental sounds. The *zourna* would attract the youth of the village, usually the young men. They understood the song of the east, and soon, in the shadow of the stone houses interwoven with brilliant light, the merry-making would begin; the *zourna* would repeat only one motif, monotonous, vague, endless, like the song of a cricket, until one grew faint, until one's heart grew restless, and the giddy Tatars would catch up the rhythm of the song:

"Oh-la-la . . . oh-na-na!"

On one side slumbered the secret world of the black giant mountains; on the other, down below, the bright sea lay, sighing in its sleep like a small child, and trembling under the moon like a golden road . . .

"Oh-la-la . . . oh-na-na!"

Those who looked down from above, from their stone nests, often saw an extended hand which fell under a ray of the moon, or shoulders shaking in the dance, and they listened to the monotonous, tiresome refrain sung to the *zourna*:

"Oh-la-la . . . oh-na-na . . ."

Fatima was listening too.

She was from the mountains, from a distant mountain village, where different people lived, where there were different customs, and where her girlhood companions had remained. There was no sea there. The butcher had come, he paid her father more than the suitors from her village were able to give, and took her for himself. He is disgusting, brutal, strange, like all the people here, like this region. Here in this part of the world there are no family, no companions, no kind of people—there are even no roads going out of it.

"Oh-la-la . . . oh-na-na . . ."

47

приспів до зурни:

— О-ля-ля... о-на-на...

Фатьма теж слухала.

Вона була з гір. З далекого гірського села, де жили інші люди, де були свої звичаї, де лишились подруги. Там не було моря. Прийшов різник, заплатив батькові більше, ніж могли дати свої парубки, й забрав її до себе. Противний, неласкавий, чужий, як усі тут люди, як цей край. Тут нема родини, нема подруг, прихильних людей, це край світа, нема доріг навіть звідси...

— О-ля-ля... о-на-на...

Нема доріг навіть, бо як море розсердиться, то забирає єдину прибережну тропу... Тут тільки море, скрізь море. Вранці сліпить очі його блакить, удень гойдається зелена хвиля, вночі воно дихає, як слаба людина... В годину дратує своїм спокоєм, в негоду плює на берег і б'ється, і реве, як звір, і не дає спати... Навіть в хату залазить його гострий дух, од якого нудить... Од нього не втечеш, не сховаєшся... воно скрізь, воно дивиться на неї... Часом воно дрочиться: укриється білим, як сніг на горах, туманом; здається, нема його, щезло, а під туманом усе-таки б'ється, стогне, зітхає... Ось як тепер, о!..

— Бу-ух!.. бу-ух!.. бу-ух!..

— О-ля-ля... о-на-на...

...Б'ється під туманом, як дитина в пелюшках, а потому скидає їх з себе... Лізуть угору довгі, подерті шматки туману, чіпляються до мечету, закутують село, залазять у хату, сідають на серце, навіть сонця не видно... Та от тепер... от тепер...

— О-ля-ля... о-на-на...

...Тепер вона часто виходить на дах кав'ярні, притуляється до дерева і дивиться на море... Ні, не моря вона шукає, вона стежить за червоною пов'язкою на голові чужинця, немов сподівається, що побачить його очі — великі, чорні, гарячі, які їй сняться... Там, на піску, над морем, зацвіла тепер її любима квітка — гірський крокіс...

— О-ля-ля... о-на-на...

Зорі висять над землею, місяць — над морем...

. . . .

— Ти здалеку?

Алі здригнувся. Голос ішов зверху, з даху. Алі підняв туди очі.

Фатьма стояла під деревом, а тінь од нього вкривала Алі. Він спаленів і заїкнувся:

—З... п-під... Смірни... далеко звідси...

—Я з гір.

Мовчанка.

There are even no roads, because when the sea becomes angry, it washes away the only shore road. Here is only the sea, everywhere the sea. In the morning its blueness blinds the eyes; during the day the green waves reel; at night it breathes like a sick person. During a calm it annoys with silence; in bad weather it spits on the beach, and pounds, and roars, and doesn't let one sleep—its sharp breath creeps even into the house; one feels sick from it—one can't flee from it, one can't hide oneself—it is everywhere, it watches her. Often it teases by covering itself with white fog, like snow on the mountains; it looks as if it isn't there, but nevertheless, under the fog it still pounds, moans, sighs, just as it is now.

Boom! Boo-oom! Boo-oom!

"Oh-la-la . . . oh-na-na."

It struggles beneath the fog, like a child in swaddling clothes, and then throws them off. Long, torn pieces of fog creep upward, cling to the mosque, muffle the village, creep into the house, sit down on the heart—even the sun cannot be seen. But now . . . but now . . .

"Oh-la-la . . . oh-na-na . . ."

Now she often walks on the roof of the cafe, leaning against the tree and looking at the sea—no, it is not the sea she is seeking; she is watching closely the red scarf on the foreigner's head, as if she hopes that she will see his eyes—large, black, hot—which come to her in dreams. There, on the sand, by the sea, her favorite flower is blooming—the mountain crocus.

"Oh-la-la . . . oh-na-na."

The stars hang above the earth, the moon above the sea.

. . . .

"Are you from far away?"

Ali jerked. The voice was coming from above, from the roof, and there Ali recognized the eyes.

Fatima stood under the tree, and its shadow covered Ali.

He blushed and stammered.

"F-from Smyrna! Far from here . . ."

"I am from the mountains."

A silence.

The blood pounded in his head like sea waves, and the Tatar woman held his eyes captive and didn't let them escape her own.

"Why did you come here? Aren't you lonely here?"

"I am poor—I don't have a star in the sky or a stalk of grain on the earth—I have to work."

"I heard you playing."

A silence.

"It's gay . . . it's gay where we are, too, in the mountains . . . music, gay girls . . . where we are, there is no sea. And in your country?"

"Nearby there isn't . . ."

"*Yokhter*? There isn't? And you don't hear it breathing in the house?"

"No, in our country there is sand instead of sea . . . the wind carries

Кров бухала йому до голови, як морська хвиля, а очі полонила татарка й не пускала од своїх.

Чого забився сюди? Тобі тут сумно?

— Я бідний — ні зірки на небі, ні стебла на землі... заробляю...

— Я чула, як ти граєш...

Мовчанка.

— Весело... У нас у горах також весело... музики, дівчата веселі... у нас нема моря... А у вас?

— Близько нема.

— Йохтер?[1] І ти не чуєш у хаті, як воно дихає?

— Ні. У нас замість моря пісок... Несе вітер гарячий пісок, і ростуть гори, немов горби верблюжі... У нас...

— Цсс!..

Вона наче ненароком висунула з-під фередже білий, випещений вид і поклала з фарбованим нігтем палець на повні, рожеві уста.

Навкруги було безлюдно. Блакитне, як друге небо, дивилось на них море, й лиш біля мечету проснулась якась жіноча постать.

— Ти не боїшся, ханим,[2] розмовляти зо мною? Що зробить Мемет, як нас побачить?

— Що він схоче...

— Він нас заб'є, як побачить.

— Як він схоче...

* * *

Сонця не було ще видно, хоч деякі шпилі Яйли вже рожевіли. Темні скелі виглядали понуро, а море лежало внизу під сірою поволокою сну. Нурла спускався з Яйли і сливе біг за своїми буйволами. Він поспішався, йому було так пильно, що він не помічав навіть, як копиця свіжої трави зсувалась із гарби на спину буйволам і розтрушувалась по дорозі, коли високе колесо, зачепившись за камінь, підкидало на бігу плетеною гарбою. Чорні присадкуваті буйволи, покручуючи мохнатими горбами й лобатими головами, звернули в селі до свого обійстя, але Нурла опам'ятався, повернув їх у другий бік і зупинився аж перед кав'ярнею. Він знав, що Мемет там ночує, і шарпнув двері.

— Мемет, Мемет" Кель мунда![3]

Мемет, заспаний, скочив на ноги і протирав очі.

— Мемет! Де Алі? — питав Нурла.

---

[1] Нема?

[2] Хазяйка, пані.

[3] Йди сюди!

hot sand, and mountains of it grow, like camels' humps . . . where we are
. . ."

"Shh!"

As if by accident, she let down the *feredjhe* and uncovered her white, well-cared-for face, and placed a finger with a painted nail on her full, pink lips. There was no one around. The sea, blue as a second sky, watched them, and just beside the mosque some female figure had passed.

"Aren't you afraid, *khanym*, lady, to talk to me? What will Memet do when he sees us?"

"Whatever he wishes . . ."

"He will kill us when he sees us."

"As he wishes . . ."

* * *

The sun was still not visible, although some peaks of the Yaila were already turning pink. The dark cliffs looked dismal, and below, the sea was lying under the gray cover of sleep. Nurla was coming down from the Yaila, and was almost running behind his buffaloes. He hurried; he was in such a hurry that he didn't even notice how the load of fresh grass shifted a little from the cart onto the backs of the buffaloes and scattered over the road when the tall wheel, catching on a stone, would cause the wicker cart to jolt. Swinging their hairy humps and their wide heads, the black, short-legged buffaloes turned into their yard upon reaching the village, but Nurla woke up, drove them in the other direction, and stopped just in front of the cafe. He knew that Memet spent the night there, and he shook the door.

"Memet, Memet, *kel munda*—come here!"

Memet, sleepy, jumped to his feet and began rubbing his eyes.

"Memet, where is Ali?" Nurla asked.

"Ali . . . Ali . . . here somewhere," and he swept the vacant benches with his eyes.

"Where is Fatima?"

"Fatima? Fatima is sleeping . . ."

"They are in the mountains."

Memet opened his eyes wide at Nurla, quietly came through the cafe and looked outside. On the road stood the buffaloes, covered with grass, and the first ray of the sun was just touching the sea.

Memet turned to Nurla.

"What do you want?"

"You are crazy . . . I tell you, your wife ran away with the oarsman . . . I saw them in the mountains when I was coming back from the Yaila."

Memet's eyes crept upward. After Nurla had finished talking, Memet shoved him aside, leaped out of the house and, swaying on his bowlegs, started climbing the steps. He ran through his room and came out onto the roof of the cafe. Now he really looked insane.

"Osma-an!" he shouted in a hoarse voice, putting his hands to his mouth. "Sa-ali! . . . Jepa-ar! . . . Bekir! *Kel munda*!" He turned in all

51

— Алі... Алі... тут десь... — і він обвів зором порожні лавки.

— Де Фатьма?

— Фатьма?.. Фатьма спить...

— Вони в горах.

Мемет витріщив на Нурлу очі, спокійно перейшов через кав'ярню і виглянув надвір. На дорозі стояли буйволи, засипані травою, і перший промінь сонця лягав на море.

Мемет вернувся до Нурли.

— Чого ти хочеш?

— Ти божевільний... Я тобі кажу, що твоя жінка втекла з дангалаком, я їх бачив у горах, як повертав із Яйли.

Меметові очі полізли наверх. Дослухавши Нурлу, він одіпхнув його, вискочив з хати і, коливаючись на своїх кривих ногах, поліз по східцях наверх. Він оббіг свої покої і вискочив на дах кав'ярні. Тепер він справді був як божевільний.

— Осма-ан! — крикнув він хриплим голосом, приклавши долоні до рота, — Са-алі! Джепа-ар! Бекір! Кель мунда-а! — Він обертався на всі сторони і скликав, як на пожежу: — Усе-їн! Муста-фа-а-а!

Татари прокидались і з'являлись на плоских покрівлях.

Тим часом Нурла помагав знизу:

— Ас-ан! Маму-ут! Зекерій-а-а! — гукав він не своїм голосом.

Сполох літав над селом, знімався вгору, до верхніх хатин, скочувався вниз, скакав з покрівлі на покрівлю, і збирав народ. Червоні фези з'являлись скрізь і кривими та крутими стежками збігались до кав'ярні.

Нурла пояснав, що сталося.

Мемет, червоний і непритомний, мовчки поводив по юрбі вибалушеними очима. Врешті він підбіг до краю покрівлі і скочив униз зручно й легко, як кіт.

Татари гули. Усіх тих родичів, що ще вчора розбивали один одному голови в справі за воду, єднало тепер почуття образи. Зачеплено було не тільки Меметову честь, але й честь усього роду. Якийсь злиденний, мерзенний дангалак, наймит і заволока. Річ нечувана. І коли Мемет виніс із хати довгий ніж, яким різав овець, і, блиснувши ним на сонці, рішуче застромив за пояс, рід був готовий.

— Веди!

Нурла рушив попереду, за ним, налягаючи на праву ногу, поспішався різник і вів за собою довгу низку обурених і завзятих родичів.

Сонце вже показалось і пекло камінь. Татари злазили вгору добре відомою їм стежкою, витягшись у лінію, як колонка мандруючих мурах. Передні мовчали, і тільки ззаду рядка сусіди перекидались словами. Нурла виступав з рухами

directions, and called everyone as if there were a fire. "Ussein! . . .
Mustafa! . . ."

Tatars woke up and appeared on the flat roofs. At times Nurla
helped from below.

". . . Asan! . . . Mamu-ut! . . . Zekeria!" he yelled in a wild voice.

The alarm rang over the village, rose high to the topmost houses,
came leaping down, jumped from roof to roof and summoned the people
together. Red fezes appeared everywhere and ran toward the cafe down
the crooked circling paths.

Nurla explained what had happened.

Memet, red and half-crazed, silently moved his staring eyes over the
crowd. Finally he ran to the edge of the roof and jumped down nimbly
and lightly as a cat.

The Tatars murmured. The feeling of offense now united all those
kinsmen who only yesterday had been smashing one another's heads in the
quarrel over water. Not only Memet's honor, but the honor of the whole
clan, was at stake. Some miserable, loathsome rower, servant and foreigner
. . . an unheard-of thing! And when Memet came out of the house carrying
a long knife with which he usually butchered sheep and, flashing it in the
sun, thrust it briskly under his belt, the clan was ready.

"Lead us!"

Nurla went first and, after him, limping on his right leg, the butcher
hurried, followed by a long line of enraged and determined kinsmen.

The sun had already come up and was beginning to heat the stones.
The Tatars climbed by a well-known path, stretching out into a line like a
column of traveling ants. The front ones were silent, and only in the back
could occasional words be heard. Nurla moved on like a hunting dog which
already scents game. Memet, flushed and gloomy, limped even more.
Although it was still early, the gray masses of stone were already becoming
hot, like the hearthstone of an oven. Over their naked, bulging sides, either
round like giant tents, or sharp like crests of petrified waves, the venomous
milkweed writhed with its fleshy leaves, and lower down, toward the sea,
the bright green *kaporets* grew among the blue breasts of the rocks. A little
narrow path, barely visible like the tracks of a wild animal, disappeared
sometimes in the stony waste, or vanished under a ledge of rock. There it
was damp and cold, and the Tatars took off their fezes in order to cool
their shaved heads. From there they again stepped into the oven that was
burning, stifling and gray in the dazzling sunlight. Stubbornly they
climbed up the mountains, leaning their torsos a little forward, rocking
lightly on their bowed Tatar legs; or they passed black and narrow chasms,
scraping their shoulders against the rough flank of a cliff and treading on
the edge of a precipice with the assurance of mountain mules. And the
farther they went, the harder it was for them to get across the obstacles,
the stronger the sun burned them from above, and the rocks from below,
the more persistence was evident on their red and sweaty faces, the more
determination made their eyes bulge out of their heads. The spirit of these
wild and naked cliffs, which were dead at night but which, during the day,
were warm as a body, embraced the souls of the insulted ones and,

гончого пса, який нюшить уже дичину. Мемет, червоний і понурий, помітніше шкандибав. Хоч було це рано, сірі маси каміння нагрілися вже, як черінь печі. По їх голих, випнутих боках, то круглих, як велетенські шатра, то гострих, мов вершки заклятих хвиль, слався м'ясистим листом отруйний молочай, а нижче, туди ік морю, сповзав поміж синяві груди каміння ярозелений капорець. Вузенька стежка, ледве помітна, як слід дикого звіра, щезала часом серед кам'яної пустині або ховалась під виступом скелі. Там було вогко й холодно, і татари піднімали фези, щоб освіжити голені голови. Звідти вони знову вступали у піч — розпалену, душну, сіру й залиту сліпучим сонцем. Вони уперто дерлись на гори, подавшись тулубом трохи вперед, погойдуючись злегка на вигнутих дугою татарських ногах, або обминали вузькі й чорні провалля, черкаючись плечем об гострий бік скелі та ставлячи на край безодні ноги з певністю гірських мулів. І чим далі вони йшли, чим важче їм було обминати перешкоди, чим сильніше пекло їх зверху сонце, а знизу камінь, тим більше завзяття одбивалось на їх червоних, упрілих обличчях, тим сильніше запеклість випирала їм з лоба очі. Дух цих диких, ялових, голих скель, що на ніч умирали, а вдень були теплі, як тіло, обняв душі покривджених, і вони йшли обороняти свою честь і своє право з незламністю суворої Яйли. Вони поспішалися. Їм треба було перейняти втікачів, поки вони не добралися до сусіднього сельця Суаку та не втекли морем. Правда, і Алі й Фатьма були тут людьми чужими, не знали стежок і легко могли заплутатися в їх лабіринті — і на це рахувала погоня. Проте, хоч до Суаку лишилось небагато, ніде нікого не було видно. Робилось душно, бо сюди, в гори, не долітав вогкий морський вітер, до якого вони звикли на березі. Коли вони спускались у провалля або злазили на гору, дрібні колючі камінці сипались їм з-під ніг — і це дратувало їх, упрілих, стомлених і лихих: вони не знаходили того, чого шукали, а тим часом кожен з них покинув у селі якусь роботу. Задні трохи припинилися. Зате Мемет поривався наперед, з затуманеним зором і головою, як у роз'юшеного цапа, і, шкутильгаючи, то виростав, то опадав, як морська хвиля. Вони почали тратити надію. Нурла опізнився, це було очевидячки. Проте йшли. Кілька раз заломистий берег Суаку блиснув їм згори сірим піском й зникав. Раптом Зекерія, один з передніх, сикнув і зупинився. Всі озирнулись на нього, а він, не мовлячи ні слова, простяг руку вперед і показав на високий кам'яний ріг, що виступав у море. Там, з-за скелі, на один мент мигнула червона головна пов'язка і зникла. У всіх закалатало серце, а Мемет стиха рикнув. Вони ззирнулися — їм прийшла до голови одна думка: якби вдалося загнати Алі на ріг, то можна взяти його там голіруч. Нурла мав уже план; він поклав на уста палець, і ко-

adamant and fierce as the Yaila, they went to defend their honor and their right. They hurried. They had to catch the fugitives before the two reached the neighboring village of Suaku and fled out to sea. True, both Ali and Fatima were strangers here, they didn't know the paths and could easily lose their way in the labyrinth, and the pursuers were counting on this. Nevertheless, though little distance remained to Suaku, nothing could be seen anywhere. The air was stifling, because the damp sea wind to which they were accustomed on the shore did not reach that far into the mountains. When they descended into a ravine or crawled upward, the fine sharp stones rolled from under their feet, and this annoyed them, now wet, tired and angry; they weren't finding what they were looking for, and moreover each of them had abandoned some kind of work in the village. Those in the rear slowed down a little. But Memet drove on with confused head and blurred eyes, like those of an enraged he-goat and, limping, he would rise and fall like a wave on the sea. They began to lose hope. It was obvious that Nurla had come too late. But still they went on. Looking from above, they saw several times the curved shore of Suaku, flashing with gray sand and then disappearing.

Suddenly Zekeria, one of those in the front, hissed and halted. All looked at him but he, without a word, pointed with his arm toward a high crag which hung over the sea. There, from behind the cliff, the red scarf flared for one moment and then disappeared. Everyone's heart began to beat faster, and Memet bellowed in a low voice. They looked at one another, for they all had the same thought: if they could drive Ali onto the crag, then they could take him alive. Nurla already had a plan; he put his finger on his lips, and when all had quieted down, he divided them into three groups, so that they could surround the crag from three sides—on the fourth side, the cliff dropped steeply into the sea. All became cautious, as on a hunt, and only Memet fumed and wanted to go on, piercing the cliff with his greedy eyes. But at this instant, the edge of the green *feredjhe* appeared from behind a rock, and then the slender oarsman rose up, as if he were growing out of the cliff. Fatima was walking in front, green as a bush in spring, and Ali, on his long legs covered by the tight yellow trousers, wearing the blue jacket and the red scarf, tall and supple as a young cypress, seemed like a giant against the background of the sky. And when they reached the tip of the crag, a flock of seabirds flushed from the cliffs and covered the blue of the sea with a vibrating network of wings.

Suddenly Fatima started and cried out. The *feredjhe* slipped from her head and fell down, and she stared with terror into the bloodshot, crazed eyes of her husband looking at her from behind the rock. Ali turned around and, in that moment, from all sides, Zekeria and Jepar and Mustafa, and all those who used to listen to his music and drink coffee with him, came creeping onto the crag, gripping the sharp stones with their hands and feet. They were no longer silent—from their chests, a hot breath, a wave of confused yells flew toward the fugitives. There was nowhere to flee. Ali stood up straight, braced his feet on the rock, put his hand on his short knife, and waited. His handsome face, pale and proud, radiated the courage of a young eagle.

55

ли всі замовкли, розділив їх на три частини, що мали оточити ріг з трьох сторін; з четвертої скеля стрімко спадала в море. Всі стали обережними, як на вловах, тільки Мемет кипів і рвався наперед, просвердлюючи жадним оком скелю. Та ось виткнувся з-за каміння краєчок зеленого фередже, а за ним злазив на гору, мов виростав із скелі, стрункий дангалак. Фатьма йшла попереду — зелена, як весняний кущ, а Алі, на своїх довгих ногах, тісно обтягнених жовтими ногавицями, в синій куртці і червоній пов'язці, високий, і гнучкий, як молодий кипарис, здавався на тлі неба велетнем. І коли вони стали на вершечку, з прибережних скель знявся табун морських птахів і вкрив блакить моря тремтячою сіткою крил.

Алі, очевидячки, заблудився і радився з Фатьмою. Вони з тривогою оглядались на кручу, шукали стежки. Здалеку виднілась спокійна бухта Суаку.

Раптом Фатьма жахнулась і скрикнула. Фередже зсунулось з її голови і впало додолу, а вона з жахом втопила очі у налиті кров'ю скажені чоловікові баньки, що дивились на неї з-за каменя. Алі озирнувся, і в ту ж мить з усіх сторін полізли на скелю, чіпляючись руками й ногами за гостре каміння, і Зекерія, і Джепар, і Мустафа — всі ті, що слухали його музику і пили з ним каву. Вони вже не мовчали; з грудей їх, разом з гарячим віддихом, вилітала хвиля змішаних згуків і йшла на втікачів. Тікати було нікуди. Алі випростувався, уперся ногами в камінь, поклав руку на короткий ніж і чекав. Од його вродливого лиця, блідого й гордого, била відвага молодого орла. Тим часом за ним, над кручею, кидалася, як чайка, Фатьма. З одного боку було ненавидне море, з другого — ще більш ненавидний, нестерпучий різник. Вона бачила його побаранілі очі, недобрі сині уста, коротку ногу і гострий різницький ніж, яким він різав овець. Її душа перелинула через гори. Рідне село. Зав'язані очі. Грають музики, і різник веде її звідти над море, як овечку, щоб заколоти. Вона розпучливим рухом закрила очі і втратила рівновагу. Синій халат в жовті півмісяці нахилився і зник серед крику сполоханих чайок...

Татари жахнулись: ця проста і несподівана смерть одкинула їх од Алі. Алі не бачив, що сталося позад його. Як вовк, поводив він навкруги очима, дивуючись чого вони ждуть. Невже бояться? Він бачив перед собою полиск хижих очей, червоні й завзяті обличчя, роздуті ніздрі й білі зуби — і вся ця хвиля лютості раптом наскочила на нього, як морський прибій. Алі оборонявся. Він проколов руку Нурлі і дряпнув Османа, та в ту ж хвилю його збили з ніг, і, падаючи, він бачив, як Мемет підняв над ним ніж і всадив йому між ребра. Мемет колов куди попало, з нестямою смертельно ображеного і з байдужністю різника, хоч груди Алі перестали

In the meantime, on the edge of the cliff behind him, Fatima was fluttering like a gull . . . on one side was the hated sea, on the other—the still more hated, loathsome butcher. She saw his glazed eyes, his evil blue lips, his short right leg, and the sharp butcher knife with which he killed sheep. Her soul flew out over the mountains. The ancestral village. The blindfolded eyes. The music is playing, and the butcher is leading her away from there, toward the sea, like a ewe which he is going to slaughter. In despair she closed her eyes and lost her balance. The blue robe with its yellow crescents leaned over the cliff and disappeared among the cries of the frightened gulls.

The Tatars started: this simple and unexpected death made them forget Ali. Ali had not seen what happened behind him. He moved his eyes around like a wolf, wondering why they were waiting. Were they afraid? He saw before him the gleam of predatory eyes, red and cruel faces, flared nostrils and white teeth, and then suddenly all this wave of hate covered him like a flood tide. Ali fought back. He knifed Nurla's hand and clawed Osman, and in that moment they knocked him off his feet and, falling, he saw how Memet raised the knife above him and plunged it between his ribs. Memet stabbed again and again, with the obsession of a person whose pride is mortally wounded and with the indifference of a butcher, although Ali's chest had already ceased to move, and the handsome face became peaceful.

The affair was finished, the honor of the family was saved from shame. On the rock, under their feet, lay the body of the oarsman, and beside it the trampled and torn *feredjhe*.

Memet was drunk. He swayed on his bowlegs and waved his hands; his movements were meaningless and unnecessary. Pushing aside the curious ones who were swarming over the corpse, he seized Ali by one leg and began to drag him away. They all followed him. And when they were walking back along those same paths, descending downward and crawling upward, Ali's magnificent head, with the face of Ganymede, bumped over the sharp stones and oozed with blood. Sometimes, as it was dragged over the rough places, it would bounce up and down, as if Ali were agreeing with something and saying, "Yes, yes . . . ."

The Tatars followed him, cursing loudly.

When the procession finally came into the village, all the flat roofs were covered with flowery masses of women and children, and they looked like the Hanging Gardens of Babylon.

Hundreds of curious eyes followed the procession all the way to the sea. There on the sand, which was white from the afternoon sun, the black boat lay on its side, like a dolphin thrown up in a storm with a punctured flank. A tender blue wave, clear and warm like the breast of a girl, flung onto the sand a thin lace of foam. The sea mingled with the sunlight in a happy smile which reached far out past the Tatar homes, past the orchards, the black forests, to the gray warm crowds of the Yaila.

Everything was smiling.

Without words, without deliberation, the Tatars lifted Ali's body, placed it in the boat and, all together, pushed the boat into the sea, to the

вже дихати, а гарне обличчя набрало спокою.

Справа була скінчена, честь роду визволена з ганьби. На камені, під ногами, валялось тіло дангалака, а біля нього стоптане й пошматоване фередже.

Мемет був п'яний. Він хитався на кривих ногах і вимахував руками, його рухи були безглуздими і зайвими. Розіпхнувши цікавих, що товпились над трупом, він ухопив Алі за ногу і поволік. За ним рушили всі. І коли вони йшли назад тими самими стежками, спускаючись униз та злазячи на гору, розкішна голова Алі, з обличчям Ганімеда, билась об гостре каміння і спливала кров'ю. Часом вона підскакувала на нерівних місцях, і тоді здавалося, що Алі з чимсь згоджується і каже: "Так, так..."

Татари йшли за ним і лаялись.

Коли процесія вступила в село, всі пласкі покрівлі вкрились барвними масами жінок і дітей і виглядали, як сади Семіраміди.

Сотки цікавих очей проводили процесію аж до моря. Там на піску, аж білому од полудневого сонця, стояв похилений трохи чорний баркас, мов викинений в бурю дельфін з пробитим боком. Ніжна блакитна хвиля, чиста й тепла, як перса дівчини, кидала на берег мереживо піни. Море зливалось з сонцем в радісний усміх, що досягав аж ген далеко, через татарські оселі, через садки, чорні ліси — до сірих нагрітих громад Яйли.

Все осміхалось.

Без слів, без наради татари підняли тіло Алі, поклали його в човен і при тривожних жіночих криках, що неслись із села, з пласких дахів, як зойк наляканих чайок, дружно зіпхнули човен у море. Шурхнув по камінцях човен, плюснула хвиля, загойдався на ній баркас і став.

Він стояв, а хвиля гралась навкруги його, плюскала в боки, бризкала піною і потиху, ледве помітно односила в море.

Алі плив назустріч Фатьмі...

accompaniment of the mournful cries of women which, like the wailing of frightened gulls, came from the flat roofs of the village.

The boat scraped on the pebbles; a wave splashed, the boat rocked on it and then stopped.

It stood still, but a wave played around it, splashed on its sides, spattered foam, and silently, barely noticeably, carried it away into the sea.

Ali floated toward Fatima.

— Translated by P. Kilina and G. Tarnawsky

ВОЛОДИМИР ВИННИЧЕНКО

Чудний епізод

Чого сумно стискається серце, коли дивишся на красу? Чому хочеться тужно схопити голову в руки і ридать гарячими сльозами? Чому? А чому в тих сльозах і ніжність є, і радість, і журба, і безнадійність?

А я знаю. Тепер я вже знаю, а до того вечора, навіть в той самий вечір, як трапилась зо мною ся незначна, дрібненька подія, я ще не знав. Я думаю, Наталя і досі не знає. Та й не треба їй знати.

Мене з Наталею познайомив сум. Я вперше побачив її у трамваї. Я читав газету, коли вона ввійшла. В газеті було про те, як люди вбивають одні одних, як самі себе вбивають, як крадуть, ріжуть, плачуть, обдурюють, одним словом все те, що не має ніякого відношення до радості, сміху (про се — ви помітили? — ніколи в газетах не пишуть). Я читав про все се і мені було байдуже. А коли вона ввійшла в вагон, коли спокійно зупинились в моїх очах її очі, мені раптом захолонуло в грудях. Мені стало безмірно журно. Мені захотілось обнять залитого жиром мого сусіду і поцілувать його в трьохповерхову шию. Хотілось закрити лице і сидіти нишком, слухаючи дзвін туги, невідомої, солодкої туги у грудях.

І потім се саме завжди виникало в мені, коли я вдивлявся в Наталю. Навіть тоді, як обняв її вперше, як задрижало її тіло в моїх руках, навіть тоді сум не зник з мого серця. Я се напевне знаю, він не зник, він тільки сховався від полум'я жаги.

А Наталя й досі не знає, чому так сумно, так тужно, так болюче-солодко дивитись на красу. Що краса у неї велика, вона се знає, о! се вона добре знає.

В той самий вечір вона сама се сказала мені:

— Ти думаєш, я собі ціни не знаю? Ого! Захочу і завтра ж матиму автомобіль.

(Вона страшенно любить автомобілі.)

— Не віриш? Посміхаєшся?

Я вірив, але посміхався зовсім од іншого.

— І матиму! Мені надокучило їсти картоплю і вкриватись одним плащем.

VOLODYMYR VYNNYCHENKO

A Strange Episode

Why does my heart contract sadly when it looks at beauty? Why do I want to grasp my head in my hands and cry hot tears? Why? And why is there tenderness, happiness, grief and hopelessness in those tears?

But I do know. Now I do know, but until that evening, even that same evening, when that unknown, insignificant episode happened to me—I still did not know. I think that Natalie still does not know. Nor does she need to know.

Sadness introduced me to Natalie. I first saw her in the streetcar. I was reading the newspaper when she entered. The newspaper contained everything that has nothing to do with happiness—how people kill each other, how they kill themselves, how they steal, slay, cry, deceive; in other words, everything that has nothing to do with happiness and laughter (have you observed that the newspapers don't write about this?). I read all this and I became apathetic. But when she came into the car, when her eyes stopped short at my eyes, my chest suddenly became numb. I became limitessly sad. I wanted to embrace my neighbor, obese with gluttony, and kiss him on his three-storied neck. I wanted to cover my face with my hands and sit low, listening to the bell of longing, the unknown sweet longing in my heart.

And later all this always revived again in me whenever I stared at Natalie. Even then, when I embraced her for the first time, when her body trembled in my arms, even then sadness did not leave my heart. I know this for certain: it did not leave, it only hid from the fire of longing.

And Natalie, even now, does not know why it is so sad, so full of longing, so painfully pleasant to look at beauty. She knows that she has great beauty; oh, she knows this well.

That very evening, she herself said this to me:

"You think I don't know my value? Oh! If I wanted, I could have an automobile tomorrow."

(She likes automobiles very much.)

"You don't believe me? You are smiling?"

I believed her, but smiled for a completely different reason.

"And I will! I'm tired of eating potatoes and covering myself with one coat."

(We were in such a state and we only ate potatoes and only had one coat.)

(У нас були такі обставини, що ми годувались одною картоплею і вкривались тільки плащем.)

— Мені надокучили твої дурнуваті мрії. Так, надокучили! О, се я тобі щиро говорю. Я — не свята... К чорту! Давай мені грошей, а не пісень. Грошей! Розумієш?

Вона, дійсно, ніколи так щиро не говорила. Я сидів з похиленою головою, а тут підвів її і подивився на Наталю. Ах, яка ж вона гарна була! Боже ,вона була така гарна, що хотілось бахнути сею головою об кінець столу і розбить її, як негодящий горщик.

—Ну, чого вилупив очі? Почнеш нотації читать за цинізм? Можеш! Я — не свята. Мені надокучило буть святою. Годі! Мені треба грошей, от і все. Ідеали, шукання, великий дух і подвиги можеш лишити у себе. Се мені не підходить. Так, так! Що? Не ждав?

Я таки не ждав. А може... а може, й ждав, бо чого ж так сумно, чого так тужно стискувалось моє серце раз у раз, коли я дивився на красу її тіла?

Я їй нічого більше не сказав. Я навіть плащ не взяв з собою і мовчки вийшов з хати.

Пізно було вже. На вулиці туман, як наміткою обгортав ліхтарі. Прохожі з піднятими комірами і руками в кишенях поспішно минали повз мене. Вони знали, куди йшли. А я не знав, тому й не поспішав. Я навіть рук не ховав у кишені і коміра не піднімав. Я тільки посміхався. Але коли б хто-небудь взяв ту посмішку з губ моїх і розпустив її в чомусь такому, де можна розпустить і сміх, і плач, то в посмішці моїй, мабуть, не дуже багато виявилось би сміху.

На розі одної вулиці я зупинився. Тут часто я піджидав Наталю. Часто ми проходили тут, щільно пригорнувшись одне до одного. Тут також часто з'являлась одна постать, від якої у нас жалісно й з гидливим страхом стискувалось серце.

Так, ми тут часто проходили. Ми спішили додому. Дома нас чекала холодна картопля і плащ.

Хм! Куди ж тепер мені йти? У всякому разі не здобувать же грошей. Розуміється. Але все ж таки куди?

Туман і вулиця були вогкі, холодні, але все-таки тепліші, ніж той клубок, що давив мені груди. І я пішов по вулиці, в тумані.

І раптом за мною хтось порівнявся. Я озирнувся. То була та сама істота, яку ми часто зустрічали на сих вулицях. Се було те саме жалке, страшне створіння, яке викликало в нас якийсь містичний страх і бажання ще тісніше пригорнутись одне до одного.

Вона з'являлась завжди якось несподівано, як дух; завжди з'являлась на самих безлюдних місцях. Ми сумнівались, що вона проститутка, хоча не раз бачили, як вона підпливала,

"Your stupid dreams have annoyed me. Yes, annoyed me! Oh, I am telling you this frankly. I am not a saint . . . Lord! Give me money and not songs. Money! Do you understand?"

She had never really spoken so frankly. I was sitting with my head bent, but at this point I raised it and looked at Natalie. Ah, how beautiful she was! God, she was so beautiful that I wanted to strike my head against the edge of the table and break it, like a useless flower pot.

"Well, why do you stare? You will begin to preach lessons about cynicism? Go ahead! I am not holy. I am annoyed at being holy. It is impossible! I need money, that's all. Ideals, searches, great spirit and deeds you can keep to yourself. That does not suit me. Yes. Yes! What? Didn't you expect it?"

Indeed I did not expect it. Perhaps . . . perhaps I did, because why is it so sad, why did my heart contract so sadly once in a while when I looked at the beauty of her body?

I did not say anything else to her. I did not even take my coat with me and left the house in silence.

It was already late. There was fog in the street. It enveloped the street lamps like a woman's scarf. Passersby hurried along with upturned collars and hands in their pockets. They knew where they were going. But I did not know, so I did not hurry. I did not even hide my hands in my pockets nor turn up my collar. I only smiled. But if someone had taken this smile from my lips and melted it in something or other in which one can melt both laughter and weeping, then my smile would probably not reveal much laughter.

I stopped at the corner of one street. I often waited here for Natalie. We often walked here, clinging tightly to one another. Here too, one figure would appear at the sight of which our hearts would contract with pity and with disdainful fear.

Yes, we often passed by here. We hurried home. A cold potato and a coat awaited us at home.

Hm! Where do I go now? In any case not to get money. That is self explanatory. But, in any case, where?

The fog and street were damp, cold but still warmer than that lump which pressed on my chest. And I went along the street again, in the fog.

Suddenly someone came up to me. I looked around. It was the same creature whom we often met in these streets. It was the same pitiful, awful creature who aroused in us some kind of mystical fear and desire to cling more closely to one another.

She always appeared somehow unexpectedly in the same deserted places. We didn't think that she was a prostitute, although we often saw her lapping at any passerby like the shadow of a wave. But the passerby after a glance would immediately turn and walk away. We often talked about her, and Natalie would often ask me if there were men who would

63

наче тінь, до якого-небудь прохожого. Але той, глянувши на неї, моментально одвертався й поспішно одходив. Ми іноді балакали про неї і Наталя не раз питала мене, невже знаходяться мужчини, які можуть піти з сим страховищем, з сим привидом!

Дійсно, вона була як привид, як мара проституції, як страшний символ прокаженої професії. Одягнена була завжди однаково, немов вже цілі віки ходить тут щоночі. Та й навіщо, справді, марі міняти туалет? Завжди в довгому сірому пальті, складки якого не хитались, коли вона пересувалась під стінами, повз глухо замкнені двері та вікна крамниць. Завжди в старомоднім темнім капелюху, з якого на лице звисала густа, сіра вуаль, завжди з парасолем в руці.

Ми раз зустрілись з нею під ліхтарем. Крізь вуаль на нас глянуло таке страшне лице, що мені аж ноги ослабли. Якесь надзвичайно бліде, з вимученими очима, підведеними, як звичайно у всіх проституток, з намальованими губами, але такого рисунку, який може бути тільки в мертвяка.

Чого вона ходила темними ночами попід стінами? Невже можуть бути такі мужчини, що ідуть з нею?

Хм! Наталя сумнівається.

Я ще раз озирнувся й посміхаючись подивився їй в лице. Се лице цілком відповідало тому, що було мені в грудях.

Ще не ставало, щоб я почав цілувать се лице, щоб се створіння милувало мене.

А чому ні! Хе! Вона, певно, якраз для таких, як я зараз, і призначена.

— Добрий вечір, — промовила вона тихим і, правду казати, мелодійним голосом.

— Добрий вечір! — голосно одповів я, все-таки посміхаючись.

Вона пильно вдивилась в мою посмішку, обвела розрізненими очима моє лице, груди і так же тихо й рівно спитала:

— Гуляєте?

Я розреготався.

— Розуміється, гуляю! Я люблю в чудову погоду гуляти по вулицях.

Вона ще раз зупинила на мені свої мертві очі. На лиці, запудренім до мертвої непорушності, не мигнуло нічого, немов вона вже звикла й до такого сміху і взагалі до таких добродіїв, що гуляють в чудову погоду по тихих вулицях.

— Ходімте зо мною? — нахилила вона голову.

— Куди?

— Ну, «куди». До мене.

— Чого?

Вона подивилась на мене.

— Ви не знаєте?

go with such a frightful creature, with that ghost.

Indeed, she was like a ghost, like an apparition of prostitution, like a frightful symbol of the cursed profession. She was always dressed the same, as if she had walked here every night for many years. And indeed, why should a ghost change her clothes? Always in a long gray overcoat whose pleats did not sway when she moved beneath the walls, along mutely locked doors and windows of shops. Always in an old-fashioned dark hat from which a thick, gray veil hung over her face, and always with an umbrella in her hand.

We once met her under a street lamp. Such an awful face glanced at us through the veil that my legs grew weak. It was extremely pale, with exhausted eyes, made up like all prostitutes, with painted lips which could only belong to a corpse.

Why did she walk beneath the walls in the dark? Could there be men who would go with her?

Hm! Natalie doubted this.

I looked around once more and looked her smilingly in the face. That face suited perfectly what was in my heart. All that was needed now was for me to kiss this face and discover that this creature could please me.

"Good evening," she said in a quiet, truly musical voice.

"Good evening," I answered loudly, smiling all the time.

She stared at my smile attentively, covered my face, chest with her wide gazing eyes and asked so softly and evenly:

"Are you out for a walk?"

I burst out laughing.

"Of course I am out walking. I like to go out in the streets in beautiful weather."

Once more she rested her dead eyes on me. On her face, powdered to a deathlike stillness, nothing moved, as if she were accustomed to that kind of laughter and to benefactors who "go out" in good weather on streets like that.

"Come with me?" she leaned her head.

"Where?"

"Well where? To my house."

"Why?"

She looked at me. "You don't know?"

I also looked at her. A passerby under an umbrella glanced back at us. He looked at her and then quickly at me and I read surprise, contempt and pity for me on his face.

And what would Natalie say?

"Will you go?" she asked again, bowing her head.

Suddenly I grew so cold that frost even went through my head, not because I was wearing only one jacket, but because of something else, something which makes even people on the equator cold.

Я теж подивився на неї. Якийсь прохожий під зонтиком озирнувся на нас. Глянув на неї, потім швидко на мене і на лиці його я прочитав немов здивування, усмішку і жаль до мене.

А що б то сказала Наталя? Хе?

— Підете? — спитала вона, нахиливши знов голову.

Мені раптом стало так холодно, що аж по голові пройшов мороз, не від того, що я був в одному піджаку, а від чогось іншого, від чого навіть на екваторі людині стане холодно.

— В мене немає грошей, — хмурно й холодно сказав я.

— Ви мені колись оддасте.

Хм! Ся мара рішуче хотіла замінить мені Наталю. Чудово.

— Ходім, — сказав я.

Вона мовчки повернулась і пішла вперед, майже беззвучно ступаючи по мокрому тротуарі. Сіре пальто, схоже на саван, рівно, не коливаючись, звисало до самої землі.

Я посміхався, але йшов рішуче за нею. Ми йшли недовго.

Жила вона на шостому поверсі, в мансарді, в маленькій кімнаті, в якій одна стіна з вікнами була зрізана до половини і на ній лежала покрівля. Один куток був запнутий якимсь сірим покривалом, в другому ліжко стояло широке, спокійне. На стінах висіло багато гравюр.

Се були знімки переважно з класичних речей. Багато роденівських. Я се помітив зразу. Де вона могла взяти їх, ся мара, й навіщо вони їй?

— У вас гравюр багато, — сказав я.

Вона якось злякано подивилась на мене, немов я хотів одняти в неї сі гравюри.

— Ви любите їх, чи вам подарували?

— Люблю, — тихо тихо сказала вона й почала швидко, поспішно роздягатись.

Я присів на стілець біля столу і схилив голову на руки. Сміятись уже не хотілось... Хотілось... Ні, кінець!

— Вам тяжко? — почув я біля себе тихий шепіт.

Я підвів голову й засміявся їй в лице.

— Чого мені тяжко? Того, що піднявся на шостий поверх? Се ще не велика біда. Буває й гірше... Еге ж. Ну, так ми будемо спати тепер? Чудесно... У вас тут затишно... А що то в кутку? Друге ліжко? Може, для визначних гостей?

— Ні, там висить моя одежа.

— Одежа? Ну, все одно... Хоч би й серце там висіло, плювать. Е, на все плювать і більше нічого. Правда?

— Правда, — тихо кинула вона, а сама дивилась на мене пильно-пильно. Їй-богу, у неї були гарні очі... Ні, не очі, погляд. Очі були погані, риб'ячі, тут уже нічого не зробиш.

"I don't have any money," I said sadly and coldly.

"You can pay me some other time."

Hm! This ghost decidedly wanted to take Natalie's place. Wonderful. "Let's go," I said.

She turned around silently and moved forward almost without a sound, stepping on the wet sidewalk. A gray overcoat, like a pall, straight without swaying, hung to the very ground.

I smiled and resolutely followed her. We didn't walk for long.

She lived on the sixth floor, in the attic, in a small room in which one wall was cut in half and stretched over it was a covering. One corner was closed off with some gray covering; in the other stood a bed, wide and peaceful. Many engravings hung on the walls.

They were chiefly photographs of classical works. Many of Rodin. I noticed this at once. Where could she have taken them, this ghost, and what use were they to her?

"You have a lot of engravings," I said.

She looked at me a little frightened as if I wanted to take these engravings away from her.

"Do you like them or were they a gift?"

"I like them," she said softly and began hurriedly and swiftly to undress.

I sat on a stool near the table and leaned my head on my arms. I did not want to laugh anymore . . . Yes I wanted to . . . No! The end!

"You are sad?" I heard near me, in a soft whisper.

I lifted my head and laughed in her face.

"Why am I sad? Because I came up to the sixth floor? That is still not a big problem. There are worse things . . . Well! Are we going to sleep now? Wonderful . . . It is quiet here. But what is that in the corner? A second bed? Perhaps for special guests."

"No, my clothes hang there."

"Clothes? Well, it's all the same . . . Even if a heart hung there I wouldn't care! Spit on everything and that's it. Right?"

"Right," she retorted softly, but looked at me very fixedly. By God, she had pretty eyes . . . No, not eyes but their expression. Her eyes were ugly, fishlike; nothing could improve them. But their expression was beautiful. Oh, if Natalie's eyes could have such an expression. But—what's the use!

"Well that means I ought to undress? Wonderful. Do you have many guests?"

"No, not many . . ."

"Not many? Well, it's all the same." But, perhaps I should take my cap and leave?

"I am ugly and few people come to me."

"Really?" But Natalie is so beautiful that . . .

67

Але погляд їх був гарний. Ах, якби так уміла Наталя дивитись своїми очима. Е, плювать!

— Та, значить, роздягатись? Чудесно. У вас багато гостей буває?

— Ні, не дуже...

— Не дуже? Ну, все одно.

А може, взять одягти капелюх і піти собі?

— Я негарна і до мене мало йдуть.

— Хіба?

А Наталя така гарна, що...

Мені так защеміло в грудях, що хотілось упасти додолу й скрюченими пальцями гребти по підлозі.

Я криво посміхнувся до неї. Не думаю, щоб в сій посмішці вона прочитала радість.

Обережно, ласкаво торкнулась моєї руки і ніжно погладила її.

І дивна річ, мені стало раптом тепло в грудях, стало жалко себе.

— Ви всякого так милуєте?

— Кому тяжко.

Ні, рішуче в голосі її було щось надзвичайно хороше, щось кротке, сумне, але тим сумом, який виникає з глибокого розуміння.

— Чого ж ви думаєте, що мені тяжко?

Вона посміхнулась і, нічого не сказавши, одійшла, зупинилась коло столу й задумалась. Світло лямпи, прибите зеленим абажуром, клало зеленувато-сірий колір на її негарне обличчя. Вона здавалась мертвяком, що задумчиво міркує над прожитим життям, що з темряви й тиші домовини все бачить, розуміє і сумує кротким, покірним сумом.

— Кому самому тяжко, той може зрозуміти й другого.

І сказавши се, вона винувато й боязко подивилась на мене, злякавшись, що посміла прирівнять себе до мене.

Я знов устав і почав ходить по кімнаті. Якби я міг узять, здушить руками груди і видушить, як з м'яча повітря, те що давить їх. Боже ж, як давить!

— Слухайте! У вас нема вина?

— Ні, нема...

— А той...

Хм! Шворка у неї напевне знайшлась би. А проте к чорту.

— Ну, чого ж ви не роздягаєтесь? Роздягайтесь.

— Я мушу загасити лямпу... — тихо сказала вона.

Я подивився на неї. Дійсно, їй не можна було роздягатись при світлі. Але се якраз те, що мені треба було.

— Навіщо гасить? Не треба. Я не люблю, коли темно. Я люблю світло, сміх, радість.

My heart is so full of pain that I want to fall to the bottom and burrow on the floor with my crooked fingers.

I smiled wrily at her. I don't think she could read gladness in that smile.

Carefully, meekly she touched my arm and gently caressed it.

And strangely, I suddenly became warm inside and felt sorry for myself.

"Do you stroke everyone like this?"

"Those who are sad."

No, definitely there was something very wonderful in her voice, something meek, but at the same time something which comes from a deep understanding.

"Why do you think I am sad?"

She smiled and without saying anything walked away, stopped near the table and thought. The light from the lamp streaming through the green lampshade put a greenish-gray color on her ugly face. She looked like a corpse, thoughtfully pondering its past life and from the fog and silence of the casket seeing everything, understanding and growing sad with a meek, humble sadness.

"Those who are sad can understand each other." And saying this, she looked at me guiltily and fearfully, frightened because she dared to compare herself with me.

I got up at once and walked about the room. How I wanted to squeeze my chest with my hands and squeeze out what was choking it, like the air from a ball. God, how it choked!

"Listen! Do you have any wine?"

"No, I don't have any . . ."

"But that . . ." Hm! She probably would have a rope. But to hell with that.

"Well, why don't you undress? Undress."

"I have to turn off the lamp . . ." she said softly. I looked at her. Truly, she could not undress with the light on. But this was exactly what I needed.

"Why put out the light? It is not necessary; I don't like it when it's dark. I like light, laughter, happiness." And I even laughed.

"Why do you look at me like that? Don't you believe me? There is nothing strange in what I said. Everyone likes light and happiness. Perhaps you even have candles? Bring them! We will light them in all the corners. So that the light will pierce the eyes. So that everything will be seen. In every corner, two, three candles. Away with the clothes . . . From that corner! Light in all the corners!"

And I seized the edge of the bed sheet and pulled it. At that moment a broken scream was heard behind me, but I stopped dead with the bed sheet in my hands! In the corner on two small chests stood an unfinished

69

І я засміявся навіть.

— Чого так дивитесь на мене? Не вірите? Тут нічого дивного немає. Всі люблять світло й радість. Може, маєте ще свічки? Паліть і їх. Хай буде у нас свято. Є свічки? Давайте! Запалимо у всіх кутках. Щоб різало світло очі! Щоб все видно було. В кожному кутку по дві, по три свічки... Геть одежу... З того кутка! Світла у всі кутки.

І я схопив за край простиню й шарпнув за неї. В сей мент за мною почувся перерваний крик, але я так і завмер з простинею в руках! У кутку на двох ящиках стояла нескінчена скульптурна робота. Се була надзвичайно огидлива жінка, така огидлива, що не можна було одірвать очей. Се було щось вражаюче, щось несподівано, дивно-приваблююче жахливе й разом з тим повне якоїсь таємної туги, солодкої, смокчучої, якоїсь тихої печалі.

— Що за чорт? — озирнувся до хазяйки. Вона стояла позад мене й винувато-жалко посміхалась.

Страшно схожа була на ту жінку!

— Се вас хтось ліпив?

Вона, нічого не одповідаючи, хотіла взять у мене простиню й накрить роботу.

— Чекайте! — нетерпляче одпихнув я її. — Одповідайте, хто се робив?

Вона зробилась хмурою. В лиці її став той самий вираз, що у жінки, навіть губи склались так само болюче й привабливо. Якась краса засвітилась в сих гидких, пом'ятих рисах. Так, так! Се була краса, се було щось неймовірне, абсурдне, але тут була очевидна краса.

— Се я ліплю... — сказала вона, дивлячись на фігуру жінки. А жінка дивилась на неї і, здавалось, вони обидві розуміли одна одну.

— Ви?.. Себе?

"Мара" посміхнулась. Щось з нею зробилось, якась зміна. Десь зникла винуватість, боязність. Похиливши голову, вона помалу сказала:

— Може, й себе. Може, те, що є у кожного... Хіба ні?

І, різко підвівши голову, глянула на мене. Я перевів очі на фігуру. Справді, в ній було щось знайоме мені, щось близьке. Справді...

— Чудова робота... — пробурмотів я.

Мені хотілось сказати щось інше, але я не знав, що саме.

— Ви думаєте? — спитала вона.

— Так, я думаю...

Ах, що ж було в сій фігурі мені таке знайоме? Очі? Одвислі, висхлі від розпусти й мук груди? Викривлені звірячими інстинктами щелепи? Губи, в яких стоїть скривлена мука? Чи та туга, та кротка, затаємнена печаль, що якось вмістилась

sculpture. It was of an extremely ugly woman, so ugly that I couldn't take my eyes off her. It was something piercing, something unexpected, strangely alluring, frightful and at the same time full of some kind of mysterious longing, sweet, quiet grief? I looked around at my hostess. She stood behind me and was smiling guiltily, sorrowfully.

She was very like that woman.

"Did somebody sculpt it here?"

Without answering she tried to take the bedspread from me and cover up the work.

"Wait!" I pushed her away impatiently. "Tell me who made this?"

She grew angry. Her face took on the same expression as that of the woman, even the lips composed themselves in a similar painful, alluring way. Some kind of beauty rested on those ugly, creased features. Yes, yes! It was beauty. It was something unbelievable, absurd, but here was real beauty.

"I am sculpting it . . ." she said, looking at the figure of the woman. And the woman looked at her; it seemed as if they understood each other.

"You? . . . Yourself?"

The ghost smiled. Something happened to her, some kind of change. The guilt and fear vanished somewhere. Bowing her head, she said slowly:

"Maybe it is myself. Maybe it is something which is in everybody . . . Is it not so?"

And sharply lifting her head, she looked at me. I transferred my gaze to the figure. Truly there was something familiar in it, something close. Truly . . .

"It is a beautiful work," I mumbled.

I wanted to say something else, but I didn't know what.

"Do you think so?" she asked.

"Yes, I think so . . ."

Oh what was so familiar in that figure? The eyes? Drooping breasts dried from plainness and turmoils of the heart, jaws distorted by animal instinct? Mouth which reveals hurtful suffering? Or that longing—that meek, darkened, mysterious longing—which found a place somewhere between the lips, somewhere under a low forehead between the drooping eyes?

I took the stool, sat and began to look at the marvelous figure. Its gaze was fixed somewhere past me to the ghost as if she carelessly and severely let herself be looked over, as much as I wished.

All three of us were silent. A clay covering fell from the knees of the figure to the bottom. The legs seemed strange and unbelievable, but undoubtedly they were existing lines. Such a figure cannot be found and yet is. It is in each one of us. Even . . .

Suddenly it hit me. What a resemblance to Natalie.

Quite confused, I jumped up from the stool and began to look at the

десь між губами, десь під низьким лобом, поміж обвислими очима?

Я взяв стілець, сів і став дивитись в чудну фігуру. Її погляд напрямлений був кудись повз мене до "мари", немов вона байдуже й суворо давала розглядати себе, скільки я хочу.

Ми всі троє мовчали. З колін фігури спадало додолу глиняне покривало. Ноги вражали чудними, неймовірними, але без сумніву існуючими лініями. Такого тіла не можна найти, але воно є. Єсть у кожного з нас. Навіть... Ах!

Мене раптом немов ударило в мозок. Яка схожість з Наталею!

Я схопився з стільця й розтерянно став дивитись на ідіотську роботу. Що за дурниця! В чому? Де? Що за нісенітниця?

"Мара" тихо торкнулась моєї руки. Я озирнувся.

— Вас хвилює се?

Я знову сів. Яка нісенітниця! Я багато думаю про Наталю й вона мені ввижається навіть в такому страховищі.

Я посміхнувся.

— Вас хвилює моя робота?

— Вона чудна дуже. В ній щось є... Давно працюєте над нею?

— Шість місяців.

Рішуче, воно вабило до себе, се страховище! Тягнуло очі, тягнуло серце і дихало в нього своєю чудною красою й тугою, своєю огидою й мерзотою.

— Я хочу дать образ людини...

— Людини?

Я повернув голову й знизу вгору дививсь на "мару". У неї був тепер той самий вираз губ, що у жінки. Вона дивилась у дзеркало, коли ліпила ті губи. І очі свої дала їй. І сей сплющений ніс, як роздавлена ногою слива.

— У кожної людини є краса й огида. В ріжних формах... Але є... Мусить бути. Хіба ні?

Я мовчав.

— Неодмінно є... І краса й огида... Тільки іноді краса так захована, що не видно. Або огида ховається за красою... Я хочу їх виявить поруч... Хіба ні?

Вона занадто часто вживала се "хіба ні?" — Я все-таки мовчав і дивився на її роботу. І дедалі дивився я, то тепліше й легше ставало мені в грудях... Немов те, що душило, розпирало їх і не давало вільно дихать, помалу якоюсь дірочкою виходило з мене.

Се було чудно, але я не хотів боротись проти сього. О, ні! Я хотів слухать далі сей мелодійний, трохи надтріснутий, немов срібною емаллю вкритий голос чудної женщини. Я хотів не рухатись і не розбивати тиші ночі, в якій, здавалось, жили

idiotic work. What stupidity! How? Where? What nonsense! The ghost quickly touched my arm. I looked around.

"Does it bother you?"

I sat down again. What nonsense. I think a lot about Natalie and she appears even in such a frightful thing as this.

I smiled.

"My sculpture bothers you."

"It is really marvellous. There is something in it . . . Have you been working long on it?"

"Six months."

Truly that frightful object drew one towards it! It pulled your eyes, it pulled your heart and breathed into it with its marvellous beauty and longing; its ugliness and wretchedness.

"I want to make an image of a human being . . ."

"A human being?"

I turned my head and looked at the "ghost" from top to bottom. She now had the same expression around the mouth that the woman had. She had looked into a mirror when she was sculpting those lips. And she gave the figure her own eyes. And that flattened nose was like a squashed plum.

"This beauty and ugliness is in everyone. In many forms . . . But there is . . . There must be. Isn't there?"

I did not speak.

"Definitely there is . . . Both beauty and ugliness . . . Only sometimes beauty is so hidden that it is not seen. Or ugliness hides under beauty. I want to reveal it alongside . . . Or shouldn't I?"

She used the phrase "shouldn't I?" too often. In any case I remained silent and looked at her work. And the more I looked at it, the warmer and easier I felt inside . . . As if what was choking me, inflating me and not allowing me to breathe freely, was slowly escaping from me through a small hole.

It was wonderful, but I did not want to fight against it. Oh, no! I wanted to listen to that musical, slightly cracking voice which seemed to be covered with silver enamel, the voice of a beautiful woman. I did not want to move and break the stillness of the night, in which we three alone seemed to exist along with that small elegant lamp on the table. The corners of this room were swathed with the sad harmony of beauty and ugliness, in the heart of the huge black slumbering city.

The features of the strange sculpture breathed of longing for the chimerical game of life. The woman stood near me; her voice was the voice of that sculpture. In my heart sadness was awakening.

"You are an artist, aren't you?"

"I . . . Yes, I am an artist . . ."

"I saw that at once . . . I am glad. I have wanted to show it for a long

73

тільки ми троє та невеличка, чепурненька лямпа на столі. Сумом гармонії краси та огиди були повиті кутки сієї кімнатки в серці чорного, великого, заснулого города.

Тугою химерної гри життя дихали риси дивної роботи. Біля мене стояла женщина, голос якої був голосом тої роботи. В грудях моїх прокидався сум.

— Ви — художник, правда?

— Я?.. Так, я художник...

— Я се зразу побачила... Мені се приємно. Я давно хотіла показать. А не сміла... Тепер бачу, що роблю те, що слід. Я рада...

Вона хвилювалась. Ступила кілька кроків убік, вернулась, потерла руку об руку. Потім злегка торкнулась мого плеча.

— Вам тяжко?

Я мовчки хитнув головою, хоча мені було вже не тяжко.

— Ви маєте якесь горе? Вибачте мені, що я... питаю про се... Але ви мені подобаєтесь...

Мені приємно було слухать се, хоча я не поворухнувся. Вона помовчала.

— Вам ніколи не здавалось, що всяке горе то є рід некраси?..

Я не рушивсь. Не хотілось, хай говорить, хай звучить за мною тужно-тихий, надтріснутий голос.

— Мені так часто здається... Того негарні такі нещасливі... Негарні не тільки лицем... Взагалі негарні. Хіба ні?

Я глибоко зітхнув. Ся женщина зазнала горя, зазнала дум його. Вона, мабуть, не раз, схилившись над ним, роздивлялась його, як роздивляються на рану..

— Що ви мовчите? Вам не хочеться балакать?

Мені зразу якось здалось все се страшенно чудним. Ся мара, чепурно з артистичним смаком убрана кімната, ґравюри і фігура за покривалом. Я встав і озирнув мою хазяйку з ніг до голови. Вона стояла, звісивши руки взовж тіла, і дивилась на свій твір. І в очах її була та сама печаль, що в очах її твору. Вона сама була твором.

— Ви давно працюєте?

Вона здригнулась і повернула до мене лице.

— Що ви сказали? Вибачте, я не...

— Я сказав — ви давно працюєте?

— В чому?

— В чому? в скульптурі, розуміється.

— Ні... Не більше року.

— А... а в проституції?

Вона похилила голову.

— Я не можу знайти такої роботи, щоб заробляти нею вночі.

74

time. But I couldn't . . . Now I see that what I am doing is right. I am happy . . ."

She was agitated. She walked a few steps to one side, came back, rubbed her hands. Then she gently touched my shoulder.

"You are sad?"

I nodded my head, although I was sad no longer.

"Does something bother you? Forgive me, that I . . . am asking you about this . . . But I like you . . ."

I enjoyed listening to this although I did not stir.

She was silent.

"Did you ever feel that all misery is a form of ugliness? . . ."

I did not move. I did not want to let her speak, let that longing, cracking voice continue behind me.

"I often feel that . . . that is why ugly people are so unhappy . . . Ugly not only facially . . . All over ugliness. Am I not right?"

I sighed deeply. That woman knew sorrow. She knew the idea of it. She, perhaps, looked it over often enough as if looking at a wound.

"Why don't you speak?"

Suddenly all this felt wonderful. This ghost, the room elegantly decorated with artistic taste, the pictures and the figure behind the covering. I got up and sized up my hostess from legs to head. She stood, arms hanging alongside her body, and gazed at her work. Her eyes held the same grief as the eyes of her sculpture. She herself was a product.

"Have you been working long?"

She sighed and turned her face towards me.

"What did you say? I am sorry, I did not . . ."

"I said—have you been working long?"

"At what?"

"At what? At the sculpture, of course."

"No . . . Not more than a year."

"And . . . at prostitution?"

She lowered her head.

"I cannot find a job that would allow me to work at night."

"I did not ask you about that. I am asking if you have been in this profession a long time."

I talked to her like a judge. And she felt I had a right to talk to her like one. But why?

"I have worked in this profession ever since I began work on the sculpture."

"And do you sculpt by day?"

"Yes."

Why did I ask her about all this? God knows. I felt tired. I sat down again on the stool, leaned my head against the back of the stool and did not move. Somewhere there in the empty atelier Natalie is sleeping. Let

— Я вас про те не питаю. Я питаю, чи давно ви в сій професії?

Я говорив з нею, як суддя. І вона почувала, що я маю право так говорити. Через що?

— З того часу, як я стала працювати в скульптурі, я займаюсь сією професією.

— А вдень ви ліпите?

— Так.

Для чого я питав її про те усе? Бог його знає. На мене найшла втома. Я знову сів на стілець верхи, спер голову на спинку його і застиг. Там десь далеко в порожнім ательє спокійно спить Наталя. Хай спить. Завтра вона знайде оцінку своєї краси. Хай знаходить.

— Слухайте! — раптом підняв я голову. — А ви не пробували дати вираз сього єднання краси й огиди так, щоб в гарних внішніх формах виступали огидні внутрішні? Ні?

— Ні, я так не пробувала. Се важче...

— Важче? Хм! Се, справді, важче... Але се більше враження...

— Атож... більше...

— Се мусить викликати страшенний сум. Правда? Мусить схопити болючою мукою серце від такого єднання. Га? Правда? Дать таку красу, таке єднання дать, щоб видно було... Ах, ні! Я не те кажу... Мені бракує думок... Але я тепер розумію... Тепер я розумію.

І я знов схилив голову на спинку стільця. Я справді тепер розумів, чого навіть в найчистіші хвилини раювання з Наталиної краси моє серце стискувалось невідомим тужним сумом, чого хотілось оплакувать когось чи щось гарячими сльозами і чого в сих сльозах і ніжність була, і радість, і журба, і безнадійність.

her sleep. Tomorrow she will find the evaluation of her beauty. Let her find it.

"Listen!" I suddenly cried, lifting my head up. "Haven't you tried to give form to this unification of beauty and ugliness so that in outwardly beautiful forms inward ugliness is revealed? No?"

"No, I haven't tried it that way. That's much harder . . ."

"Harder? Hm! Yes, that's right, it is harder . . . But it has more effect."

"Or . . . more . . ."

"It must arouse extreme sorrow. Right? It must catch the painful turmoil at the heart of such a union. Right? To give it such beauty, such union, so that one could see . . . No! I am not saying it right . . . I can't think . . . But I understand now . . . Now I understand."

And I rested my head again on the spine of the chair. I really understand it now; that even in my purest moments of happiness with Natalie's beauty, my heart was choked by an unknown yearning, sadness, so that I wanted to cry hot tears to someone or something and why in those tears there was both gentleness and happiness and grief and hopelessness.

— Translated by L. Hirna and D. Struk

МИХАЙЛО ЯЦКІВ

Кедрина буде рости, земля осяде широко, лиш чоловік загине

I

Його ім'я було Іван, але прозвали його Іванусом, бо Іванів багато в селі, а скажи — Іванус, то вже кожний знає, де треба допитуватися. Він оженився молодим, взяв собі дівчину і ще на весіллі сказав:

— Це моя жонка... Зроби мені те або це, жонко! Дай мені того або того, жонко!

І тому ніхто інакше не казав, лише "жонка". Її ім'я забулося зовсім.

Жили вони наприкінці панщизняних часів.

Іванус ніколи не пожартував, ніколи півзуба не показав, аби засміятися. Завжди був хмарний, як осіння ніч. А жонка була щебетушка, як ластівка, що прилетить у травні з теплих країв, сяде на оборожину та вищебечує, аж слухати мило. І мусила вона з таким похмурим вік вікувати.

Дітей вони не мали. Їх господарство — то була мала хатина на березі, коло хатини — малий городець, четвертина морга та в царині півморга. Коло хатини — піддашшя, де стояла корова, коло вугла — величезна кількасотлітня груша з дуплами всередині. Грушки вона родила малі й тверді.

II

Надаремне жонка мала надію, що переінакшить Івануса, аби був такий, як інші люди, що розвеселить його, аби було з ким поговорити і порадитись. Була це розумна жінка. Вона всякими способами старалася перемінити його, аж поки зрозуміла, що нічого не вдіє, і дала йому спокій.

Вона служила дівчиною у попаді і навчилася приправляти якнайліпше всякі страви. Через те кожний, хто робив яку оказію, чи весілля, чи які поминки, то просив жонку. А як хто ще попа запрошував, то вже мусив мати жонку за кухарку. Бо піп питається:

— А хто буде за кухарку?

— Жонка.

MYKHAYLO YATSKIV

Cedar Wood will Grow, the Earth will Settle Wide, Only Man will Perish

I

His name was Ivan, but they called him Ivanus since there were many Ivans in the village. Ask for Ivanus and everybody knew whom you meant; it was unnecessary to search further.

He married young, took a girl and at their wedding said: "This is my wifie. Do this or that, wifie, give me this, wifie." No one called her anything but wifie.

Her first name was lost somewhere.

They lived at the end of the era of serfdom.

Ivanus never joked, never bared his teeth in a smile, was always downcast like an autumn night.

His wife was a prattler like a swallow from the warm countries which sits on the haystack twittering pleasantly.

And she had to live her life with such a gloomy man.

They had no children. All their property consisted of a small house on the riverbank, a small garden near the house, about a quarter of an acre in size, and a half-acre of land. A shed was stuck onto the house where they kept a cow. At the corner grew a giant pear tree, two hundred years old, with many hollows inside it. The pears it bore were almost useless, small and hard.

II

In vain did his wife hope that she could make Ivanus be like other men, make him more cheerful so that she could talk and consult with him. She was a clever woman who tried in every way she could to change him until she realized that nothing would work and gave up.

Both Ivanus and his wife remained their different selves.

As a small girl she had served as a maid for the priest's wife and learned how to cook tasty dishes. This is why she was invited by anyone who was holding a celebration or had a wedding or a wake. Whoever wanted to ask the priest over had to ask her to cook for the occasion. The priest would ask, "Who is the cook?" "The wifie." "Oh, that's all right."

Whenever the priest happened to sit at the first table with the sacristan, the deacon, the elder and some of the more prominent householders, and the riffraff would be at the second table, she would

— А, то добре.

А ще, як то в гостях при першому столі сідає піп, паламар, дяк і війт, церковний староста і ще якісь пильніші ґазди, а всякий мотлох — при іншому столі, то жонка так уже знає порядок дати, що кожний дістане те, що йому належить. Само собою, вона мусить мати пару помічників. Але перед попа вона сама заносить страви. Підсуне хустку повище чола, трохи голову перехилить і з веселим обличчям все йому показується, а піп стане вихваляти її, що то порядна ґаздиня, могла б бути і панею.

— І моя, — каже, — їмость не може ліпше до смаку приправити, бо вже нема куди, аж пристає до душі.

А жонка аж підлітає, аж розпливається, слухаючи такі похвали перед всім народом.

— Та й тільки всього, що хвалить. Якби то був якийсь шляхтич, або чех, або німець, або чесний русин, то як не ринський, то хоч дві-три шістки кинув би на таріль для кухарки за такі лакоминки, але піп не на те живе, щоб кому що дав, лише на те, щоб сам брав, — каже, бувало, Іванус.

III

Яке ремесло провадив Іванус?

Він ще малим хлопцем робив візочки, а потім — більші, і так навчився сам робити вози великі. Не вчився у майстра і не визволювався так, як інші, і хоч був похмурий, задумливий, проте мав хист. Він робив такі вози, що ані одного залізного цвяха не було в них. Його майстерня була побіч хати, під дуплавою грушею, в якій ховав своє знаряддя. Ніколи не заносив його до хати. Мав і токарню під грушею. Бувало, на півсела видко, як Іванус розганяється над токарнею, як нахиляється та натискає ногою, щоб колесо оберталося. Обточить колоду, наб'є спиці, обтеше грабову лату, загне та провертить діри, наб'є на спиці, та й колесо готове. Обіддя сам гнув. Тоді колеса були ободисті і не такі дорогі, як тепер. І горілка була дешева. Залізниці не було, то отими возами їздили люди на два тижні в дорогу до Чернівців, до Садагури або до Маморниці на молдавську границю за кукурудзою.

На тих возах Іванус не заробляв багато, але все був би сяк-так жив, якби не взявся до горілки. В селі не було казенної корчми, і нині нема, так як по інших селах, а прийшла одна жидівка лише з бахуром, найняла в хлопа хату і розсілась на добре. Бахур приносив з міста горілку, а мама сиділа в хаті і продавала. А дивна була ця жидівка. Називали її Бамбохою. Опасиста, як поставить чепець з пацьорок на обголену голову, то наче яка статуя з гіпсу. Шия товста, а на череві гроші рахує, як на столі. Ноги товсті, п'яти повід-

know how to serve in what order. Of course, she had to have helpers. But she herself would always serve the priest. She would pull up her kerchief, tilt her head a little and show her gay face to the priest who would praise her to the skies and say that he wouldn't be ashamed to have her as his wife.

"My own wife," he would say, "cannot cook better than this. This is simply delicious."

The wifie would run around and almost melt after all these words of praise in front of all the people.

But praise was all she got. If it were some nobleman, or a Czech or a German or even an honest Ukrainian, he would throw if not a crown then two or three pennies on the plate for the cook. But the priest, as Ivanus used to say, is not there to give but is there to take and take.

III

What kind of trade did Ivanus have?

While still a small boy he made little carts. Then he made bigger ones and learned to construct large carts. He did not serve an apprenticeship anywhere and though he was gloomy and pensive he had considerable talent. He built carts without a single iron nail. His workshop was beside his house near the hollow pear tree in which he hid his tools. He never brought them inside the house. Under the pear tree also was his turner's shop. Half the village could watch how he worked there as a turner when he moved the wheel round with his foot. He would turn the haft, put the spikes in, polish the elm lathe, bend it, drill the holes for the spikes and the wheel was ready. He bent the rims himself. Wheels in those days were bow-shaped and not as expensive as now. And *horilka* was cheap. There was no railroad so these carts were used to travel to Chernivtsi, Sadagury or to Mamornytsya, to the Moldavian border to fetch corn.

Ivanus did not make a lot of profit on these carts but he would have done quite well for himself if it wasn't for his drinking.

There was no tavern in the village and there still is none today, as there are in other villages. But one Jewess, with her brat, came in, rented a peasant hut and settled down. The brat would bring *horilka* from town and his mother would sit at home and sell it.

She was a strange woman, this Jewess. She was called Bambokha. She was fat and when she put a bead cap on her closely-cropped head she looked like a statue. Her neck was fat. She would count her money in her lap with her enormous legs spread out so that the calves were as fat as the thighs. She could hardly walk and merely shuffled along in her slippers, lying most of the time in a featherbed. Unlike other Jewesses she did not collect money at Christmas time, but according to Moses' law she would hire a one-horse cart and spend Yom Kippur in town. A trusted peasant would look after the tavern that day.

And so Ivanus became very fond of Bambokha's place. He wasn't a bad man but when he was drunk he did odd things like climbing walls. If his wife started to tell him off he would beat her hard. Several times she

ростали назад так, що туди ноги мало що менші, ніж спереду пальці, тож цілком нездатна була до ходу. Лише капцями совала по хаті та вигрівала сало в бебехах. І в коляду не ходила так, як інші жидівки збираниною, лише найме фіру в місті, то там вже й залишається через "судний день", а шинок лишає на вірного наймита на цілий той час.

Тож Іванус внадився до Бамбохи. Він не був злий чоловік, лиш, бувало, як нап'ється, то має велику фантазію — вгору стіною лізе. Жонка почне йому що казати, а він б'є її на останнє. Не раз жонка завивалася в намітку, а по намітці спливали червоні паси крові, і так йшла скаржитися до попа. Піп стане в церкві на проповіді і ганьбить Івануса:

— Так, — каже, — Іванус — ледащо, пияк, — зо світа у Бамбохи та у Бамбохи п'є брагу прокляту по цілих ночах, а напившись безмірно, приходить додому та жонку смертельно побиває. Вона чесна і побожна ґаздиня, другої такої село не має. Він свою душу дияволові запродав. Він — проклятий грішник, некаянник. Пеклом віднині він смердіти буде. В смолі кипіти, де плач і скрегіт зубів.

Та що з того?

Іванус до церкви не йде, а як йому хто про це скаже, то він, бувало, на те відповість:

— Піду до пекла, то піду. Буду носити дрова, аби пани, жиди та всі багачі не позамерзали в котлах. А коли на тім світі є небесний рай і коли там так добре, то чому ті, що вихваляють рай, так бояться вмерти і раді б жити тут якнайдовше? Видко, і ті, що проповідують, і ті, що слухають, не вірять ні в яке небо, лише ті і ті брешуть.

Тоді були тяжкі часи, не було хліба. Бамбоха пекла лише для себе. Іванус курив люльку на короткім цибусі, а як хотів закуски, то їв печену картоплю. А часом, як іде темної ночі додому, то з горілкою розмовляє:

Горілице, погорілице,
Ти преподобная браго.
Веди мене дорогою вправо!
Абись мене в потоці-розтоці не повалила,
З добрими людьми не посварила,
Бо нема гіршого собаки,
Як п'яного чоловіка.
Ти над християнином велику силу маєш,
З землиці, з хатин виганяєш,
З кожухів і сіряків роздягаєш,
А в веретюхи вдягаєш.
З чобіт визуваєш
Та в постоли взуваєш, —
Отже, я тебе величаю,
Поклін тобі віддаю!

would wind a kerchief around her head. It would be soaked in blood and so she went to complain to the priest. The priest would then scold Ivanus in his sermon.

"This is so," he would say, "Ivanus is a wastrel and a drunkard. He spends his nights drinking at Bambokha's and then comes home and mortally beats his own wife. She is an honest and devout woman, the best in the whole village. He has sold his soul to the devil and he is an unrepentant sinner. He will stink in hell, boil in hot tar amid tears and gnashing of teeth."

But nothing came of it. Ivanus didn't go to church and if anyone told him about it he would usually say: "So I'll go to hell. I'll cart wood there for the furnaces to keep the landlords, the Jews and the rich ones warm. If there is a paradise in the next world and if it's such a happy place then why are all those who praise it so much afraid of death and try to live as long as they can? It's obvious that those who preach sermons and those who listen to them don't believe in any heaven. Both of them are lying."

Times were hard then and bread was scarce. Bambokha baked some for herself. Ivanus smoked a short pipe and whenever he wanted a snack she would fry him some potatoes. Sometimes, when he walked home in the dark he would talk to himself:

"Brandy, what a wonderful drink you are! Lead me along the right path. Don't push me into the ditch or make me quarrel with good people. There is no worse man than a drunkard. You have great power over Christians. You drive them out of their houses and fur coats and dress them in tatters. You take off their boots and put on cheap moccasins. I bow to your power."

Sometimes he would bow so low that he would fall with his face in the mud.

His wife realized that there was nothing she could do. She didn't say anything no matter what he did. She was devout and never stoked the fire on a Sunday, but would tidy up, sweep the house and cook something on Saturday, and on Sunday or a church holiday she would go to church. After coming back from church she would start the fire and cook dinner.

IV

When he was drunk Ivanus liked to play tricks.

Once during the harvest on a Sunday, a day so lovely it made one's heart glad, Ivanus' wife went to church and left her husband at home.

When she came back from church he was gone. She started the fire, cooked dinner, ate it and lay down to rest. Towards noon she got up, drove the cow out to pasture and the cowherd told her, "I was at Bambokha's today; your husband is there, very drunk."

"Let him drink," she said, "it's nothing new to him."

She went back into the house and the bells were rung for evening mass. She tidied up quickly, put Ivanus' dinner (which on Sunday consisted of dumplings and milk gruel) into the oven to keep warm, locked the house and put the key into the pear tree hollow, where they always

І так не раз таки добре поклониться, що запоре чолом в болото.

А жонка бачить, що нічого з ним не порадить, та й не казала вже ніколи нічого, хоч би що зробив. Вона була побожна, ніколи в неділю рано не топила, але в суботу все ладно прибере, позамітає в хаті і коло хати і зварить дещо на сніданя, а в неділю або в свято рано йде до церкви. Прийшовши з церкви, затопить і варить обід.

IV

Іванус по-п'яному робив усякі дурощі.

Одного разу, якось в жнива, в неділю, днина погідна, аж дух радується, жонка пішла до церкви. Івануса лишила вдома.

Приходить з церкви — його нема. Вона затопила, зварила обід, пообідала та й лягла відпочити трохи.

Наступило полудне, вона встала й вигнала корову до пастуха, а пастух каже:

— Я був нині у Бамбохи, а ваш чоловік там дуже п'яний.

Вона каже:

— Та хай п'є, то йому не першина.

Прийшла додому. Задзвонили на вечірню. Вона приготувала скоріш для Івануса обід, як завжди в неділю, щось ліпшого — вареники, молочну кашу і залишила в печі, щоб було тепле. Зачинила хату, а ключ поклала у грушу, в дупло, туди, де все ховали ключа, як котрого вдома не було. І пішла на вечірню.

По вечірні йде додому і бачить здалека — двері хати відкриті. Підходить ближче до хати, глипнула у бік від маштарні, під грушу — очам своїм не вірить. Підходить ще ближче — падонько нещаслива, руки заломила, — величезна купа пір'я лежить на ковбані, а в купі пір'я не хропить, ні, але аж харчить, як дикий вепр, лише одну ногу видко з пір'я, Іванус. Жонка не знала — чи плакати, чи заводити на ціле село. Входить до хати, відкриває піч, страви стоять, як лишила, ані пальцем не ткнув, і зараз пізнала, що Іванус, як прийшов від Бамбохи, взяв з постелі дві великі, гарно вишивані подушки, виніс під грушу, розпоров, висипав пір'я, бабехнувся в пір'я і захропів.

Зараз був вечір. Жонка поприбирала та й лягла спати. Яке вже її спання було?.. Гадала, як віку докоротати з таким чоловіком. Але десь коло півночі пробудився Іванус, бо дуже пекло його коло серця, і пішов до хати. Жонка почула, засвітила, поставила перед ним вареники, молочну кашу. Та він не міг їсти, бо в горло натяглося пір'я, коли хропів, і поприсихало. Лише зачерпнув пару разів каші і позбирав шкварки, напився два рази води, взяв опанчу під голову, бо поду-

84

put it, and went to mass.

When she was coming home she saw from a long way off that the door of the house was open. She drew nearer to the house, glanced at the pear tree and could not believe her eyes. She came closer and suddenly started to cry and wring her hands. There was a great mass of feathers and torn pillow cases and there, in this heap of feathers, snorting like a wild boar rather than snoring, lay Ivanus with one leg stuck up.

The wifie didn't know whether to cry or to lament to the entire village. She went into the house and opened the oven. The food was there as she had left it, untouched. She realized all at once that her husband, coming back from Bambokha's, had taken two beautifully embroidered pillows, put them under the pear tree, split them, had shaken out the feathers and fallen asleep in the midst of them.

It was evening and the wifie tidied up and went to bed. But she could not sleep. She was thinking how she was to go on living with such a husband. Before midnight Ivanus woke up because he had heartburn and came into the house where his wife heard him, lit the lamp and set before him the dumplings and milk gruel. Still, he could not eat because his throat was full of feathers. He took a few spoonfuls of gruel, picked out some bacon, drank two sips of water, put an overcoat under his head because there was no pillow, lay down and snored 'till noon.

The wifie got up in the morning and collected the feathers under the pear tree, crying all the time. She picked up a few but most of them were lost. It was a good thing there was no wind for it would have blown them all over the village. All the time she didn't say a word, did not ask why he did it, but kept absolutely silent.

V

Ivanus once made an exhibition of himself.

One day in the spring, it was already May, his wife dug up the garden and planted something there. His piece of land was as yet unploughed. The wifie started to talk to Ivanus very gently:

"If you could only see to it that the land is ploughed. I have already done the garden. I would like to plant a few more things because it is late."

Ivanus, as usual, made no answer but thought about it. His neighbors were kind to him and ready to help him. So when he asked them to lend him oxen to plough the land they soon appeared.

But the peasants did not come themselves. They sent their servants with the oxen and the plough. Ivan knew how to handle a plough but was not used to it and hated the job.

So this is what happened.

His wife lit the fire at home and cooked dinner. She then collected up old washing to soak it in lye. She remembered that Ivanus was wearing old clothes and wondered how to get them off him so as to soak them.

It was not far to the field. She closed the door and went out. The

шок не було, ліг і хропів аж до полудня. А жонка встала зранку та, плачучи, збирала пір'я в трісках під грушею. Щось трохи назбирала, але багато пропало. Щастя, що вітру не було, був би розніс геть по цілому селу до останнього. А при тім усім жонка ні слова не сказала — нащо це він зробив, лиш тихо а тихо.

<h1 style="text-align:center">V</h1>

Іванус знов робить нелюдські видовища.

Одного разу навесні, якось вже в травні, жонка скопала городець коло хати і дещо посадила, але нивка в царині була ще не орана. Так жонка мусила до Івануса якось приємно заговорити:

— Коби ти дивився, аби тоту нивку в царині виорати, бо я вже городець скопала, та ще й там посадила би що, бо вже й так пізно.

Іванус за своїм звичаєм нічого не відповів, але мав це на гадці. Йому кожний догоджав і готовий був послухати. Так сказав одному і другому: дай мені волів до плуга — і вже є. Але ті ґазди самі не прийшли, тільки повисилали хлопців з волами і з плугом. Іванус знав за плугом ходити, але до того не звик, його це мерзило.

Та що сталося?

Жонка вдома затопила полуденок варити та й позбирала білизну, де яка була, аби визолити, і намочила, але згадала, що на Іванусові цілком чорне шмаття. Як би то дістати, аби разом визолити? На царину недалеко. Вона заперла хату і виходить, а на царині повно народу, рух, погода люба, а народ — той гній везе, той розкидає, той волочить, той оре, а той поступає крок за кроком і кидає повною жменею далеко поперед себе зерно, аби розсипалося рівно. А чукурделі — громадами понад головами того народу, і то вгору, то вниз спускаються, а виспівують, аж в ухах лящить. І Іванус той гурт збільшив, ходить за плугом з люлькою в зубах. Вийшов в кінець, а жонка несміло приступає і каже:

— Коби ти став трохи, аби воли відпочили, і піди до хати та скинь те шмаття, аби я разом випрала... От всі люди в білих сорочках, як лебеді, а тебе немов дощ зіправ.

Іванус не чує, нічого не відповідає, обертає, гонить і лютиться, що скиби не пристають, що плуг не має доброго строю. Торік був плуг, що зорав білицю під псянкою, скиби складалися рівно, як аркуші в книжці.

Так Іванус моцується, притолочує скиби, а жінка йде за ним, виходить знов у кінець і каже:

— Ану, піди до хати.

Іванус став і каже:

fields were full of people working in the fine weather. Some were bringing manure, some were spreading it, others were harrowing and ploughing, while still others were walking step by step and throwing handfuls of grain far ahead. ... The birds gathered in flocks above and flew up and down singing loudly. A real paradise. Ivanus joined the crowd and walked behind the plough with his pipe in his teeth. When he came to the end of the row his wife asked him shyly:

"Perhaps you would stop a while to give the oxen some rest? Go home and take your clothes off so that I can wash them. See, all the others are like swans, in white shirts, but you look like a tramp."

Ivanus heard this but didn't say anything, turned the oxen and drove them on, angry that the clods were uneven because the plough was a little askew. The previous year he had had a plough which ploughed the soil like the pages in a book. So Ivanus was trying hard and his wife followed him and said again:

"Why don't you go home?"

Ivanus stopped and answered, "You have found me here." And as he stood he threw his hat on the ground, took off his shirt and, if you'll excuse me, his pants as well and, naked as his mother had borne him, he grabbed the plough handles and drove on the oxen. People were taken aback and did not know what to do. They started to laugh.

"Go to blazes," he shouted. "I'll show you how to laugh."

They knew that Ivanus wasn't joking so they drove on their oxen, looking back. Ivanus was walking behind the plough, thrusting his legs forward, with a pipe in his teeth, behaving like any worthy peasant.

Some people were astonished and laughed.

"Ivanus has gone crazy."

His wife, half dead and half alive, went home. As she walked she blamed herself for everything.

"It's my fault. I know him—he could never listen to me." She quickly took some clean clothes and placed them on the field and took the dirty ones home.

Ivanus walked naked behind the plough for a long time until a man who was working nearby came and said to him:

"Shame on you. Don't be a laughing stock. Put on your clothes."

Ivanus would always sooner listen to a stranger.

. . . .

— А ти мене і тут знайшла?

І як став, тріснув капелюхом об землю, скинув сорочку і, пробачайте, штани, тріснув об землю і голий, як мати на світ народила, за чепіги та:

— Гей, цабе!

Хлопці дивилися і не знають, що робити. Почали сміятися.

— Гони, один за другим! Засмієшся зараз не так!

Але вони знали, що Іванус не жартує, гонять воли і позирають назад, а Іванус іде за плугом, викидає ногами, люлька в зубах, він протолочує скиби статечно, як ґазда. Люди дивляться на нього, дехто сміється:

— От, Іванус здурів!

А жонка ні жива ні мертва пішла додому. Іде і сама себе ганьбить:

— Це я винна! Я його натуру знаю, він мене ніколи не послухає.

Живо взяла чисте шмаття, винесла і поклала на грядку, а брудне забрала додому. Але Іванус довго ходив голий за плугом, аж поки один чоловік, що був близько, не підійшов і сказав:

— Встидайся, не роби з себе сміху, візьми шмаття.

Іванусові як хто чужий що скаже, то скорше послухає.

VI

Роки за роками минали, а живому чоловікові все ближче до смерти. Іванус постарів, сходив ноги, став коротший, нарешті ліг, і вже не було рятунку. Люди прийшли до нього. Він лежав горілиць на постелі і дивився на хату. Олекса Гринишин став коло нього з люлькою в зубах, заклавши руки назад:

— Чи пізнаєте людей, Іване?

Іванус потакнув головою.

— Та пам'ять ще ніби є, але виходу однаково нема... Хто буде нам тепер вози та колісниці робити?

Іванус махнув рукою і прошептав:

— Одне мене дивує, як то святий Ілля їхав до неба на огненній колісниці і зад йому, пробачте, не згорів...

Олекса зареготався, а за ним — інші ґазди.

— Ви, Іване, все були гострі на язик.

Яків Олійників спер бороду на руки і говорить:

— Та смерть — не напасть... Чоловік як той колос. Виросте з землі, вона його вигодує, він пристигає та й до землі клониться. І один, і другий чекає на свій серп. І білий цвіт, що його вітер навесні зірве, і пожовклий лист восени — все горнеться до матері землі.

На лаві під вікном посідали сусіди, курили люльки і бала-

VI

The years passed and man was closer to death. Ivanus grew old and, his feet worn out, his body shrunken, he lay at last quite helpless. When people came to visit him he was lying on his back on the bed and looking around. Oleksa Hrynyshyn stood near him with a pipe in his teeth, his hands folded behind his back.

"Do you still recognize people, Ivan?"

Ivanus nodded.

"You still seem to have a good memory, but there is no way out. Who will make carts and wheels for us now?"

Ivanus waved his hand and whispered: "One thing I can't understand. How could saint Elijah ride to heaven on a fiery chariot and his backside not burn?"

Oleksa laughed loudly, followed by the others.

"You always had a sharp tongue, Ivan."

Yakiv Onofryk propped his chin on his hands and looked at the sick man.

. . . .

"Death is not an attack. A man is like an ear of grain. It grows out of the soil and as it ripens it bends down to the soil. Both man and the ear of corn wait for the scythe. And the white flower broken in the spring by the wind and the yellow leaf in the fall, they all cling to mother earth."

The neighbors sat on the bench under the window, smoking their pipes and talking about the thief who had robbed the church.[1]

. . . .

"And when scum like that crawl through the window into the church and steps on a saint's head the saint doesn't say anything to him," commented someone from the side.

"What a saint," boomed Oleksa Hrynyshyn. "If he was any good he would hold the thief by the leg until the morning when the people came in, or he would slam him hard, right in the middle of the church."

---

[1] Yatskiv's story was first published in 1906 in the journal *Svit* (The World) which printed the contributions of the literary group *Moloda Muza* (The Young Muse) to which he belonged. We have kept the original title of the story which was later changed. The change was made before Yatskiv's death, in a collection of his stories published in Soviet Ukraine in 1957. The story itself was also altered by the Soviet editors, although it has been impossible to establish whether changes could have been made earlier, possibly by the author. The nature of some of these alterations suggests that they were done by Soviet editors. Occasionally, the changes might be explained by stylistic considerations, but more often most references to religion have simply been omitted. One of these passages, on pp. 92-93 has been restored here from the original version of the story. The omission of other passages has been indicated by a series of dotted lines.

The fate of Yatskiv's story in Soviet Ukraine clearly illustrates the operational tactics of the Soviet censors who are prepared to cut out literary material which does not fit their ideological preconceptions.

кали про злодія, що десь там обкрав церкву.

— Той такий грішник як полізе крізь вікно в церкву і стане святому на голову, то святий йому нічого не скаже? — спитав кум збоку.

— Бо такий він святий, — загудів Олекса Гринишин. — Якби добрий святий, то лише вхопив такого за ногу та потримав до ранку, поки люди зійдуться, або втаращив ним серед церкви, щоб маззю розлився.

— Скажу і я від себе, людоньки, хоч смійтеся з мене, хоч ні, — втрутився Юрко Марек. — Хіба винен злодій, що таке ремесло дав йому Пан Біг у руки? Таж це, рахувати, такий його талант. Це, вважайте, не є легкий хліб, ні. Таже піп каже, що злодій — це Божий посланець: хоче Пан Біг когось покарати, то посилає на нього злодія.

Бесіда втихла, бо Іванус наказував жінці:

— Доки лежу тут на постелі, чи по тому он там, на лаві, доти, небого, я в цій хаті ґазда, а як мене припорпаєш глиною, то ані ти до мене не будеш мати діла, ані я до тебе.

VII

Жонка простила Іванусові ще за життя всі гріхи до найменшого, поховала його, як ґазду, і заводила як слід — не за добром, бо хоч пив і деколи бив, та хай би був іще жив. Так пішов чистий Іванус на той світ, а жонка вдовицею ґаздувала сама...

Та був Іван Харий, також вдівець.

Як почали жінки радити йому: "Візьми жонку", — він трохи не хотів, та жінки вдалися до жонки: "Візьми Івана Харого".

Жонка дуже не хотіла, вона гадала, що кожний чоловік такий, як був Іванус. Але жінки, як взяли радити то се, то те, так сплескали, що Іван Харий оженився з жонкою.

Він не був багач, але мав невеличке господарство, то було з чого жити. Від першої жінки мав двоє дітей, які подружив на бік, а жонка прийшла на господарство, поробила порядки в кожнім куті, що любо було подивитися. А як зварила перший обід, то при тім обіді Іван Харий заживає все досмаку і дивиться, як то жонка всюди лад робить — бо його перша жінка була ледащо, ніколи доброї страви не зварила, ні так мило заговорила.

Жонка так розвеселила Івана, що дух йому радіє. Обом світ отворився, помолоділи більше, як на десять літ, самі не знають, чим би одне одного потішити. Іван Харий найняв служницю, аби жонка не мусила йти по воду або що інше тяжке робити. Не раз при обіді або при вечері, при кожній бесіді все казали: коби ми були побралися у двадцятих літах,

"Let me tell you, folks, and don't laugh," interjected Yurko Marek, "the thief isn't at fault for being given such a profession by God himself. Every thief is God's messenger. Whoever God wants to punish he sends a thief to him."

The talk died down as Ivanus told his wife:

"As long as I am lying in this bed or on that bench, so long I am the master of this house. Only when I am covered by the earth can you get nothing more from me nor I from you."

VII

Ivanus' wife forgave him all his sins while he was still alive. She buried him as a good peasant and lamented her loss as was fitting. Not so much a good life, for he often beat her, but though he drank and beat her he could have lived on.

So Ivanus departed to the next world and his wife was left alone. But there was also a widower in the village—Ivan Khary. Women started to advise him: "Take her." He was reluctant, and the same women came to her and said, "Take Ivan Khary."

The widow did not want to, because she was convinced that every man was like her Ivanus. But the women didn't stop persuading her and finally Ivan Khary married the widow.

He was not rich but he had enough to live on. He had two children by his first wife. They were married now. His new wife took charge of the house and tidied every corner so that it was a pleasure to see. When she cooked her first dinner Ivan Khary liked it very much. He saw what a good housewife she was, for his first wife was lazy, didn't cook well and talked less pleasantly.

The new wife made Ivan so happy that his heart was overjoyed. To both of them the world had opened up; they felt ten years younger and didn't know how to please each other enough.

Ivan Khary hired a maid so that his wife didn't have to fetch water or do the heavy work.

Sometimes at lunch or dinner they would often say: "If only we had been married when we were in our twenties, then our lives would be worthwhile, but now we're past sixty."

One day the wife got up in the morning feeling very sad. So sad that everything that she picked up fell to the ground. Ivan Khary noticed it and said:

"Yevdokha," for he called her by her first name, "you don't look well today. Perhaps you are so sad because you are sick?"

"No, I have no pains."

"But I can see that something is not right."

"Nothing."

"Tell me, for I want to do as God ordered—be merry with those who are merry and be sad with the sad ones."

She said, "All kinds of thoughts fly through my mind. The old people told me that after death every man meets his wife on the Day of

то не шкода було б жити на світі, а то вже шістдесят минуло.

Та одного разу жонка смутна встала рано. Така смутна, що що візьме в руки, то все паде. Іван Харий помітив це і спитав:

— Ти, Євдохо, — бо він вже кликав її по хрестному імені, — ти якось не тішиш мене нині. Чи не слаба ти, чи не болить тебе що, що ти така смутна?

— Ей, не болить ніщо.

— Але я виджу, що тобі щось хибує.

— Ей, не хибує ніщо.

— Ну, та скажи, бо я хочу так, як Бог приказав: Радуйся з веселими, а смутися зі смутними.

Вона каже: — Гадки різні шибаються в голові. Я чула від старих людей, що кожний чоловік по смерті зі своєю жінкою на страшнім суді мусить стати перед Господом Богом — то, мабуть, ти станеш з першою жінкою, а я буду мусила стати з Іванусом...

Іван Харий подумав, подумав, помахав головою і почав казати:

— Жінко, жінко, в яку ти далеч загналася з своїми гадками... А то все не так є. Цей світ сотворив Господь Бог з любови і приказав всім людям любитися, хоч би з найгіршим ворогом, а в подружжі хто вірно і щиро живе, той і перший на страшнім суді перед Господом Богом. Отже наша любов і вірність перевищає наші попередні подружжя і я стану з тобою.

В той час жонці спав камінь з серця. Вона повеселіла і потім ще більше любила Івана Харого.

Іван Харий був неабиякий чоловік. Він служив у війську цілих чотирнадцять років на війні. То було в той час, як Наполеон Бонапарт хотів цілий світ загарбати, крушив престоли, побивав армії всієї Европи. На тих страшних війнах було багато і односельців. Та всі загинули, лише два витримали і прийшли додому, а то був Іван Харий і Юрко Марек.

Бувало, як зійдуться ті два ветерани вечорами або в свята і неділі, як зачнуть розказувати страшні подвиги воєнні, народ горнеться до них, старі й молоді, аби наслухатися. Волосся дубом ставало на голові. Страшенні різні, бомби встелювали землю трупами. Як під Ляйпцігом і багатьма іншими містами і селами по скільки діб люди нічого не їли і не спали. Скільки уже разів варили, а як неприятель іде — виливай усе, хапай котли і тікай. Цілих чотирнадцять років ті два ветерани в крові бродили, твердої натури були і все витримали. Юрко Марек мав обтесану ззаду голову. Як налетів французький улан і вгатив шаблею по голові, а шаблюка розтяла чако і стесала шкіру з голови, де вже волосся потім не росло. Але він в той момент вгараздив багнет уланові під

the Last Judgment before God. So perhaps you'll stand there with your first wife and I with Ivanus.

Ivan Khary thought for a long time, then shook his head and said:

"My wife, your thoughts have taken you very far. It isn't so. God created this world out of love and ordered people to love each other, even the worst enemies. In marriage, whoever lives faithfully and sincerely will also stand before God on the Day of Judgment. So since our love and devotion surpasses that of our earlier marriages, I'll stand with you."

It was as if a great stone had fallen from her heart. She became more cheerful and loved Ivan all the more.

Ivan Khary was not an ordinary man. He had been in the army at the front for fourteen years. That was at the time of Napoleon Bonaparte who wanted to turn the world upside down. He crushed thrones and defeated armies all over Europe. Many of the villagers took part in these wars. All but two perished. The two who came back home were Ivan Khary and Yurko Marek.

When these two veterans got together in the evening or during a holiday or on a Sunday, when they started telling about their exploits in the war, people gathered, both old and young, to hear them. Their stories made people's hair stand on end. Terrible carnage, corpses strewn around by bombs. How it was at Leipzig and many other towns and villages where people did not eat for days and couldn't sleep either. Whenever they started to cook something the enemy would come suddenly and everything would have to be abandoned and people fled. For fourteen years these two veterans waded through blood, but they were hardened and lived through it.

Yurko Marek had the back of his head sliced off when his helmet was struck and cut in two by a French cavalryman. The sword slipped at the back of the head, shaving off his hair which never grew back again. But at that very same moment Yurko stuck his bayonet under the horseman's shoulder and threw him off the saddle. Ivan Khary and Yurko Marek had received many minor wounds but they fought until the end.

Yurko Marek found nothing when he returned home. His parents had died; the little house stood empty, neglected and covered with weeds. There was a bare piece of land. He didn't get married but struggled on by himself. He bought a cow which he led to pasture and fed himself. He sowed a little and planted a few things. When he had no one to listen to his tales, he would cry alone while meditating.

Ivan Khary lived for eight years with his new wife in great happiness because they understood each other so well.

She would say: "If only I were to die first, so that you could bury me."

And he would say: "If only I were to die so you could bury me."

So God granted that she should die first. Ivan buried her, and a week later he died, too. They were buried next to each other.

Ivanus left a memory, too.

When his widow married Ivan Khary, the house was sold and the pear tree, the giant in which Ivanus had a secret hiding place, was broken

плече і зсадив його з коня. Іван Харий і Юрко Марек мали багато ран, але проте воювали аж до останку.

Юрко Марек як прийшов з війни, то не застав нікого. Батьки померли, лише хатина стояла порожня, обдерта, обросла бур'янами, і пустого поля шматок був. Він вже не женився, так-таки сам доживав віку. Змігся на корову, бувало, сам пасе і годує, дещо посадить і посіє. Бувало, як не має кому що розказати, то плаче роздумуючи.

А Іван Харий прожив вісім років з жонкою в гаразді, бо зійшлися були двоє старих однієї натури.

Бувало, вона каже:

— Коли б я раніше вмерла, аби ти мене поховав.

А він каже:

— Коби я скорше вмер, аби ти мене поховала.

Так допросилися Бога, що жонка вмерла. Іван поховав її, а за тиждень і сам помер.

Поховали обох рядом.

А за Івануса теж лишилася пам'ятка.

Як жонка виходила за Івана Харого, то хату продала, а грушу, де Іванус мав комору в дуплах, вітер зламав, свояки порізали на дрова, і в землі вже й коріння нема. Зорали також берег і грядки.

— А де будемо цього року садити капусту?

— На Іванусовім березі.

— Піди, дівко, нарви бур'яну телятам.

— В котрих грядках?

— Та на Іванусовім березі.

Так ще й сьогодні говорять.

by the wind. Some relatives cut it up for firewood and not even a root was left in the ground. The spot on the riverbank was ploughed over and made into a garden.

"Where shall we plant cabbages this year?"

"On Ivanus' bank."

"Go, pick some grass for the calves."

"Where?"

"On Ivanus' bank."

So he is remembered to this very day.

– Translated by G. and M. Luckyj

ВАЛЕРІЯН ПІДМОГИЛЬНИЙ

Проблема хліба

Немає нічого хибнішого, як ототожнювати ідею твору з думками автора. На жаль, читач і критика слабують на цю недоречну хворобу. Тут я якнайрішучіше застерігаюся проти цього поширеного забобону. "Гарний письменник користується не тільки з власних думок, але й із думок своїх добрих знайомих" (Ніцше). Хто має вуха слухати, хай чує.

Вечір

Допіру повернувся з гулянки.

Було цікаво. Я йшов, обабіч вулиці розсілися велетенські, стоокі жаби. То — будинки, що їх ніч ісплющила і припосадила. І все місто здавалося святковим збіговиськом жаб із безкраїх трясовищ.

Але справа така. В одному темному завулкові до мене приступила жінка й запропонувала свої послуги у справі кохання. Я ввічливо відмовився, стараючись не образити її запобігливости. Ми розбалакались; вона довго скаржилась на підупадок попиту, й головне обвинувачення клала на соціяльні умови.

— Цей комунізм, — казала вона, — призвів до того, що жінки докраю розсобачились. Кожна й без грошей оддається. Забули Бога, по канцеляріях вінчаються... Хто ж платитиме?

Вона призналась, що не дивується з моєї одмови, бо я можу й задурно дістати потрібне.

Ми ще довго розмовляли; я оповістив її, що так само заклопотаний справою "легкого хліба". Моя добра господиня, правда, дає мені рано і ввечері склянку кави без хліба й без цукру, але людина не може цим задовольнитися. А добути ще щось — так трудно тепер, що мені, справді, шкода часу. Що я винний, що сталася революція, і хліб став такий важкий до здобуття? Я не потребую багато — аби підтримати життя. Я люблю читати, гуляти ввечері, міркувати, й не вбачаю достатніх підстав на те, щоб од цього відмовитись через шлунок.

Вона дивувалась, що думки двох незнайомих людей можуть так збігатися. Достеменнісінько, як і я, вона любить почитати щось захватне, погуляти з мужчинами й часом навіть поміркувати.

VALERIYAN PIDMOHYLNY

The Problem of Bread

There is nothing more erroneous than to identify the idea of a work with the author's thinking. Unfortunately, both reader and critic suffer from this absurd weakness. I wish to give most emphatic warning here against this widespread superstition. As Nietzsche wrote—"a good writer uses not only his own thoughts but the thoughts of his good friends as well." He who has ears must listen.

Evening

I have just returned from a walk.

It was interesting. As I walked, giant frogs with a hundred eyes spread themselves on both sides of the street. These were buildings squashed and spread out by the night. The whole town looked like a festive gathering of frogs from endless swamps.

But here is the point. A woman approached me in a dark alley and offered her services of love. I politely refused, trying not to offend her solicitude. We started talking. She complained of falling demand and blamed it chiefly on social conditions.

"This communism," she said, "has utterly depraved women. All of them offer themselves without pay. They have turned their backs on God and get married in registry offices. But who will pay?" She confessed that she was not surprised by my refusal because I can get what I want free.

We talked a long time. I told her that I, too, am concerned about the problem of "bread." My landlady, it is true, offers me a cup of coffee without sugar or bread every morning and evening, but this isn't enough to survive on. It is very hard now to earn something besides, so hard that I don't even try. Am I to blame for the revolution and it being so hard to get a loaf of bread? I like reading, walking in the evening, meditating, and I see no reason why I should renounce all this because of my stomach.

She was surprised that the thoughts of two people could so clearly coincide. Just like me, she likes reading something amusing, having a good time with men, and sometimes even meditating. We parted after wishing each other good luck.

Ми розійшлися, побажавши одне одному щастя в життєвих справах.

1 год. дня

Так це правда, що геніяльні думки спадають раптом! Допіру оце зібрався був вийти з хати, надяг капелюх — і збагнув, що мені найбільш личить узятися до спекуляції. Це ж розкіш! Насамперед — вільний. Далі — мандруєш, бачиш багато, й за один раз можна стільки спекулянчити, що на місяць вистачить. Справді, я жалкую, що раніш не догадався до цього взятися!

Ну ,це вже постановлено — я спекулянт. Приємно, коли знайдеш вихід!

Їхати завтра ж! З голодного міста в той край, де хліб і масло дешеві, де картоплею годують свиней, де впиваються молоком і самогоном.

Треба поспішати, щоб сьогодні накупити "виміну" — пару хусток, ниток, сірників, черевики. О, я добре знаю, що "йде" на селі!

Гроші, щоб купити... Гроші... Так, доведеться щось спродати, чимсь поступитися з свого невеличкого майна.

Короткозорі люди звичайно починають спродувати одежу. Яке безглуздя! Бо що треба людині шанувати — так це одежу. Я розумію тих, хто каже про культ тіла — людині немає іншого виходу, як любити те, що їй неминуче дано. А той, хто на хвилину здолає глянути на себе збоку, одразу помітить, що його тіло, хоч яке воно довершене, годиться хіба на жаль та глум. Цурак, що до його причеплено чотири палки й насаджено кулю на підпорі, — справді чудний, хоч як його виточуй.

Шкода й мови! Адже ж немає сумніву, що, мавши тіло жаби, людина любила б його так само, як і теперішнє, й так само, вславила б його в мармурі, малюнках і слові... Отже одежа — велика річ! Ми творимо її на свій смак, тим часом як наше тіло — дарований кінь, що йому не виходить дивитися в зуби. Убрання — це гарний нічний горщик, і хоч яка гидка буде його укладина, її, проте, краще ховати в гарному посуді, ніж у поганому, чи й зовсім виливати додолу.

Вночі

Цілісінький день обмірковував справу з спекуляцією і щораз натрапляв на перешкоди. Я не маю лантухів; виявилось, що реченець моєї посвідки вже минув. А найголовніше — я зробив огляд своєму майну і з сумом пересвідчився, що не маю чого продати.

One o'clock

It's true that splendid ideas come suddenly. I was just getting ready to leave the house and had put on my hat when I realized that the most suitable way for me is to be a speculator. It's wonderful. First of all, I would be free. Secondly, I would travel, see a lot, and one successful speculation would see me through for a month. What a pity I didn't think of it earlier!

I have made my decision—I am a speculator. What a joy to find a way out. Tomorrow I go. From the hungry city to the country where bread and butter are cheap. Where pigs are fed potatoes, where people are drunk with milk and homebrew. I must hurry to buy today some "exchange" goods—a few kerchiefs, thread, matches, shoes. I know very well what they like in the country.

Where's the money to buy it? Yes, I must sell something, part of my small property. Only very short-sighted people would sell clothes. What nonsense! One thing a man must value is his clothing. I understand those who cultivate the body—after all, a man must love what is perforce given to him. But whoever looks at himself with detachment will notice at once that his body, however fine, is only a sham. A stick with four clubs and a propped-up globe attached, very odd, no matter how well turned out it is.

What a way to talk! I have no doubt that man would love his body even if it was frog-like, and would glorify it in marble, paintings and words. So, clothes are very important. We can make them according to our taste, while our body is a gift horse into whose mouth it is better not to look. Clothing is like a beautiful chamber pot. No matter how hideous the contents, they are well hidden in a beautiful bowl.

At night

All day I considered the problem of speculation and met all kinds of snags. I have no sack; my papers have expired; and, most importantly, I have made an inventory of my belongings and realized that there is nothing I can sell.

I was growing quite despondent when I was saved by a sudden idea. Not long ago my good landlady showed me three gold coins which she had saved from the good times. She wrapped them carefully in a handkerchief tied with a band and put them in a corner of the first drawer on the left.

When my good landlady was asleep I went and took them. Now they are in my pocket. Now I am calm.

I don't want to sleep. I opened the window facing the orchard and listened. There were rustling billows far away and night hangs motionless

Я зовсім засмутився був, але рятункова думка спала мені в голову: не так давно моя добра господиня показувала мені три золоті десятки, що вона їх переховала з добрих часів. Вона старанно загорнула їх у хусточку, пов'язала стьожкою й поклала в першу шухляду комоди в куток ліворуч.

І от, коли моя добра господиня лягла спати, я, оце допіру, пішов і взяв їх. Ось вони, в моїй кишені. Тепер я спокійний.

Спати не хочеться. Одчинив вікно в садок, дивлюся і слухаю. Шуми клубочаться в далечіні і ніч нерухомо звисає з верховіття дерев; мов прозорі грона загуслого повітря.

Я рівняю день до ночі, день, коли люди метушаться, заклопотані посадами і працею, — до ночі, коли люди мають змогу спинитися.

Справді, жалюгідне твоє становище, дню! Бо все, здобуте вдень, буде віддане ночі. Ту силу, що виростає на хлібі, виробленому вдень, той досвід і знання, що його дає сонце — ти, ноче, те маєш. Бо під твоїм тихим наметом працює вчений, мріє юнак і міркує мудрець. Все, що найглибше ховається в серці, вночі процвітає, й запашною квіткою розгортається на ланах ночі людська душа. Вночі кохають, грабують, змовляються, вночі розстрілюють навіть — і тобі, ноче, моя хвала...

Ти, мов добродійна чарівниця, затуляєш нам темрявою очі, щоб ми дивились у середину себе, як у льох, повний коштовного каміння. Ти даєш нам увесь світ під ноги, ти вчиш нас любити самих себе — і тобі, ноче, моя хвала...

Як би я міг притиснутися до твоїх грудей, ти відчула б мою душу, повну твоїх заповітів, і серце моє, велике, як твоє обличчя.

....

Я вже повертаюся з своєї спекулянтської подорожі. Але сумний мій поворот...

Події склалися для мене фатально. Ті речі, що їх інші вимінювали на пуд борошна, я віддавав за десять фунтів. Я не міг ані говорити з селянами, ані торгуватись. Мене обхопило почуття страшенної огиди до того, що я робив, і я постановив якнайшвидше здати свій крам хоч абияк, щоб закінчити цю брудну справу. І, врешті, дістав далеко менше, ніж міг би купити за ті гроші без жадного клопоту.

З невеличким лаштунком я повертався з села до невеличкої станції, мов робітник, що докінчує працю, яку йому загадано.

А тут нас оточили червоноармійці й одібрали все, що ми, спекулянти, мали були. Був якраз час збору харчподатку, і було не можна вільно возити харчі. Але дивно не те. Дивно

from the treetops like transparent clusters of thick air.

I compare day with night: day, when people are busy and worried about jobs and work, with night, when people have a chance to rest. Day, your position is pitiful indeed! Everything won during the day is handed over to the night. The power growing out of bread earned during the day, the experience and knowledge given by the sun—all this belongs to the night. A scholar works, a youth dreams and a philosopher contemplates under your quiet tent. Everything most deeply hidden in the heart blossoms out at night and the human soul unfolds then like a fragrant flower. At night people make love, burgle, conspire, are even executed at night—and I praise you, night. You are like a kind sorceress enveloping our eyes with darkness so that we may look inside ourselves, into a cellar full of treasures. You offer us the entire world and you teach us to love ourselves. If I could press myself to your bosom, you would feel my heart full of your testaments, a heart as large as your face.

. . . .

I am returning from my first trip as a speculator. It was all very sad.

Events conspired against me. Things which others exchanged for a whole *pud*[1] of flour I bartered for only ten pounds. I could not find a common language with the peasants and I couldn't bargain with them. I was overcome with a feeling of utter revulsion for what I was doing and I decided to get rid of my merchandise and bring this dirty business to an end. In the end I received much less than the goods were worth. I was coming back with a small sack from the village to a tiny station, just like a worker at the end of his working day. Here we were surrounded by Red Army men who took everything away from us speculators. It was the time of the food tax collection and no one was allowed to carry food. But this was not all. The strange thing was that in an hour everybody, except me, got his food back. I know how it happened. Some begged, others bribed their way, women offered themselves or were willing to—in a word, the hearts of the commission grew softer. I couldn't beg or bribe or offer myself. And so here I am, hungry, without money or food, utterly exhausted. I sit under the yellow trees and their dead leaves fall over me.

. . . .

---

[1] *Pud*: 36 pounds.

те, що за годину всі, опріч мене, дістали свої харчі собі назад. Я знаю, як то скоїлось: там благали, платили, жінки віддавались, чи, принаймні, погодились оддатися — й серце комісії пом'якшало. А я не міг ні благати, ані платити, а найменше — віддатися.

І от, голодний, без грошей, без харчів, притомлений до знемоги, я сиджу під жовтими деревами, й на мені стелиться їхній мертвий лист.

....

Вже дома. Доїхав щасливо, але пригода, яка цікава пригода!

Сидівши там, на станції, я звичайно захотів їсти. І дедалі, то більше. Треба було щось почати. Я пішов до двірця. Властиво, до того місця, де був колись двірець, і де тепер підвищувався тільки незграбний мур, а навкруг його купою лежала неприбрана цегла. Хтось наступав, хтось відступав — і двірець зруйновано. Поруч із глини зліплено хижу, де стоїть телеграфічний апарат. Навкруги спекулянти, що їм довгенько таки доводиться чекати потягу, порили собі землянки й там живуть. Скрізь повстає дим од кострищ, де варять їжу. Маленьке, напівпідземне місто з своїми звичаями й законами.

Бачивши страви, що варились, я ще дужче захотів їсти. Голод опанував мене, й я тремтів, як закоханий напередодні обіймів. Знічев'я і з нудьги я пішов просто в степ. Потяг повинен був бути через шість годин, та чи й буде ще, бо мав бути вже два дні назад.

Навкруги все скошене й жовте. Похмура одноманітність нагонить нестому. Сонце пече. Кожний крок дзвонить у голові колючим ударом. Я йду, й повз мене поволі плазує земля.

Врешті я натрапив на баштан. Кавуни й дині лежали ще на огудині, й самий їхній вигляд зняв у мені всередині цілу завірюху. В роті пересохло і в голові потьмарило. Я нахилився, взяв камінюку на випадок собаки й посунув на баштан.

Перший-ліпший кавун, що я його схопив, був нестиглий, але я не міг утриматися, почав тремтливими руками видирати його тепле, соковите м'ясиво й запихати собі в рот.

Пожерши його, я вже не мав сили взятися до другого. Страшенна утома опанувала мене, й я витягся на землі. По обличчю мені котився масний піт, мішаючися з липучим кавуновим соком. Розкинувши руки, я лежав під палючим сонцем, чисто змокрілий, заплющивши очі.

Не знаю, чи швидко я опритомнів. Мене штовхано й бито. Схопившись, я побачив сивого діда, що цюкав мене ціпком і скажено лаявся: — А, ворюго, волоцюго...

Я вирвав йому з рук ціпок, не розуміючи, за що мене

Back home. Got back safely, but what an adventure! While sitting there, at the railway station, I became terribly hungry. The longer I waited the hungrier I grew. I had to do something. I went to the station building, or rather to the place where the building once was, and where now there stood only an ugly wall with bricks strewn untidily around it. The station was laid in ruins when some forces were attacking it, while others were defending it. A small mud hut has been erected alongside— that's where the telegraph office is located. Speculators swarm all around it; some who had a long time to wait have dug themselves holes in the ground to live in. Smoke rises wherever food is being prepared. A small place, half hidden underground, but with its own customs and laws.

Watching the food being cooked I grew even hungrier. I was literally possessed by hunger and trembled like someone in love awaiting an embrace. Suddenly, in despair, I walked away into the steppes. The train was due in six hours, but no one knew for certain if it would come. Everything around was bleak and yellow. A gloomy monotony increased my fatigue. The sun was hot. Every step rang in my head like a piercing blow. I walked and the earth was crawling under me.

In the end I came to a melon patch. Melons and pumpkins lay everywhere. The very sight caused a storm within me. My throat was dry. I could hardly see. I bent down, picked up a stone to defend myself from any dogs and went into the melon patch. The first melon I grabbed wasn't ripe but I couldn't wait and started, with trembling hands, to tear out its warm juicy pulp and fill my mouth with it. After eating I had no strength to start another. I was so tired that I stretched myself out on the ground. Thick sweat was rolling off my face, mixed with sticky melon juice. With outspread arms I lay under the blazing sun, all wet, with my eyes closed.

I can't remember whether I came 'round soon. I was beaten and kicked. Picking myself up I saw a gray old man who was poking me with a stick and swearing fiercely: "Thief! Thief!" I wrested the stick out of his hands without understanding why he had beaten me. Then the old man grabbed me by the throat. I choked, and feeling faint, took out of my pocket the stone meant for the dog, and hit the old man on the head. He snorted and fell down. My victory cheered me up. Bending down, I tied the old man's hands with rope and laughed. So this was quite an adventure.

Later I realized that the old man had caught me in the act of stealing. But there was a hut which I didn't notice at first. As soon as I saw it I trembled all over with hunger which stung very badly. There must be some food in that hut. I ran there and wasn't disappointed. By great good luck, the old man had just brought his lunch. I found a whole sweet loaf, a piece of lard, eggs and millet cake. After a good

бито. Тоді дід кинувся на мене і схопив за горло рукою. Я хекнув і, почуваючи що млію, добув із кишені приховану на собаку камінюку та шерехнув діда нею по голові. Він захарчав і впав.

Перемога підбадьорила мене. Нахилившись, я зв'язав дідові руки очкуром і засміявся. От така пригода!

Тоді тільки я зрозумів, що дід-баштанник спіймав мене на злочині. Он і курінь, що я його не помітив був ув улоговині. Тільки-но я побачив його, в мені все затремтіло, й я знову відчув у собі голод, як важке жало. Там, у куріні, напевне харчі!

Я біжма побіг — і не помилився. На моє щастя, дідові, видимо, недавно принесено їжу. Знайшов цілу добренну паляницю, шматок сала, яєчка і пшоно. Пообідавши добре, я решту згорнув у хустку й пішов геть, наспівуючи.

Дорогою мені спало на думку, що личить перепросити діда за неприємності і з'ясувати йому якомога просто, що, врешті, ніхто з нас не винний: життя нас звело, змусило побитися, й коли вже нарікати, то тільки на життя. А ми, як ми розумні, маємо стиснути тепер один одному руки, закурити цигарку й любо погомоніти.

Приступивши до діда, я побачив, що він чисто плаває в крові. Годі йому дихати — я таки добре стуконув його. Таким способом, на землі відбулося ще одне загубство.

Ще я тримаюсь. Є ще з півпуда борошна. Їм я самий хліб, курю махорку, та й то обережно.

....

Вночі

Під час спекулянтської подорожі мені трапилася ще одна пригода, що її вже забув і з наслідків її скористав оце допіру.

Справа така. Їхати мені випало було ввечері та ще й на вагоновому даху: всередині вагонів було повнісінько як оселедців; можна було ще їхати на буферах, чи верхи на паротягу, але я обрав дах. Потьмаріле повітря обливало ввесь час обличчя, внизу наобабіч широкими чорними просторами бігла земля, й було почуття вільного дужого льоту під хмарами. Я встав і заспівав. Мою пісню підхоплено на інших дахах і в вагонах, і потяг летів справді як дивовижний співучий птах, повний сили й завзяття.

Я зліз, сп'янілий з руху, пісні, повітря і простору. Мене переганяли спекулянти і спекулянтки, й їхній вигляд викликав у мені ніби давні спогади про події, що відбулися допіру. Й було гарно — ніби я не мав нічого ані позад себе, ані попереду, й мене брав сумнів, чи справді я є.

lunch I tied the remainder in a kerchief and walked away, humming a song.

On the way it occurred to me that it would be nice to apologize to the old man for the trouble I had caused him and to explain to him that neither of us was to blame. Life had brought us together, had forced us to fight and, if blame is to be allocated, then life itself is at fault. We, as rational creatures, should now shake hands, exchange cigarettes and chat amiably.

Approaching the old man I saw that he was lying in a pool of blood. He could hardly breathe—I must have hit him hard. This is how still another murder happened on this earth. I'll manage somehow. I still have half a *pud* of flour. I am eating bread, and smoking, both in moderation.

. . . .

At night

During my venture as a speculator I had yet another adventure which slipped my mind, but which came in useful after all. This is how it was. In the evening I had to travel on the roof of the railway carriage. Inside it was jam-packed with people. One could travel on the buffers or on the roof. I chose the roof. Smoke-filled air surrounded my face all the time, the earth slipped by on both sides like dark continents and I had the feeling of flying freely under the clouds. I sat up and began singing. My song was picked up by others on the roofs who joined in, along with those inside the carriages, and the train flew like an exotic singing bird, full of force and courage.

I climbed down, tired by the motion, air and space. I was overtaken by other speculators and their appearance evoked in me some old memories of events which had happened. I felt good—as if I had no cares, nothing in front or behind me, and I was beginning to doubt whether I existed. Someone called out from the back:

"Comrade! Comrade!"

I looked 'round. A fat woman, bent low under her sack, was calling me. She was out of breath. I stopped. She threw the sack to the ground, almost in tears. She was late in getting into the carriage and could not find a porter. She was unable to carry the sack. Could I help her? She would pay me.

I bent down, picked up her sack and carried it for her. She walked at my side, breathing heavily, and thanking me profusely. She then asked who I was. I told her that I was a student. Oh, she respected students! At one time she had been a student, too. She was hoping to enter a high school, but nothing came of it. Now she sells pies in the

Ззаду покликано:

— Товаришу! Товаришу!

Я озирнувся. Товста жінка, зігнувшись під лантухом удвоє, гукала на мене, засапуючись. Я спинився.

Вона кинула лантух на землю, майже плачучи. Вона, бач, забарилась у вагоні й уже не запопала носильника. Нести не сила. Чи не послужу я? Вона заплатить...

Я нахилився, взяв лантух на плечі й поніс. Вона йшла поруч, оддихаючи, й не вгавала мені дякувати. Далі спитала, хто я такий. Я сказав, що студент. О, вона має пошану до студентів! Вона сама вчилася колись: гадала навіть до гімназії вступити, — та де там! Тепер вона торгує на базарі пиріжками. Заробляє добре, та що це за життя? Коли ще був живий її чоловік, то ще хоч як було, та й то п'яниця він був. Ох, бив її!... Світу не бачила. А тепер одинока, як бур'янина в полі. Ой, життя!

Ми йшли довго, на край міста, й вона ввесь час розповідала. Спинилися перед невеличким будинком. Скільки я візьму? Нічого, я просто прогулявся. Та як то? Тепер із рідного батька беруть... Дуже просто. Ну, якщо так, то хай я зайду до неї колись попоїсти пиріжків, увечері вона завжди дома, якщо не їде куди за харчами. Куди їй ходити? Вулиця така, будинок такий, зовуть Марта.

Сьогодні, гулявши, я згадав про це, й аж слинка мені покотилася, коли я уявив собі масні пиріжечки. Я ж їм самий хліб, курю махорку! Постановив піти.

Я застав її вдома, й вона зраділа невимовно. Вона й надії не клала, що я, студент, згадаю про неї, бідну спекулянтку. Ну, тепер ми будемо добре знайомі. Вона, бач, зовсім — зовсім самотня. Ой, життя! Вдень на базарі, сама лайка, а ввечері дома, однісінька, як палець. Який же я любий! Ну, хай же я сяду! Я, бач, не пішов на бульвар забавлятися з панночками, а завітав до неї, бідної спекулянтки. Пиріжечки ще в печі, зараз будуть. А чи не перекушу я чогонебудь? Може, оселедця з свіжою картоплею? Горілки, хай я вибачу, немає, — хіба вона сподівалася такого гостя?

Я сів, приємно відчуваючи себе паном становища. Враз з'явився оселедець, і треба сказати, що я пожер його з кісточками, як кріклика гадюка. А вона сиділа й захоплено дивилась мені в рот, ніби я їй велику послугу робив, ївши, й без угаву дивувалась, який то я любий хлопець.

По оселедці я далеко збадьорішав, а після солодких пиріжків і зовсім звеселів. Встав і почав походжати по кімнаті, жваво розмовляючи. Вона сиділа і щасливо дивилась на мене. Так несподівано я вчинив щастя цій жінці.

Вона була товста, неохайно убрана, з грубими рисами обличчя. Тільки очі були тужні і здавались гарними. Мені

marketplace. She earns good money, but what kind of a life is this? When her husband, the engine driver, was still alive, they had managed somehow. He was a drunkard and often beat her. She couldn't see a thing. Now she is alone, like a weed in a field. What a life.

We walked for a long time until we reached the edge of town and she talked all the time. We stopped in front of a small house. How much did she owe me? Nothing, I had simply taken a walk with her. How's that? These days they ask money for everything. Very well—if I insist. But I must drop in sometime and try her pies. She is always in in the evenings unless she has to do some shopping. Where else would she go? This is her street, the house where she lives. She is called Martha.

Today, during my walk, I remembered this and my mouth began to water when I thought of the pies. I eat only bread, smoke *makhorka*[1]. I decided to visit her.

She was at home and was extremely pleased to see me. She had never thought that I, a student, would remember her, a speculator. Now we will become real friends. You see, she is all alone. What a life! During the day in the marketplace, and in the evening at home, quite alone. How nice I am! Won't I sit down? I didn't go out to have a good time with young girls but came to visit her, a poor speculator. The pies are still in the oven, they will be ready soon. Won't I have anything to eat? Perhaps a herring with fresh potatoes? She is sorry she has no *horilka*, but she didn't expect such a guest!

I sat down, feeling pleasantly that I was the master here. Soon the herring appeared and I must say that I gobbled it up along with the bones like a boa would swallow a rabbit. She sat and looked at my mouth with excitement, as if I was doing her a great favor by eating, and often repeated what a nice boy I was.

After the herring I felt a lot better and after the sweet pies I became quite gay. I got up, started walking up and down the room, talking with great animation. She sat and looked at me happily. So quite suddenly I made this woman happy.

She was fat, sloppily dressed, with coarse features. Only her eyes were sad and seemed beautiful. It occurred to me that she was not at all like my former ideal of a wife. When I was still a youth I thought about an ideal wife and came to the conclusion that she should be beautiful, unsophisticated and thin. These thoughts amused me a great deal now.

Seeing a guitar on the wall, I asked her if she played. No, it was her husband, the engineer, who used to play. He was a drunkard and beat her but she missed him now. A man may beat her hard but he can also embrace her tenderly. It is hard to live without a man, especially now, especially for a still youthful woman who is only thirty-five. And

---

[1] *Makhorka*: Cheap tobacco.

спало на думку, що вона зовсім не підходить до мого колишнього ідеалу дружини. Я, бувши колись зелений юнак, обмірковував узагалі питання про дружину й дійшов до висновку, що то повинна бути жінка гарненька, дурненька й нетовста. Це ще більше звеселило мене.

Побачивши на стіні гітару, я спитав, чи не вона це грає. Ой ні, то її чоловік, машиніст, грав був. Він п'яниця був, бив її, але вона має жаль за ним. Мужчина хоч поб'є гірко, та й приголубить солодко. Погано без мужчини жити, та ще тепер, та ще молодій, — їй же ще тільки тридцять п'ять. А я граю? Ну, так хай я заграю!

Я взяв гітару, заграв і заспівав. То співала моя душа, радіючи, що напхане черево не турбуватиме її хоч якийсь час.

Вона слухала й заплакала. Ой, як я нагадую їй її чоловіка! Він достеменнісінько так грав.

Довідавшись, що я їм самий хліб, вона трохи не зомліла. Врешті, я пішов од неї, мавши чималий пакунок із харчами, пачку цигарок і запросини на пиріжки в неділю. Конче в неділю, вона чекатиме.

На вулиці я щораз посміхався. Допіру справді відбулася казка, хоч і шлункова, та ще й повторитися мала!

....

Сьогодні неділя, день і для мене святковий. Минулі дні я ходив, мов безнадійно закоханий. Часом мене опановувала млявість; я з тонкою насолодою мріяв про масні пиріжечки, й коли уявляв собі їхній смак, кров мені палахкотіла й бухала в голову. Я викликав їхній образ, і коли вони, мов живі, лежали переді мною, рожевенькі і гарненькі, мені душу захоплював нестримний потяг до них, і я навіть написав на честь пиріжечків прекрасний сонет.

А сьогодні я мав їх фізично. Розкішна річ — фізичне посідання!

Уже вечір холодний. Вже незабаром зима і всі знають про це, тільки мов змовившись, мовчать і вдають, що ще тепло. Ще юнаки в білому, дівчата у прозорому, й дерева вперто затримують решту листя. Смішно! Я надяг пальто, от і все.

Я так і знав — була горілка! Запалено велику лямпу і стіл накрито скатертиною. Вона прибралась у нову сукню й надягла корсет. Була баранина, кава й пиріжки. Ми випили по кілька чарок і моя голова з незвички трохи обважніла.

По вечері ми сиділи поруч: я взяв гітару і співав. Вона сиділа близько мене, щасливою посміхаючись, хапала мій голос.

— Який же ви молодий, який молодий, — захоплено ка-

do I play? Well, let us hear then.

I took the guitar down, played and sang. It was my heart singing joyously because my stomach was full and wouldn't bother me for a time.

She listened and started to cry. How I reminded her of her husband! He played in just that way. When she learned that I usually only ate bread, she almost fainted. At last I left her, carrying a large parcel of food, a pack of cigarettes and an invitation to come and eat pies on Sunday. It must be this Sunday. She'll wait.

In the street I smiled to myself. It was like a fable. True, it had to do with the stomach, but it will be repeated again.

. . . .

Today is Sunday, a holiday. The last few days I have walked like someone in love. Sometimes I have felt drowsy. I had dreamlike visions of fat pies and when I could taste them, the blood rushed to my head. I tried to imagine them visually and when, alive, they lay before me, all pink and lovely, my heart was filled with an irresistible longing for them and I even wrote a sonnet to pies.

Today I consumed them physically. What a joy—physical possession. Now the evening is cool. Soon winter will come. Everybody knows about it, but nobody talks about it and everyone is silent, pretending that it is still warm. Young men are still wearing white, girls are wearing transparent dresses, and the trees still keep some leaves. It's laughable. I put on an overcoat and that's all.

I knew it—*horilka* has appeared. The large lamp was lit and the table was covered with a new tablecloth. She wore a new dress and a corset. There was mutton, coffee, cakes. We drank a few glasses and my head, not accustomed to it, grew a little heavy.

After dinner we sat side by side. I took the guitar and sang. She sat near me, smiling happily, and joined in the singing.

"How young you are, how very young," she spoke with excitement. "You could almost be my son. Let me kiss you, like a mother. You are an orphan, after all."

She kissed me on the forehead, then on the cheek, then on my lips, many times. I didn't object. I understood that I had to pay for the pies and was glad that I could get off so cheaply.

I left her in the morning. Everything was solved; I would live with her, pretending I was her cousin. As long as she is well I shall have no worries. I shall have everything—good food, clothes, drink. So she assured me, pressing herself to me.

It was cold and I did not regret that I took my overcoat. I walked briskly, full of vigor, unable to believe that such happiness had opened

зала вона: — ви мені чи не в сини годитесь... Дайте я поцілую, як мати... Ви ж сирітка...

Вона поцілувала мене в чоло, далі в щоку, потім просто в губи і вже не раз. Я не пручався. Я розумів, що за пиріжечки треба платити, й тільки радів, що плачу такими дешевими грошима.

Пішов я від неї на ранок. Все було розв'язане: я житиму в неї, ніби небіж. О, поки вона здорова, я не матиму про що турбуватися! Мені все буде — й їжа смачна, й одежа, й питво. Так казала вона, тиснувшись до мене.

Було холодно й я не шкодував, що взяв пальто. Я йшов бадьоро, повний сили, хоч мені ще не вірилось, що таке щастя розчинило мені браму.

— Як гарно, — гадав я, — що ми, люди, такі різні, що один у нас потребує зовсім іншого, ніж другий. Те, що для одного завалящий крам, для другого — велика цінність.

Мені не хотілося спати. Вдома я відчинив вікно й довго стояв коло нього. Надворі вогкий, осінній ранок, і далечінь завезлася туманом. Тихо. Дерева стоять похнюпившись, і чути, як падають їхні сльози на землю. Вони плачуть, бо йде зима; бгається їхня душа й ховається десь глибоко від морозів. Плаче природа й туманом повстають її сльози над землею.

Як чудно! Тут смерть, а ми надягнемо кожухи, запалимо грубки й електрику та житимемо взимку, як улітку, ще навіть радіючи з різноманітности. Ми підемо в театри, в гості, а тут мерзнутиме трава під снігом і спиняться річки. От і я, природо, стою перед новим життям, а ти в цей час берешся смертю. Ти родила мене, а я тебе покинув, невдячний син і в сльозах твоїх є хоч одна за мою зраду.

....

Воно почалося, нове життя! Яка радість, який спокій! Шлунок задоволено й моя душа шугає над світом, як Дух-Творець.

Тепер я більш, ніж колись, дивуюся з неспритности й неталановитости жінок, що не змогли скористати з тих прекрасних обставин, що в них вони так довго пробували були. Протягом століть жінка була в такому становищі, як я оце тепер — на утриманні — мала змогу не турбуватися про хліб — і куди вона повернула свій дух? Чи піднесла вона свою душу на височінь? Чи утворила вона щонебудь?

Леле! Вона була тільки самичка, маленька самичка, що не вигадала кращого, як змагатись до рівноправности. Я маю жаль до жінок, вони нещасні: те, до чого їм треба було б іти, лежить уже позад них. Чи не гадають вони знайти щастя на

the gate for me.

"How good it is," I thought, "that people are so different that we need someone different from ourselves. One man's meat is another man's poison."

I didn't want to go to sleep. At home I opened the window and stood near it for a long time. Outside it was a damp autumn morning and the horizon was draped with mist. It was quiet. The trees stood silent and one could hear their tears falling to the ground. They cry because winter is approaching; their hearts seek refuge from the frost. Nature is sad and her tears rise in mist over the earth. How strange. Death is coming, but we shall start our fires in the stoves, turn on the electricity and live through the winter as we did in the summer, even being pleased by the difference. We shall go to the theatre, visit friends and the grass will be frozen under the snow and the rivers will cease to flow. I, too, stand facing a new life and nature is facing death. You bore me and I abandoned you, an ungrateful son and one of your tears falls because of my betrayal.

. . . .

The new life has started. What joy, what peace. My stomach is satisfied and my mind flies over the world like a creative spirit.

Now, more than ever before, I marvel at the clumsiness and lack of ingenuity of women who cannot use their position to advantage. For centuries woman has been subdued, as she is now. She was kept and did not have to work for a living. To what purpose did she dedicate herself? What did she create? Alas! She was merely a female who could think of nothing better than how to equal the male. I am disappointed in women. What they should have striven for is already behind them. Do they hope to find happiness along a new path? Man has walked along it for quite a long time and has found no happiness.

I feel like a baby in a cradle, sucking the large breasts of existence. Life is rocking me; I can see it and its noise sounds to me like a song. It is as if I stood on a high cliff and clouds and earth were at my feet. The sun is beside me; I can embrace it like a brother.

I look at myself. In the market, where my consort is selling pies, swearing, envy, lies are heard and yet I grow out of this like a chrysanthemum on manured soil. So, on the fields of life here and there do we appear—lovely, beautiful flowers—and we look at ourselves, into our lights and shadows.

It's getting dark. I, too, grow dark, although everywhere little fires flare up like fireflies in the wood. These are memories.

I love this time when my heart, like an old woman forgotten by everyone lays out her long patience with dusty cards. During the day I

111

новому шляху? О, чоловік давно вже йде цим шляхом, а щастя ще не знайшов...

Я почуваю себе тепер мов немовлятко в колисці, я ніби ссу великі груди існування. Мене колише життя, що я його бачу й його гармидер співає мені пісню. Я ніби стою на височезній горі й біля ніг моїх хмари й земля. А поруч — сонце, те сонце, якому моляться, й я можу обняти його, як брата.

Я споглядаю сам себе. Там, на базарі, де моя подруга продає пиріжки, сварка, лайка, заздрість, брехня, а я виростаю з цього, як холодна хризантема на угноєній землі... Так де-не-де на ланах життя повстаємо ми, самотні, пишнохолодні квіти і вдивляємось у самих себе, як у безодню світла й тіні.

Уже вечір. І в мені сутеніє, скрізь запалюються живі вогні, мов світляки серед лісу. То — спогади.

Я люблю цей час, коли душа моя, мов стара бабуся, всіма забута, розкладає свої довгі пас'янси з запилених карт. І тим часом як удень здається, що не маєш минулого, ввечері повний, що майбутнє не існує. Ніби стежку, що нею йшов був, уже скінчено, й ти сів спочивати під тінявим деревом і не маєш уже куди йти. Тоді береш книгу власного життя й поволі перегортаєш її сторінки. І щораз робиш це, мов востаннє, і прощаєшся з кожним рядком, як назавжди.

Ось я маленький, ось край, де я народився. А он я — юнак, он дівчата, що їх кохав був. Я здіймаю капелюх: прощайте! Ви несли мені радощі й болі, але я дякую вам за те, що ви були!

Я перегортаю сторінки минулого й на душу мені ллється тепла вода. А душа моя одягається в білі савани й готується на похід по всесвіту, щоб бачити все і все вмістити.

Сум кладе мені на обличчі м'які пучки. Хай же напахтить він мене, омиюся я в ньому з насолодою, як мандрівець в оазі серед пустелі.

Бо то сум веде душу в безкрає.

am not aware of the past; at night I am certain that there is no future. As if the path along which I walk has come to an end and I sit to rest under a shady tree and there is nowhere to go. Then the book of life is picked up and slowly the pages are turned. Each time it is as if it were for the last time and one takes farewell of every line.

Here I am—small, and here is the land where I was born. And there I am also—a young man. There are the girls whom I loved. I take my hat off. Farewell. You brought me joys and pains but I am grateful all the same.

I am turning the pages of the past and my heart is flooded with warmth. My soul is clothed in white and prepares for a journey across the universe, in order to see and take in everything.

Sorrow touches my face softly. Let it permeate me. I shall bathe in it like a wanderer in an oasis in the desert. Sorrow will lead me to eternity.

– Translated by G. and M. Luckyj

МИКОЛА ХВИЛЬОВИЙ

Я

(Романтика)

"Цвітові яблуні"

З далекого туману, з тихих озір загірної комуни шелестить шелест: то йде Марія. Я виходжу на безгранні поля, проходжу перевали і там, де жевріють кургани, похиляюсь на самотну пустельну скелю. Я дивлюся в даль. — Тоді дума за думою, як амазонянки, джигітують навколо мене. Тоді все пропадає... Таємні вершинки летять, ритмічно похитуючись, до отрогів, і гасне день; біжить у могилах дорога, а за нею — мовчазний степ... Я одкидаю вії і згадую: ...воістину моя мати — втілений праобраз тієї надзвичайної Марії, що стоїть на гранях невідомих віків. Моя — мати — наївність, тиха жура і добрість безмежна. (Це я добре пам'ятаю!). І мій неможливий біль, і моя незносна мука теплють у лямпаді фанатизму перед цим прекрасним печальним образом.

....

Мати каже, "що я (її м'ятежний син) зовсім замучив себе..." Тоді я беру її милу голову з нальотом сріблястої сивини і тихо кладу на свої груди... За вікном ішли росяні ранки і падали перломутри. Проходили неможливі дні. В далі з темного лісу брели подорожники й біля синьої криниці, де розлетілись дороги, де розбійний хрест, зупинялись. То — молоде загір'я. — Але минають ночі, шелестять вечори біля топіль, тополі відходять у шосейну безвість, а за ними — літа, роки і моя буйна юність. Тоді дні перед грозою. Там, за отрогами сизого бору, спалахують блискавиці і накипають, і піняться гори. Важкий душний грім ніяк не прорветься з Індії, із сходу. І томиться природа в передгроззі. А в тім за хмарним накипом чути й інший гул — ...глуха канонада. Насуваються дві грози.
— Тривога! — Мати каже, що вона поливала сьогодні м'яту, і м'ята вмирає в тузі. Мати каже: "Надходить гроза!" І я бачу: в її очах стоять дві хрустальні росинки.

MYKOLA KHVYLOVY

My Being

"To the Apple Blossom"

Out of the distant mist, out of the quiet lakes of untouchable communism, a rustling sound is heard: the Virgin Mary is walking. I reach the endless plains, cross ditches, and there, where the mounds are smouldering, I finally lean on a solitary desert cliff. I stare into darkness Then my thoughts ride around me like Amazons. And everything disappears . . . The mysterious riders gallop toward the foothills, swaying rhythmically, and the day goes out like a flame; the road winds between the ancient grave-mounds into the silent steppe. I raise my eyelashes and reminisce: . . . truly, my mother is the incarnation of this enigmatic, timeless Mary. My mother is naiveté, quiet sorrow, and endless goodness. (I remember this very well!) And my incredible pain and my unbearable torture burn in the votive lamp of fanaticism, in front of this image full of anguish.

. . . .

Mother says that I (her rebellious son) have tired myself out completely . . . . Then I take in my hands her beloved head covered with silver hair and press it to my chest . . . Behind the windowpanes, the mornings full of dew were passing, and mother-of-pearl light was descending. The impossible days were going by. In the distance, wanderers were coming out of the dark forest, halting near the blue well at the crossroads, where an ancient crucifix stood. These are young communist idealists.

But the nights pass, the evenings rustle beside the poplars, the poplars walk into the endlessness of highways, together with years and my violent youth. Then come the days before the storm. There, behind the foothills of a bluish forest, the lightnings boil and flash, and the waves of mountains foam. The heavy sultry thunder cannot manage to come through from India, from the east. And nature grows tired waiting for the storm. But one can also hear another thundering behind the boiling of the clouds—a dull cannonade. Two storms are approaching.

—Alarm! Mother says that she was watering the mint in the garden, and that the mint is dying in sorrow. Mother says: "The storm is approaching!" And I can see two crystal tears in her eyes.

115

Атака за атакою. Шалено напирають ворожі полки. Тоді наша кавалерія з флангу, і йдуть фаланги інсурґентів у контр-атаку, а гроза росте, і мої мислі — до неможливости натягнутий дріт.

День і ніч я пропадаю в "чека".

Помешкання наше — фантастичний палац: це будинок розстріляного шляхтича. Химерні порт'єри, древні візерунки, портрети княжої фамілії. Все це дивиться на мене з усіх кінців мойого випадкового кабінету.

Десь апарат військового телефону тягне свою печальну тривожну мелодію, що нагадує дальній вокальний ріжок.

На розкішній канапі сидить, підклавши під себе ноги, озброєний татарин і монотонно наспівує азіятське: "ала-ла-ла".

Я дивлюсь на портрети: князь хмурить брови, княгиня — надменна зневага, княжата — в темряві столітніх дубів.

І в цій надзвичайній суворості я відчуваю весь древній світ, всю безсилу ґрандіозність і красу третьої молодости минулих шляхетних літ.

Це чіткий перломутер на бенкеті дикої голодної країни.

І я, зовсім чужа людина, бандит — за одною термінологією, інсурґент — за другою, я просто і ясно дивлюсь на ці портрети і в моїй душі нема й не буде гніву. І це зрозуміло:

— я — ч е к і с т, а л е я і л ю д и н а.

Темної ночі, коли за вікном проходять міські вечори (маєток злетів на гору й царить над містом), коли сині димки здіймаються над цегельнею й обивателі, як миші, — за підворотні, у канареєчний замок, темної ночі в мойому надзвичайному кабінеті збираються мої товариші. Це новий синедріон, це чорний трибунал комуни.

Тоді з кожного закутка дивиться справжня й воістину жахна смерть.

Обиватель:

— Тут засідає садизм!

Я:

— ...(мовчу).

На міській башті за перевалом тривожно дзвенить мідь. То б'є годинник. З темного степу доноситься глуха канонада.

Мої товариші сидять за широким столом, що з чорного дерева. Тиша. Тільки дальній вокальний ріжок телефонного апарату знов тягне свою печальну, тривожну мелодію. Зрідка за вікном проходять інсурґенти.

Моїх товаришів легко пізнати:

доктор Тагабат,

Андрюшка,

I

Attack follows attack. The enemy's forces press furiously. Then our cavalry attacks from the flank, and long rows of insurgents advance into counterattack, and the storm is nearing, and my thoughts are like an incredibly tight-stretched wire.

I spend my nights and days in the *Cheka.*[1]

Our quarters are in the fantastic palace of an executed prince: exquisite curtains, ancient designs, family portraits—all these look at me from every corner of this, my accidental office.

Somewhere in the distance the telephone sounds its painful alarming melody that reminds me of the distant whistle of a train.

On the lofty couch, an armed Tatar soldier sings his monotonous Asiatic: "ala-la-la," his legs crossed under him.

I look at the portraits: the prince scowls, the princess is full of high airs and disdain, the children are hidden in the shade of the ancient oak trees.

In this weird feeling of sternness, I can sense the world of yesterday, the forceless grandeur and beauty of the youth of the bygone nobility.

This looks like a clear mother-of-pearl surface soiled by the banquet of a wild and hungry mob.

And I, a completely strange person, a bandit to one man and an insurgent to another—I just look simply and with clear vision upon these portraits, and there is no anger in my soul; and I know that there will be no anger in my soul; this is quite simple: I am a Chekist, but I am also a man.

In the dark night, when behind the windowpanes the city evenings saunter high on a mountain, the palace reigns over the city, when the blue smoke rises above the smokestacks of the brick kilns, and when the citizens are being brought into the palace, seized easily like mice—in the dark night, in my strange office, my comrades gather. This is a new Sanhedrin, the black tribunal of communism.

Then, out of every corner, the true and truly hair-raising death watches.

The citizen speaks: This is a council of sadists!

I remain silent.

On the city tower behind the mounds, the brass resounds alarmingly. Then the clock strikes. Out of the dark steppe comes the dull sound of artillery.

My comrades sit behind the wide black wooden table. Silence. Only the distant telephone in the railway station rings its painful alarming melody. From time to time the partisans pass under the window. My

---

[1] *Cheka*: Secret police.

117

третій — дегенерат (вірний вартовий на чатах).

Чорний трибунал у повному складі.

Я:

— Увага! На порядку денному діло крамаря ікс!

З дальніх покоїв виходять льокаї і також, як і перед князями, схиляються, чітко дивляться на новий синедріон і ставлять на стіл чай. Потім нечутно зникають по оксамиту килимів у лябіринтах високих кімнат.

Канделябр на дві свічі тускло горить. Світлу не сила досягти навіть чверти кабінету. У височині ледве маячить жирандоля. В городі — тьма. І тут — тьма: електричну станцію зірвано.

Доктор Тагабат розвалився на широкій канапі вдалі від канделябру, і я бачу тільки білу лисину й надто високий лоб. За ним іще далі в тьму — вірний вартовий із дегенеративною будівлею черепа. Мені видко лише його трохи безумні очі, але я знаю:

— у дегенерата — низенький лоб, чорна копа розкуйовдженого волосся й приплюснутий ніс. Мені він завше нагадує каторжника, і я думаю, що він не раз мусив стояти у віділі кримінальної хроніки.

Андрюшка сидить праворуч мене з розгубленим обличчям і зрідка тривожно поглядає на доктора. Я знаю, в чому справа.

Андрюшу, мого бідного Андрюшу, призначив цей неможливий ревком сюди, в чека, проти його кволої волі. І Андрюша, цей невеселий комунар, коли треба енергійно розписатись під темною постановою —

— "розстрілять",

завше мнеться, завше розписується так:

не ім'я і прізвище на суровому життьовому документі ставить, а зовсім незрозумілий, зовсім химерний, як хетейський єрогліф, хвостик.

Я:

— Діло все. Докторе Тагабате, як ви гадаєте?

Доктор (динамічно):

— Розстрілять!

Андрюшка трохи перелякано дивиться на Тагабата й мнеться. Нарешті тремтячи і непевним голосом каже:

— Я з вами, докторе, не згодний.

— Ви зі мною не згодні? — і грохот хриплого реготу покотився в темні княжі покої.

Я цього реготу чекав. Так завше було. Але й на цей раз здригаюсь і мені здається, що я йду в холодну трясовину. Прудкість моєї мисли доходить кульмінацій.

І в той же момент раптом передо мною підводиться об-

comrades are easily recognized: Dr. Tahabat, Andriy, and the third—the degenerate one, the monster (the faithful sentinel always at his post). The black tribunal is complete.

Then I speak:

"Attention! Our first case today is that of merchant X!"

Out of the adjoining rooms the servants come bowing, as if before their lord, looking attentively at this new Sanhedrin, bringing the tea and putting it on the table. Then they disappear noiselessly into the labyrinth of high-ceilinged rooms, walking on the soft carpets.

The candelabrum with two candles sheds its dim light. The light is too weak to brighten even a quarter of the room. Up above looms the girandole. The city is in darkness. So are we: the powerhouse has been blown up.

Dr. Tahabat sprawls on the wide couch, far away from the candelabrum, and I can see only his white bald skull and his very high forehead. Behind him, even deeper in the darkness, I see the faithful sentinel with the degenerate skull structure. I can discern only his almost insane eyes, but I know that he has a low forehead, a mop of black disheveled hair on his head, and a flat nose. He reminds me of a convict, and I am sure that he has a long record.

Andriy sits on my right side with an "inattentive" face, glancing from time to time at the doctor with a frightened look. I know what is happening to him.

Andriy, my poor Andriy, was sent here by the merciless revolutionary committee, against his weak will. And he, this gloomy communist, at the moment one has to sign one's name energetically under the dark sentence—

"to be shot"

> —he always hesitates, and does not sign his full name on this fierce document, but puts down a strange, illegible sign that looks like a hieroglyph.

I speak: "Well, this is all. What do you think, Dr. Tahabat?"

Doctor (speaking with force): "Shoot him!"

Andriy, frightened, looks at Tahabat and hesitates. Then, in a trembling and timid voice, he says:

"I don't agree with you, doctor."

"You don't agree with me?" and into the dark rooms rolls the peal of hoarse laughter.

I was waiting for this laughter; it was always like that. But as always, I shudder and I have a feeling that I am sinking into a cold mire. My thoughts reach their maximum speed.

And, at that moment, the image of my mother suddenly appears

119

раз моєї матери...

— ... "Розстрілять"???

І мати тихо зажурно дивиться на мене.

...Знову на далекій міській башті за перевалом дзвенить мідь: то б'є годинник. Північна тьма. В шляхетний дім ледве доноситься глуха канонада. Передають у телефон: наші пішли в контр-атаку. За портьєрою в скляних дверях стоїть заграва: то за дальніми кучугурами горять села, горять степи й виють на пожар собаки по закутках міських підворотень. В городі тиша й мовчазний передзвін серць.

...Доктор Тагабат нажав кнопку.

Тоді льокай приносить на підносі старі вина. Потім льокай іде, і тануть його кроки, віддаляються по леопардових міхах.

Я дивлюсь на канделябр, але мій погляд мимоволі скрадається туди, де сидить доктор Тагабат і вартовий. В їхніх руках пляшки з вином, і вони його п'ють пожадливо, хижо.

Я думаю "так треба".

Але Андрюша нервово переходить із місця на місце і все поривається щось сказати. Я знаю, що він думає: він хоче сказати, що так не чесно, що так комунари не роблять, що це — бакханалія і т. д. і т. п.

Ах, який він чудний, цей комунар Андрюша!

Але, коли доктор Тагабат кинув на оксамитовий килим порожню пляшку й чітко написав своє прізвище під постановою —

"розстрілять", —

мене раптово взяла розпука. Цей доктор із широким і білою лисиною, з холодним розумом і з каменем замість серця, — це ж він і мій безвихідний хазяїн, мій звірячий інстинкт. І я, главковерх чорного трибуналу комуни — нікчема в його руках, яка віддалася на волю хижої стихії.

"Але який вихід?"

— Який вихід?? — І я не бачив виходу.

Тоді проноситься передо мною темна історія цивілізації, і бредуть народи, і віки, і сам час...

— Але я не бачив виходу!

Воістину правда була за доктором Тагабатом.

...Андрюшка поспішно робив свій хвостик під постановою, а дегенерат, смакуючи, вдивлявся в літери.

Я подумав: "коли доктор — злий геній, зла моя воля, тоді дегенерат є палач із гільйотини".

Але я подумав:

— Ах, яка нісенітниця! Хіба він палач? Це ж йому, цьому вартовому чорного трибунала комуни, в моменти великого напруження я складав гімни.

before me.

"Shoot him?"

And she stares at me silently and with sorrowful eyes.

. . . Again in the distant city tower the brass is resounding: the clock strikes. The northern darkness. Into the prince's home come the sounds of the distant cannonade. The telephone report said that our forces had made a counterattack. Through the curtain on the glass doors, one can see the conflagration: the villages are burning, the steppes are burning, the dogs are howling, staring at the flames out of the dark corners of the city gates. In the city, quiet reigns, and the silent chiming of people's hearts.

. . . Dr. Tahabat pressed the button.

Then the butler brings in a tray of old wines. And then he goes away, and his footsteps grow faint and die away on the leopard skins.

I stare at the candelabrum but instinctively my eyes waft toward the place where Dr. Tahabat is sitting with the sentinel. They hold the wine bottles in their hands, drinking greedily, voraciously.

This is the way, I think.

But Andriy strides nervously back and forth, trying to speak up. I know what he is thinking about: he wants to say that this isn't honest, that communists don't do such things, that this is an orgy, etc., etc.

Ah, what a strange person he is, this communist Andriy!

But when Dr. Tahabat threw the empty bottle on the velvet rug and signed his name very legibly under the verdict:

"to be shot"

all of a sudden I was seized by despair. This man, with a wide forehead and white bald skull, with his cold reasoning and a stone in place of his heart—he was my lord whom I could not escape. He was my animal instinct. And I, the chairman of the black tribunal of communism—I was a puppet in his hands, obeying the desires of the fierce animal.

"But where is the solution?"

—Where is the solution?—I could see no solution.

Then in front of my eyes passes the dark history of civilization, and the nations wade, and eras, and time itself . . .

—But I could see no solution!

Really, Dr. Tahabat must be right.

. . . Andriy hurriedly put his hieroglyph under the verdict, and the monster kept staring at the letters with an expression of extreme pleasure.

Then I thought: if the doctor is my evil genius, my evil mind, then the monster is the executioner at the guillotine.

But I thought again: what nonsense! He is no blade! It was to him that I, during moments of great exaltation had sung my hymns.

And then my mother slowly walking, stealing away from me, like a

І тоді відходила, удалялась од мене моя мати — праобраз загірної Марії, і застигала, у тьмі чекаючи.

...Свічі танули. Суворі постаті князя й княгині пропадали в синім тумані цигаркового диму.

...До розстрілу присуджено,

— шість!

Досить! На цю ніч досить!

Татарин знову тягне своє азіятське: "ала-ла-ла". Я дивлюся на портьєру, на заграву в скляних дверях. — Андрюша вже зник. Тагабат і вартовий п'ють старі вина. Я перекидаю через плече мавзер і виходжу з княжого дому. Я йду по пустельних мовчазних вулицях обложеного міста.

Город мертвий. Обивателі знають, що нас за три-чотири дні не буде, що даремні наші контратаки: скоро зариплять наші тачанки в далекий сіверський край. Город причаївся. Тьма.

Темним волохатим силуетом стоїть на сході княжий маєток, тепер — чорний трибунал комуни.

Я повертаюсь і дивлюся туди, і тоді раптом згадую, що шість на моїй совісті.

...Шість на моїй совісті?

Ні, це неправда. Шість сотень,

шість тисяч, шість мільйонів —

тьма на моїй совісті!!

— Тьма?

І я здавлюю голову.

...Але знову переді мною проноситься темна історія цивілізації, і бредуть народи, і віки, і сам час...

Тоді я, знеможений, похиляюсь на паркан, становлюся на коліна й жагуче благословляю той момент, коли я зустрівся з доктором Тагабатом і вартовим із деґенеративною будівлею черепа. Потім повертаюсь і молитовно дивлюся на східній волохатий силует.

...Я гублюсь у переулках. І нарешті виходжу до самотнього домика, де живе моя мати. В дворі пахне м'ятою. За сараєм палахкотять блискавиці й чути гуркіт задушеного грому.

Тьма!

Я йду в кімнату, знимаю мавзера й запалюю свічу.

...Ти спиш?

Але мати не спала.

Вона підходить до мене, бере моє стомлене обличчя в свої сухі долоні й схиляє свою голову на мої груди. Вона знову каже, що я, її м'ятежний син, зовсім замучив себе.

І я чую на своїх руках її хрустальні росинки.

Я:

distant image of the Virgin Mary, loomed in the darkness, waiting.

... The candles were melting. The sullen austere figures of the prince and the princess were disappearing in the blue of the cigarette smoke.

... There were

six

persons sentenced to be shot!

Enough! This is enough for tonight!

The Tatar again sings his Asiatic "ala-la-la."

I look at the curtain on the glass door and at the conflagration seen through it. Andriy is already gone. Tahabat and the sentinel are drinking old wines. I hang my gun on my shoulder and leave the palace. I walk through the deserted sulky streets of the besieged city.

The city is dead. The inhabitants know that in another three or four days we will be gone, that our counterattacks are in vain; very soon our wagons will roll creaking toward the far northern land. The city lurks. Darkness.

Like a dark hairy silhouette the prince's palace looms in the east; now it is the black tribunal of communism.

I turn around and look at it, and then, all of a sudden I remember that I have six people on my conscience.

... Six on my conscience?
No, not six! Six hundred,
six thousand, six million—
infinity on my conscience!

—Infinity?

And I squeeze my head in my hands.

... But again before my eyes passes the dark history of civilization, and the nations wade, and eras, and time itself . . .

Then I, completely exhausted, lean on the fence, kneel down, and from the bottom of my heart I thank God for my meeting with Dr. Tahabat and the sentinel with the degenerate skull structure. Then I turn around and, as though in prayer, stare at the hairy silhouette of the east.

I am lost in the narrow streets. Finally I reach the solitary little house where my mother lives. In the yard there's the smell of mint. Behind the hut in the back yard, lightning flashes and the distant weak thunder may be heard.

Infinity!

I enter the house, take off the gun, and light a candle.

"Are you asleep?"

But mother was awake.

123

— Ах, як я втомився, мамо!

Вона підводить мене до свічі й дивиться на моє зморене обличчя.

Потім становиться біля тусклої лямпади й зажурено дивиться на образ Марії. — Я знаю: моя мати і завтра піде в манастир: їй незносні наші тривоги й хиже навколо.

Але тут же, дійшовши до ліжка, здригнув:

— Хиже навколо? Хіба мати сміє думати так? Так думають тільки версальці!

I тоді, збентежений, запевняю себе, що це неправда, що ніякої матери нема переді мною, що це не більше, як фантом.

— Фантом? — знову здригнув я.

Ні, саме це — неправда! Тут, в тихій кімнаті, моя мати не фантом, а частина мого власного злочинного "я", якому я даю волю. Тут, в глухому закутку, на краю города, я ховаю від гільйотини один кінець своєї душі.

I тоді в твариннім екстазі я заплющую очі, і, як самець на провесні, захлипаюсь і шепочу:

— Кому потрібно знати деталі моїх переживань? Я справжній комунар. Хто посміє сказати інакше? Невже я не маю права відпочити одну хвилину?

Тускло горить лямпада перед образом Марії. Перед лямпадою, як різьблення, стоїть моя зажурна мати. Але я вже нічого не думаю. Мою голову гладить тихий голубий сон.

II

...Наші назад: з позиції на позицію: на фронті — паніка, в тилу — паніка. Мій батальйон напоготові. За два дні я й сам кинусь у гарматний гул. Мій батальйон напідбір: це юні фанатики комуни.

Але зараз я не менше потрібний тут. Я знаю, що таке тил, коли ворог під стінами города. Ці мутні чутки ширяться з кожним днем і, як змії, розповзлись по вулицях. Ці чутки мутять уже гарнізонні роти.

Мені досить:

— Ідуть глухі нарікання.

— Може спалахнути бунт.

Так! Так! Я знаю: може спалахнути бунт, і мої вірні агенти ширяють по заулках, і вже нікуди вміщати цей винний і майже невинний обивательський хлам.

...А канонада все ближче й ближче. Частіш гонці з фронту. Хмарами збирається пил і стоїть над городом, прикриваючи мутне огняне сонце. Зрідка палахкотять блискавиці. Тягнуться обози, кричать тривожно паровики, проносяться кавалеристи.

She comes up to me, takes my tired face in her thin old hands, and rests her head on my chest. Again she says that I, her rebellious son, have tired myself out completely.

And I can feel on my hands her crystal tears.

I speak:

"Oh, how tired I am, mother!"

She leads me toward the candle and looks at my exhausted face.

Then she stands in front of the dim votive lamp and, full of sorrow, stares at the image of the Virgin. —I know: my mother will go to the monastery tomorrow; she cannot stand our alarms and the ferocious surrounding atmosphere.

"Ferocious atmosphere? How can she think like that? Only reactionaries think this way!"

So I, confused, assure myself that this isn't true, that there is no mother in front of me, that this is nothing more than a phantom.

—Phantom? and I jump up again.

No, this is just what is wrong! Here, in this silent room, my mother is not a phantom, but a part of my own criminal being which was set free by me. Here in this dark corner, on the edge of the city, I hide a part of my soul away from the guillotine.

And then I, like an animal in a wild fit, close my eyes and, like a male animal in the springtime, choking, I whisper:

"Who cares about the details of my inner experiences?"

I am a real communist. Who dares to say otherwise? Don't I have the right to rest for a while?

The votive lamp in front of the Virgin's icon burns dimly. In front of it my worried mother stands like a statue. But I stop thinking. My head is caressed by a peaceful, blue dream.

II

Our forces retreat, leaving position after position: panic seizes the front lines as well as the rear. My company is all alert. In two days I too will throw myself into the roar of cannons. My company is well-chosen—these are all young communist fanatics.

But at the present time I am needed here just as much. I know how it is in the rear when the enemy is outside the city's walls. These muddled rumors spread with every day and creep like snakes in all directions along the streets. These rumors agitate even the garrison troops.

I am told that:
there are hidden complaints
and that revolt is possible.

125

Тільки біля чорного трибуналу комуни стоїть гнітюча мовчазність.

Так:

будуть сотні розстрілів, і я остаточно збиваюся з ніг!

Так:

вже чують версальці, як у гулкій і мертвій тиші княжого маєтку над городом спалахують чіткі й короткі постріли; версальці знають:

— штаб Духоніна!

...А ранки цвітуть перламутром і падають вранішні зорі в туман дальнього бору.

...А глуха канонада росте.

Росте передгроззя: скоро буде гроза.

....

...Я входжу в княжий маєток.

Доктор Тагабат і вартовий п'ють вино. Андрюша похмурий сидить у кутку. Потім Андрюша підходить до мене й наївно печально каже:

— Слухай, друже! Отпусти мене!

Я:

— Куди?

Андрюша:

— На фронт. Я більше не можу тут.

Ага! Він більше не може! І в мені раптом спалахнула злість. Нарешті прорвалось. Я довго стримував себе. — Він хоче на фронт? Він хоче подалі від цього чорного брудного діла? Він хоче витерти руки й бути невинним, як голуб? Він мені віддає "своє право" купатися в калюжах крови?

Тоді я кричу:

— Ви забуваєтесь! Чуєте?.. Коли ви ще раз скажете про це, я вас негайно розстріляю.

Доктор Тагабат динамічно:

Так його! так його! — і покотив регіт по пустельних лабіринтах княжих кімнат. — Так його! так його!

Андрюша знітився, зблід і вийшов із кабінету.

Доктор сказав:

— Точка! Я відпочину! Працюй ще ти!

Я:

— Хто на черзі?

— Діло № 282.

Я:

— Ведіть.

Вартовий мовчки, мов автомат, вийшов із кімнати.

(Так, це був незмінний вартовий: не тільки Андрюша — і ми грішили: я й доктор. Ми часто ухилялися доглядати роз-

Oh yes! I know: revolt is possible, and my faithful agents roam around the city's dark streets and by now there is no room in the prisons to take up all this guilty and almost unguilty scum of society.

The thundering of the artillery grows louder and louder. Messengers from the front lines appear more and more often. The dust gathers into clouds which hang above the city, shadowing the muddy, fiery sun. Lightning flashes from time to time. The long columns of wagons drag along, the locomotives emit frightened sounds, the cavalry flees.

Only at the black tribunal of communism the oppressive quiet remains.

Yes:

hundreds are going to be shot, and I am completely exhausted!

The reactionaries hear the clear, short shots bursting in the dead silence of the palace reigning over the city; the reactionaries know that this is General Dukhonin's late staff!

And the mornings bloom like white mother-of-pearl and the stars fall into the fog of the distant forest. The dull cannonade grows louder. The storm is approaching.

. . . .

I enter the palace.

Dr. Tahabat and the sentinel drink wine. Andriy sits in the corner, scowling. Then he comes up to me and speaks in a naive, painful voice:

"Listen, friend! Let me go!"

"Where to?" I ask.

"To the front," says Andriy, "I can't stand it here any longer."

So, he can't stand it here any longer! And anger blows up in me all of a sudden. Finally it is out. I have been holding myself back for a long time. —So he wants to go to the front lines! He wants to be as far away as possible from our dirty business. He wants to wipe his hands and be as pure as a dove. He gives me his privilege to bathe in the puddles of blood.

Then I shout:

"Comrade, you forget yourself! Do you hear me? If you say this once more, I will blow your brains out!"

"That's the way! That's the way!" laughs Dr. Tahabat violently, and his laughter rolls through the empty labyrinths of the palace halls. "That's the way! That's the way!"

Andriy grew confused and pale and then left the room.

"That's enough of that!" the doctor said. "Now I will rest! You go on!"

"Who is the next one?" I asked.

"Case Number 282."

"Bring them in," I said.

стріли. Але він, цей дегенерат, завше був салдатом революції, і тільки тоді йшов із поля, коли танули димки й закопували розстріляних).

...Портьєра роздвинулась, і в мій кабінет увійшло двоє: женщина в траврі й мужчина в пенсне. Вони були остаточно налякані обстановкою: аристократична розкіш, княжі портрети й розгардіяш — порожні пляшки, револьвери й синій цигарковий дим.

Я:

— Ваша фамілія?

— Зет!

— Ваша фамілія?

— Ігрек!

Мужчина зібрав тонкі зблідлі губи і впав у безпардонноплаксивий тон: він просив милости. Женщина втирала платком очі.

Я:

— Де вас забрали?

— Там-то!

— За що вас забрали?

— За те-то!

Ага, у вас було зібрання! Як можуть бути зібрання в такий тривожний час уночі на приватній квартирі?

Ага, ви теософи! Шукаєте правди!.. Нової? Так! Так!.. Хто ж це?.. Христос?.. Ні?.. Інший спаситель світу?.. Так! Так! Вас не задовольняє ні Конфуцій, ні Лаотсе, ні Будда, ні Магомет, ні сам чорт!.. Ага, розумію: треба заповнити порожнє місце...

Я:

— Так по вашому, значить час приходу нового Месії?

Мужчина й женщина:

— Так!

Я:

— Ви гадаєте, о цей психологічний кризис треба спостерігати і в Европі, і в Азії, і по всіх частинах світу?

Мужчина й женщина:

— Так!

Я:

— Так якого ж ви чорта, мать вашу перетак, не зробите цього Месію з "чека"?

Женщина заплакала. Мужчина ще більше зблід. Суворі портрети князя й княгині похмуро дивились із стін. Доносилась канонада й тривожні гудки з вокзалу. Ворожий панцерник насідає на наші станції — передають у телефон. З гóрода долітає гамір: грохотали по мостовій тачанки.

...Мужчина впав на коліна й просив милости. Я з силою штовхнув його ногою — і він розкинувся горілиць.

The sentinel left the room silently, like a robot.

(Yes, he was irreplaceable, this sentinel. Not only Andriy sinned sometimes, but also the doctor and I. We very often failed to supervise the executions. But he, this monster, always remained a soldier of the revolution, and he used to leave the execution place only when the last of the smoke dispersed and when the bodies were being buried.)

... The curtain parted and two persons entered: a woman in a black mourning veil, and a man with glasses. They were apparently completely frightened by the interior: the aristocratic luxury, the portraits of the prince's family, and the clutter: empty bottles, pistols, and the blue cigarette smoke.

I speak: "Your name?"

"Z."

"And your name?"

"Y."

The man's thin lips grew pale and his voice soft and full of tears: he asked for mercy. The woman was drying her eyes with a handkerchief.

I speak: "Where were you taken?"

"In such and such a place!"

"For what?"

"For this and this!"

Oh! So you were at a meeting! Don't you know that there should be no meetings in such a dangerous time, at night, in somebody's home?

Oh, so you are theosophists! You search for truth! ... For new truth? ... Oh, yes! ... Well, where is it? ... In Christ? ... No? ... In some other saviour? ... Oh, yes! You are not satisfied with Confucius, nor with Lao-tse, nor with Buddha, nor with Mohammed, nor with the devil himself! Yes, I understand: the vacuum has to be filled.

I speak again: "So you think that now is the time for the new Messiah to come, eh?"

The man and woman: "Yes!"

I speak: "You think that this psychological crisis is everywhere—in Asia, and in Europe, and in all other parts of the world?"

The man and the woman: "Yes!"

I speak: "So why the hell, you sons of bitches, don't you find this your Messiah in *Cheka*?"

The woman started to cry. The man grew even paler.

The stern portraits of the prince and the princess stared frowning down from the walls. The artillery firing could be heard, together with the alarming whistling from the railroad station. The telephone reports that the enemy's armored train is attacking our station. From the city comes the noise of wagons thundering over the bridge.

... The man fell on his knees begging for mercy. I pushed him with my foot and he sprawled upon the floor.

129

Женщина приложила травр до скроні і в розпуці похилилася на стіл.

Женщина сказала глухо й мертво:

— Слухайте, я мати трьох дітей!..

Я:

— Розстріляти!

Вмить підскочив вартовий, і через півхвилини в кабінеті нікого не було.

Тоді я підійшов до столу, налив із графіна вина й залпом випив. Потім положив на холодне чоло руку й сказав:

— Далі!

Увійшов дегенерат. Він радить мені одложити діла й розібрати позачергову справу:

— тільки-но привели з ґорода нову групу версальців, здається, всі черниці, вони на ринку вели одверту агітацію проти комуни.

Я входив у ролю. Туман стояв перед очима, і я був в тім стані, який можна кваліфікувати, як надзвичайний екстаз.

Я гадаю, що в такім стані фанатики йшли на священну війну.

Я підійшов до вікна й сказав:

— Ведіть!

...В кабінет увалився цілий натовп черниць. Я цього не бачив, але я це відчував. Я дивився на ґород. Вечоріло. — Я довго не повертався, я смакував: всіх їх через дві години не буде! — Вечоріло. — І знову передгрозові блискавиці різали краєвид. На дальшому обрію за цегельнею підводились димки. Версальці насідали люто й яро — це передають у телефон. На пустельних трактах зрідка виростають обози й поспішно відступають на північ. В степу стоять, як дальні багатирі, кавалерійські сторожеві загони.

Тривога.

В городі крамниці забиті. Город мертвий і йде в дику середньовічну даль. На небі виростають зорі й проливають на землю зелене болотняне світло. Потім гаснуть, пропадають.

Але мені треба спішити! За моєю спиною група черниць! Ну да, мені треба спішити: в підвалі битком набито.

Я рішуче повертаюсь і хочу сказати безвихідне:

— роз-стрі-лять!..

. . . .

але я повертаюсь і бачу — прямо переді мною стоїть моя мати, моя печальна мати, з очима Марії.

Я в тривозі метнувся в бік: що це — галюцинація? Я в

The woman pressed the black veil to her temples and stooped over the table in despair.

She said in a deep dead voice:

"Listen, I am a mother of three children! . . ."

"Shoot them!" I say.

The sentinel jumped up and in a few seconds my office was empty.

Then I went up to the table, filled my glass with wine and hastily gulped it down. Then I put my hand on my cold forehead and said:

"Next one!"

The monster entered. He says I should stop my regular cases and investigate an exceptionally important one. He says that they have just brought in a group of reactionaries, all nuns: yesterday they were demonstrating in the city, preaching against communism.

I assumed my role. Haze was covering my eyes, and I was in a state of ecstasy. I think that the Christian fanatics fought the Crusades in such a state.

I went to the window and said:

"Bring them in!"

> . . . A whole crowd of nuns filled my office. But I did not see nor feel this. I was looking at the city. It was getting dark.— I did not turn around for a long while, enjoying the thought: in a couple of hours they will all cease to exist! —It was getting dark.— And again lightning flashes, foreboding storm. On the far horizon behind the brickyard the smoke rises slowly. The reactionaries press violently and fiercely, as the telephone reports. On the desert roads, wagon caravans appear from time to time, retreating toward the north. In the steppe the cavalry guard regiments wait, like legendary ancient heroes. Alarm! The shop windows in the city are nailed up with boards. The city is dead, disappearing in the savage time of the Middle Ages. The stars grow on the sky, pouring onto the ground their green muddy light. Then they die out, disappear.

But I must hurry! I have a whole mob of nuns behind my back! Yes, I have to hurry: the cellars are full up.

I turn around, determined and ready to say the inexorable:

"Shoot them!" . . .

. . . .

but as I turn around, I see—just before my eyes—my mother, my suffering mother, with her eyes of the Virgin Mary.

I jumped aside in consternation: what is this? Hallucination? I jumped aside in consternation and shouted:

тривозі метнувся в бік і скрикнув:

— Ти?

I чую з натовпу женщин зажурне:

— Сину! мій м'ятежний сину!

Я почуваю, що от-от упаду. Мені дурно, я схопився рукою за крісло й похилився.

Але в той же момент регіт грохотом покотився, бухнувся об стелю й пропав. То доктор Тагабат:

— "Мамо"?! Ах ти, чортова кукло! Сісі захотів? "Мамо"?!

Я вмить опам'ятався й схопився рукою за мавзер.

— Чорт! — і кинувся на доктора.

Але той холодно подивився на мене й сказав:

— Ну, ну, тихше, зраднику комуни! Зумій розправитись і з "мамою" (він підкреслив "з мамою"), як умів розправлятися з іншими.

I мовчки одійшов.

...Я остовпів. Блідий, майже мертвий, стояв я перед мовчазним натовпом черниць із розгубленими очима, як зацькований вовк. (Це я бачив у гігантське трюмо, що висіло напроти).

Так! — схопили нарешті й другий кінець моєї душі! Вже не піду я на край города злочинно ховати себе. I тепер я маю одно тільки право:

— нікому, ніколи й нічого не говорити, як розкололось моє власне "я".

I я голови не загубив.

Мислі різали мій мозок. Що я мушу робити? Невже я, салдат революції, схиблю в цей відповідальний момент? Невже я покину чати й ганебно зраджу комуну?

...Я здавив щелепи, похмуро подивився на матір і сказав різко:

— Всіх у підвал. Я зараз буду тут.

Але не встиг я цього промовити, як знову кабінет задрижав од реготу.

Тоді я повернувся до доктора й кинув чітко:

— Докторе Тагабат! Ви, очевидно, забули, з ким маєте діло? Чи не хочете й ви в штаб Духовіна... з цією сволоччю! — я махнув рукою в той бік, де стояла моя мати, і мовчки вийшов із кабінету.

...Я за собою нічого не почув.

....

...Від маєтку я пішов, мов п'яний, в нікуди по сутінках передгрозового душного вечора. Канонада росла. Знову спалахували димки над дальньою цегельнею.

"You?"

Out of the crowd I can hear the sorrowful:

"My son! My rebellious son!"

I feel that I am going to faint any minute. I feel dizzy, I grabbed the back of the chair and stooped toward the ground.

But at this moment a wave of laughter burst toward the ceiling and disappeared. This is Dr. Tahabat.

—"Mama?!" Oh, you lousy bastard! "You want pee-pee? Mama?!"

I took hold of myself and grabbed my gun.

"The hell with you!" —and I jumped at the doctor.

But he looked at me calmly and said:

"Steady, steady, you traitor to communism! Why don't you do with your "mom" (and he distinctly said "mom") what you did with the others?"

I turned around silently.

. . . I was stupefied. Pale, almost dead, I stood in front of the crowd of nuns, confused and derided. (I could see myself in the huge mirror hanging in front of me.)

. . . Yes!—they have finally gotten hold of the other part of my soul! I shall never hide myself again like a criminal in the outskirts of the city! I have only one right left:

—*not to say anything to anybody about how "my being" was split in two.*

And I did not lose my head.

Thoughts were cutting my brain. What must I do? Is it possible that I, a soldier of the revolution, will yield in this responsible moment? Is it possible that I will leave my post and become a shameless traitor to communism?

I bit my teeth, looked at my mother with a sullen look, and said harshly:

"Put them all in the cellar. I will stay here for a while."

But as soon as I said that, the room again shook with laughter.

Then I turned around and said clearly to the doctor:

"Dr. Tahabat! You apparently have forgotten with whom you are dealing. Or maybe you too want to join General Dukhonin's late staff . . . together with this trash!" —I gestured with my hand in the direction where my mother stood and left the room without saying a word.

There was silence behind my back.

. . . .

. . . I was walking into nowhere, away from the palace, strolling along like a drunk through the shadows of the evening stuffy before storm. The artillery grew louder. The smoke was

За курганом грохотали панцерники: то йшла між ними рішуча дуель. Ворожі полки яро насідали на інсургентів. Пахло розстрілами.

Я йшов у нікуди. Повз мене проходили обози, пролітали кавалеристи, грохотали по мостовій тачанки. Город стояв у пилу, і вечір не розрядив заряду передгроззя.

Я йшов у нікуди. Без мисли, з тупою пустотою, з важкою вагою на своїх погорблених плечах.

Я йшов у нікуди.

III

...Так, це були неможливі хвилини. Це була мука. — Але я вже знав, як я зроблю.

Я знав і тоді, коли покинув маєток. Інакше я не вийшов би так швидко з кабінету.

...Ну да, я мушу бути послідовним!

...І цілу ніч я розбирав діла.

Тоді на протязі кількох темних годин періодично спалахували короткі й чіткі постріли:

— я, главковерх чорного трибуналу комуни, виконував свої обов'язки перед революцією.

...І хіба то моя вина, що образ моєї матери не покидав мене в цю ніч ні на хвилину?

Хіба то моя вина?

. . . .

...В обід прийшов Андрюша й кинув похмуро:

— Слухай! Дозволь її випустити!

Я:

— Кого?

— Твою матір!

Я:

(мовчу).

Потім почуваю, що мені до болю хочеться сміятись. Я не витримую й регочу на всі кімнати.

Андрюша суворо дивиться на мене. Його рішуче не можна пізнати.

— Слухай. Навіщо ця мелодрама?

Мій наївний Андрюша хотів бути на цей раз проникливим. Але він помилився.

Я (грубо):

— Провалівай!

Андрюша й на цей раз зблід.

Ах, цей наївний комунар остаточно нічого не розуміє.

134

rising again above the distant brick kilns. Behind the mound, the armored trains thundered: a decisive duel was taking place. The enemy forces were fiercely fighting the insurgents. There was a smell of execution.

I was walking into nowhere. Nearby the columns were dragging, the cavalry was fleeing, the wagons were thundering over the bridge. The city was smothering in the dust, and the evening did not shoot off the ammunition of the oncoming storm.

I was walking into nowhere. Without thoughts, with dull vacuity, with a heavy weight on my stooping shoulders.

I was walking into nowhere.

III

. . . Yes, those were impossible moments. That was a torture!—But I knew what I was going to do.

I knew this even at the time I left the palace. Otherwise I wouldn't have left it that fast.

. . . Well, I have to be consistent!

. . . So I worked all night.

Then for a few dark hours the short clear shots flashed periodically:

—I, the chairman of the black tribunal of communism, was carrying out the duties entrusted to me by the revolution.

. . . Was it my fault, then, that the image of my mother did not leave me that night, not for one moment?

Was it my fault?

. . . .

. . . During dinner time Andriy came to me and said gloomily:

"Listen! Release her!"

"Whom?" I asked.

"Your mother!"

I don't say anything. Then I feel that I have a tremendous urge to laugh. I can't hold myself back any longer and I burst out with laughter, filling all the rooms with it.

Andriy stares at me very coldly. I cannot recognize him at all.

"Listen. Why this melodramatic situation?"

My naive Andriy wanted to be very penetrating this time. But he was wrong.

I speak very roughly:

"Beat it!"

Andriy grew pale this time too.

135

Він буквально не знає, навіщо ця безглузда, звіряча жорстокість. Він нічого не бачить за моїм холодним дерев'яним обличчям.

Я:

— Дзвони в телефон! Узнай, де ворог!

Андрюша:

— Слухай!..

Я:

— Дзвони в телефон! Узнай, де ворог!

В цей момент над маєтком пронісся з шипотінням снаряд і недалеко розірвався. Забрязчали вікна, і луна пішла по гулких порожніх княжих кімнатах.

В трубку передають: версальці насідають, вже близько: за три верстви. Козачі роз'їзди показалися біля станції: інсургенти відступають. — Кричить дальній вокзальний ріжок.

...Андрюша вскочив. За ним і я.

...Куріли далі. Знову спалахували дими на горизонті. Над городом хмарою стояв пил. Сонце-мідь, і неба не видно. Тільки горова мутна курява мчала над далеким небосхилом. Здіймалися з дороги фантастичні хуртовини, бігли у височінь, розрізали простори, перелітали оселі й знову мчали й мчали. Стояло мов зачароване передгроззя.

...А тут бухкали гармати. Летіли кавалеристи. Відходили на північ тачанки, обози.

...Я забув про все. Я нічого не чув і — сам не пам'ятаю, як попав до підвалу.

Із дзвоном розірвалася біля мене шрапнеля, і на дворі стало порожньо. Я підійшов до дверей і тільки-но хотів зиркнути в невеличке віконце, де сиділа моя мати, як хтось узяв мене за руку. Я повернувся —

— дегенерат.

— От так стража! Всі повтікали!.. хі... хі...

Я:

— Ви?

Він:

— Я? О, я! — і постукав пальцем по дверях.

Так, це був вірний пес революції. Він стоятиме на чатах і не під таким огнем! Пам'ятаю, я подумав тоді:

— "це сторож моєї душі" і без мисли побрів на міські пустирі.

....

...А над вечір південну частину околиці було захоплено. Мусили йти на північ, залишити ґород. Проте інсургентам дано наказа задержатись до ночі, і вони стійко вмирали на валах, на підступах, на роздоріжжях і в мовчазних закутках підворотень.

Oh, this naive communist—he just does not understand anything. He literally does not know what this absurd, animal-like cruelty is for. He cannot see anything behind my cold and wooden face.

I speak:

"Ring them up! Find out where the enemy is!"

Andriy:

"Listen! . . ."

I:

"Ring them up! Find out where the enemy is!"

At the moment I said that, a hissing artillery shell whizzed over the palace and exploded nearby. The windows rattled and the noise echoed through the empty resonant rooms.

Over the telephone they say that the reactionaries are close, only about two miles away. The Cossack scouts have reached the station: the insurgents retreat. —The distant whistle in the station calls for help.

. . . Andriy ran out. I followed him.

. . . The whole expanse was reeking. Again the smoke was exploding over the horizon. Above the city there was a cloud of dust. The sun was the color of copper, and one could not see the sky. Only far away, high above, the turbid cloud of dust was spreading with great speed. The dust phantoms rose up from the roads into the firmament, invaded the pure space, flew over the villages, and galloped in the distance. The atmosphere of oncoming storm waited as if hypnotized.

. . . Around us the shells thudded. Cavalry was fleeing. Columns of wagons were retreating to the north.

. . . I forgot about everything. I did not hear anything, and I don't know how I got to the cellar.

Like a bell, shrapnel exploded behind my back, and emptiness and silence ensued. I went to the door, and as I tried to look into the cell through the small door-window to see if my mother was there, I felt somebody touch my hand. I turned around.

—It was the monster.

"Look at those guards," he laughed— "they all ran away."

"And you?" I said.

He said:

"Me? Oh, I stay here!" and he tapped with his finger on the door.

Yes, this was the faithful watch dog of the revolution. He will always remain at his post, even under stronger fire. I remember how at that moment a thought flashed through my mind:

—"he is the guard of my soul" and without thinking any more, I dragged myself into the empty city.

. . . .

. . . But toward evening the southern part of the city was taken. We

137

...Але що ж я?

...Ішла спішна евакуація, ішла чітка перестрілка, і я остаточно збивався з ніг!

Палили документи. Одправляли партії заложників. Брали решту контрибуцій...

...Я остаточно збивався з ніг!

...Але раптом виринало обличчя моєї матери, і я знову чув зажурний і впертий голос.

Я одкидаю волосся й поширеними очима дивився на міську башту. І знову вечоріло, і знову на півдні горіли оселі.

...Чорний трибунал комуни збирається до побігу. Навантажують підводи, бредуть обози, поспішають натовпи на північ. Тільки наш самотній панцерник завмирає в глибині бору й затримує з правого флангу ворожі полки.

...Андрюша десь ізник. Доктор Тагабат спокійно сидить на канапі й п'є вино. Він мовчки стежить за моїми наказами й зрідка іронічно поглядає на портрет князя. Але цей погляд я відчуваю саме на собі, і він мене нервує й непокоїть.

...Сонце зайшло. Конає вечір. Надходить ніч. На валах ідуть перебіжки, і одноманітно відбиває кулемет. Пустельні княжі кімнати завмерли в чеканні.

Я дивлюся на доктора й не виношу цього погляду в древній портрет.

Я різко кажу:

— Докторе Тагабат! через годину я мушу ліквідувати останню партію засуджених. Я мушу прийняти отряд.

Тоді він іронічно й байдуже:

— Ну, і що ж? Добре!

Я хвилююсь, але доктор єхидно дивиться на мене й усміхається. — О, він, безперечно, розуміє, в чому справа! Це ж у цій партії засуджених моя мати.

Я:

— Будь ласка, покиньте кімнату!

Доктор:

— Ну, і що ж? Добре!

Тоді я не витримую й шаленію:

— Докторе Тагабат! Останній раз попереджаю: не жартуйте зі мною!

Але голос мій зривається, і мені булькає в горлі. Я пориваюся схопити мавзера й тут же прикінчити з доктором, але я раптом почуваю себе жалким, нікчемним і пізнаю, що від мене відходять рештки волі. Я сідаю на канапу й жалібно, як побитий безсилий пес, дивлюся на Тагабата.

...Але йдуть хвилини. Треба вирушати.

Я знову беру себе в руку і в останній раз дивлюся на надменний портрет княгині.

Тьма.

have to retreat to the north and to leave the city. But the insurgents were given orders to hold the city until the night came and they were dying heroically on the earthworks, in the tunnels, on crossroads and in silent corners of the city gates.

... But what about me?

... We were evacuating very hastily, amid the clear whistling of bullets. I was tiring myself out completely! Documents were burning, the hostages were being shipped away. The ransacking of the city was continuing.

... I was tiring myself out completely!

... But suddenly my mother's face would appear in my eyes and I could hear again the worried, persistent voice. I push my hair back and with wide-opened eyes stare at the city tower. It was getting dark again, and the villages were still burning.

... The black tribunal of communism is getting ready for the flight. The wagons are being loaded, some of them pull away, the crowds are pushing to the north. Only our single armored train is slowly dying in the depth of the forest, holding back the right flank of the enemy's forces.

... Andriy disappeared somewhere. Dr. Tahabat sits leisurely on the couch, drinking wine. He silently watches what I do, and from time to time glances ironically at the prince's portrait. But I can feel this same kind of look on my body and this makes me nervous and disturbed.

... The sun went down. The evening is dying. Night is approaching. On the earthworks, rifle shots and machine guns rattle monotonously. The deserted rooms of the palace look dead, as if waiting for something.

I look at the doctor and I cannot stand the way he stares at the portrait of the prince.

I speak harshly:

"Dr. Tahabat! In another hour I have to execute the last party of the condemned. I have to take charge of the company."

Then he says indifferently and ironically:

"Well? All right!"

I am nervous, but the doctor looks at me with an obsequious smile on his face. —Oh, he certainly understands what this is all about! My mother is in this last party.

I speak:

"Leave the room, please!"

The doctor:

"Well! All right."

Then I lose control of myself and blurt out:

"Dr. Tahabat! I remind you for the last time; do not joke with me!"

But my voice breaks down and my throat bubbles with words. I want to grab my gun and finish with the doctor, but all of a sudden I feel very pitiable and worthless, and I understand that the rest of my will power is leaving me. I sit down on the couch like a dog who has been

... — Конвой!

Вартовий увійшов і доложив:

— Партію вивели. Розстріл призначено за містом: початок бору.

...Із-за дальніх отрогів виринав місяць. Потім плив по тихих голубих потоках, одкидаючи лимонні бризки. Опівночі пронизав зеніт і зупинився над безоднею.

...В го́роді стояла енергійна перестрілка.

...Ми йшли по північній дорозі.

Я ніколи не забуду цієї мовчазної процесії — темного натовпу на розстріл.

Позаду рипіли тачанки.

Авангардом — конвойні комунари, далі — натовп черниць; в ар'єргарді — я, ще конвойні комунари й доктор Тагабат.

...Але ми напали на справжніх версальців: за всю дорогу жодна черниця не промовила жодного слова. Це були щирі фанатички.

Я йшов по дорозі, як тоді — в нікуди, а збоку мене брели сторожі моєї душі: доктор і дегенерат. Я дивився в натовп, але я там нічого не бачив.

Зате я відчував:

— там ішла моя мати з похиленою головою. Я відчував: пахне м'ятою.

Я гладив її милу голову з нальотом сріблястої сивини.

Але раптом переді мною виростала загірна даль. Тоді мені знову до болю хотілося впасти на коліна й молитовно дивитися на волохатий силует чорного трибуналу комуни.

...Я здавив голову й ішов по мертвій дорозі, а позаду мене рипіли тачанки.

....

Я раптом відкинувсь: що це? галюцинація? Невже це голос моєї матери?

І знову я пізнаю себе нікчемною людиною й пізнаю: десь під серцем нудить. І не ридати, а плакати дрібненькими сльозами хотілось мені — так, як в дитинстві, на теплих грудях.

І спалахнуло:

— Невже я веду її на розстріл?

Що це: дійсність чи галюцинація?

Але це була дійсність: справжня життьова дійсність — хижа й жорстока, як зграя голодних вовків. Це була дійсність безвихідна, неминуча, як сама смерть.

...Але, може, це помилка?

beaten, and look at Tahabat.

. . . But time flies. I have to go.

I take hold of myself again and look for the last time at the lofty-aired portrait of the princess.

Darkness.

"Guard!" I shout.

The sentinel entered and reported: —They have taken them out. The execution will take place outside the city: at the edge of the woods.

The moon emerged from behind the distant foothills. It floated on the quiet blue waters, splashing with lemon-like squirts of waves. At midnight she punctured the zenith and hung over the abyss.

. . . There was heavy firing in the city.

. . . We were walking on the north road.

I shall never forget this murky procession—this dark crowd of people doomed to die.

Behind my back the wagons were creaking.

The front consisted of our guards. Then came the party of nuns; I was in the rear with some more guards and Dr. Tahabat.

. . . But we have come across some real reactionaries: during the whole walk, not one of the nuns opened her mouth. They are real fanatics.

I was walking, like the other time, into nowhere; at either side of me the guardians of my soul are walking: the doctor and the monster. I was looking at the crowd of nuns but I could see nothing there.

But I felt:

—my mother was walking there with a bowed head. I could sense the smell of mint. I caressed her beloved head covered with silver hair.

But suddenly I could see before me the untouchable distance. Then I had a desire to fall on my knees again and pray to the black tribunal of communism.

I squeezed my head in my hands and walked the dead road. Behind my back the wagons were creaking.

. . . .

But what is this, a hallucination? All of a sudden I heard a voice. Is this the voice of my mother?

And again I know that I am a contemptible person, and there is an unpleasant feeling inside my breast. And I did not want to cry, but just to shed my tears, as in my childhood, on somebody's warm chest.

Then I burst out:

"Am I going to have her shot?

What is this: reality or a dream?"

But this was reality: true reality of life—fierce and ravenous, like a

141

Може, треба інакше зробити?

Ах, це ж боюнство, легкодухість. Єсть же певне життьове правило: errare humanum est. Чого ж тобі? Помиляйся! і помиляйся саме так, а не так!.. І які можуть бути помилки?

Воістину: це була дійсність, як зграя голодних вовків. Але це була й єдина дорога до загірних озір невідомої прекрасної комуни.

...І тоді я горів в огні фанатизму й чітко відбивав кроки по північній дорозі.

...Мовчазна процесія підходила до бору. Я не пам'ятаю, як розставляли черниць, я пам'ятаю:

до мене підійшов доктор і положив мені руку на плече:

— Ваша мати там! Робіть, що хочете!

Я подивився:

— з натовпу виділилася постать і тихо самотно пішла на узлісся.

...Місяць стояв у зеніті й висів над безоднею. Далі відходила в зелено-лимонну безвість мертва дорога. Праворуч маячив сторожевий загін мойого батальйону. І в цей момент над ґородом знявся рясний огонь — перестрілка знову била тривогу. То відходили інсургенти, — то помітив ворог. — Збоку розірвався снаряд.

...Я вийняв із кобури мавзера й поспішно пішов до самотної постати. І тоді ж, пам'ятаю, спалахнули короткі огні: так кінчали з черницями.

І тоді ж пам'ятаю —

збоку вдарив у тривогу наш панцерник. — Загудів ліс. Метнувся вогонь — раз,

            два —

                  і ще — удар! удар!

...Напирають ворожі полки. Треба спішити. Ах, треба спішити!

Але я йду і йду, а одинока постать моєї матери все там же. Вона стоїть, звівши руки, і зажурно дивиться на мене. Я поспішаю на це зачароване неможливе узлісся, а одинока постать усе там же, все там же.

Навкруги — пусто. Тільки місяць ллє зелений світ з пронизаного зеніту. Я держу в руці мавзера, але моя рука слабіє, і я от-от заплачу дрібненькими сльозами, як у дитинстві на теплих грудях. Я пориваюся крикнути:

— Мати! Кажу тобі: іди до мене! Я мушу вбити тебе.

І ріже мій мозок невеселий голос. Я знову чую, як мати говорить, що я (її м'ятежний син) зовсім замучив себе.

...Що це? Невже знову галюцинація?

Я відкидаю голову.

pack of hungry wolves. This was reality without solution, inescapable like death itself.

   . . . But maybe this is a mistake?

   Maybe I should not do it?

  But this is cowardice, the result of being uncertain. There is a rule in life: *errare humanum est.* So what do you care? Make mistakes! and make this mistake and not that one! . . . there are no mistakes!

  Truly, this was reality, like a pack of hungry wolves. But this was the only way to the distant untouchable lakes of the beautiful unknown communism.

  . . . And then I was full of the fanatic fire and my footsteps thundered on the northern road.

  . . . The silent procession reached the forest. I don't remember where they took the nuns; I only remember:

   how the doctor came up to me and put his hand on my shoulder:

    "Your mother is there! Do what you want!"

   I looked in the direction of the nuns: a lonely figure departed from the crowd and walked toward the forest.

  . . . The moon hung over the abyss in the zenith of the sky. The dead road was slowly escaping into the lemon-green distance. On my right stood the guard platoon of my company. And at that moment the city lighted up with heavy firing—the bullets were again sounding the alarm. The enemy has noticed the retreat of the insurgents.

  A shell exploded nearby.

  . . . I took the pistol out of its case and ran up to the lonely figure. And I remember how then the night lit up with short bright shots: the nuns were being shot.

  And I also remember:

   out of the woods our armored train sounded the alarm. The forest moaned. The fire flashed—once,

    twice—

   and again, and again!

  The enemy is approaching. I have to hurry. Oh, I have to hurry!

  And I walk, and walk, and the solitary figure of my mother remains on the same spot. She stands with uplifted arms staring at me with a worried look. I hurry toward that incredible charmed place, and the solitary figure remains always in the same place.

  There is no one around. Only the moon sheds its green light from the punctured sky. I hold my gun in my hand, but my hand grows weak, and I have a feeling that I will start crying soon, as in my childhood, on somebody's warm chest. I want to shout:

  —Mother! Come here, I tell you! I have to kill you.

  And my brain is being sliced by the sorrowful voice. I can hear again my mother say that I (her rebellious son) have tired myself out completely.

Так, це була галюцинація: я давно вже стояв на порожнім узліссі напроти своєї матери й дивився на неї.

Вона мовчала.

...Панцерник заревів у бору. Здіймались огні. Ішла гроза. Ворог пішов у атаку. Інсургенти відходять.

...Тоді я у млості, охоплений пожаром якоїсь неможливої радости, закинув руку на шию своєї матери й притиснув її голову до своїх грудей. Потім підвів мавзера й нажав спуск на скроню.

Як зрізаний колос, похилилася вона не мене.

Я положив її на землю й дико озирнувся. — Навкруги було порожньо. Тільки збоку темніли теплі трупи черниць. — Недалеко грохотали орудія.

...Я заложив руку в кишеню й тут же згадав, що в княжих покоях я щось забув.

"От дурень!" — подумав я.

...Потім скинувся:

— де ж люди?

Ну-да, мені треба спішити до свого батальйону! — І я кинувся на дорогу.

Але не зробив я й трьох кроків, як щось мене зупинило.

Я здригнув і побіг до трупу матери.

Я став перед ним на коліна й пильно вдивлявся в обличчя. Але воно було мертве. По щоці, пам'ятаю, текла темним струменем кров.

Тоді я звів цю безвихідну голову й пожадливо впився устами в білий лоб. — Тьма.

І раптом чую:

— Ну, комунаре, підводься! Пора до батальйону!

Я зиркнув і побачив:

— переді мною знову стояв дегенерат.

Ага, я зараз. Я зараз. Так, мені давно пора! — Тоді я поправив ремінь свого мавзера й знову кинувся на дорогу.

...В степу, як дальні богатирі, стояли кінні інсургенти. Я біг туди, здавивши голову.

...Ішла гроза. Десь пробивалися досвітні пляни. Тихо вмирав місяць у пронизаному зеніті. З заходу насувалися хмари. Ішла чітка, рясна перестрілка.

...Я зупинився серед мертвого степу:

— там, в дальній безвісті, невідомо горіли тихі озера загірної комуни.

. . . What is this? Is this hallucination again?

I throw my head back.

Yes, this was hallucination: I have been standing all this time on the edge of the forest, facing my mother and looking at her:

She was silent.

. . . The armored train bellowed in the woods.

The flowers became brighter. Storm was approaching. The enemy attacked. The insurgents are retreating.

. . . Then I, not knowing what I was doing, seized by a strange fit of happiness, put my arm around my mother's neck and pressed her head to my chest. Then I brought my gun to her temple and pulled the trigger.

She leaned on me like a cut stalk of grain. I put her on the ground and looked around in consternation. —There was no one around. Only the black warm bodies of the nuns were lying nearby. —Not far away the cannons were pounding.

. . . I put my hand in my pocket and remembered that I had forgotten something in the palace.

What an idiot I am, I thought.

. . . Then I remembered:

—where are the people?

"I have to hurry, to catch up with my company," and I turned around.

But I have hardly taken a step when I feel something stopping me.

I stopped and ran back to my mother's body.

I knelt down and looked at her face with great care. But she was dead. I remember the dark streak of blood on her face.

Then I lifted this head which I could not make alive again and greedily pressed my lips on her white forehead. —Darkness.

And then, all of a sudden, I hear:

"Well, communist, get up! Time to go!"

I turned around quickly and saw:

The monster standing again before my eyes.

"Oh, just a moment! Just a moment! Yes, I am late!" —Then I adjusted my belt and started walking.

. . . In the steppe, like those legendary ancient heroes, the insurgent cavalry was waiting. I ran toward them, holding my head in my hands.

. . . Storm was roaring. The flecks of dawn grew in some places. The moon was dying strangely in the punctured sky. Clouds were coming from the west. The shots were numerous and clear.

· ·

I stopped in the dead steppe:

—there, in the far somewhere, the quiet lakes of the unreachable communism of distant mountains were burning quietly.

— Translated by G. Tarnawsky

ГРИГОРІЙ КОСИНКА

Темна ніч

Смеркало. Кущами Щербачкової ліщини, обережно розмовляючи, крались сіре-чорною смугою постаті озброєних людей.

— Ой, які нетри!

— Так ти, Савко, оце аж сюди комунара привів?

Мовчки, рішуче йдуть; хтось ядовито посміхнувся, вилаявся на ліщину, що шльоґнула його по обличчі, поправив на плечі рушницю й ритмічно ступав у такт за своїми товаришами.

— А він, кажеш, сидить і жде... Паски?

Мовчать.

Під ногами шелестить листя, хрускає ломаччя.

— Партійники?..

А якийсь злий голос:

— Побачиш... Ой, щирий, як коняка: карточка партійна ще з 12-го року...

Сміх.

Підходить до садка, що розкинувся он на горбах, вище калини, і манячить назустріч своїм зелено-сизим листом:

— Цс-сс, тихо, хлопці... Треба пропуск, а то кривий чорт угатить.

З кущів калини почувся нервовий голос:

— "Огарок"?

І легко стукнула об корч рушниця.

— "Іскра"!

Басом покотилась луна до калини.

— Ну, що?.. Сидить?

— Ага... не признається, хто з наших там?

— Гадиянова душа!..

— Тихо, ради Бога!

Замовкли. Обережно цокнули затвори, заскрипіла в клуні фіртка...

— Спиш, товаришу? Хі-хі! Свіже сінце...

— Ведіть його до хати. Так, значить... А ти, Кузьма, постав вартового і... розумієш, ні — телень!

— Слухаю, зараз...

— Ну, до хати!

HRYHORIY KOSYNKA

Black Night

Night was coming. Through the underbrush of Shcherbachok's hazel grove stole a grey-black line of armed men. They talked in cautious undertones.

"Oh, what a jungle!"

"So, Savko, you brought that communist all the way here?"

Silently, resolutely they walked on. Someone smiled venomously, cursed a hazel branch that slapped him across the face, readjusted the rifle on his shoulder and fell back into the rhythmic gait of his companions.

"You say he sits there and waits . . . for Easter?"

Silence.

Leaves rustled and twigs crunched under their feet.

"He's a party man?"

And someone's angry voice: "You'll see. —Oh, he's a real one: his party card dates way back to 1912."

Laughter.

They came to an orchard which had spread over the hill, above the guelder rose, and beckoned a welcome with gray green leaves.

"Sh-h-h, quiet, boys. Let's give the password or we'll have the devil to pay."

A nervous voice came from among the guelder rose bushes.

"Ember?"

And a rifle lightly grazed the branches.

"Spark."

The bass voice rolled echoing to the guelder rose.

"Well, what? Is he there?"

"Aha. He isn't saying if any of ours are in it with him?"

"A snake in the grass!"

"Quiet, for God's sake."

They fell silent. The bolt rattled cautiously and the barn door creaked open.

"You're asleep, friend? Ha, ha. On the fresh hay . . ."

"Take him to the house. Well, this is it. You, Kuzma, put up a guard and—you understand—no noise."

"Yes sir. I'll do it immediately."

"Well, let's go in."

Сріблистим листом поклонився явір коло порога, як вели в невідому хату невідомого чоловіка на весілля смерти криваве...

Поклонився й зажурено зашелестів.

— Сідай, Байденко, так, здається, тебе величають? Гостем нашим будеш — погуляємо по-козацьки, товаришу!

— Ха-ха-ха!

На комині затанцював од сміху лойовий каганець, а на лаві засвітились засмалені лоби й тінями великими одбились по білих стінах хати постаті людські...

...Врізалось у пам'ять — "ой, брате-брате, та де тебе взяти"...

— Хі-хі!

— Ти ж кажеш нам, товаришу, що ти канівський?

— Значить, українець, хоч і продажний...

— Галько, чарку й до чарки!

Злякано метнулась молодиця по хаті, затарахкотіла ложками, перегнулась коло печі... Потім до чоловіка:

— Печеню чи капусту?

— Капусту.

На столі стояла четвертина мутного, як березовий сік, самогону. Хазяїн хати, Конрад Щербачок, здоровий, білобрисий чоловік, стояв тут-же коло столу й поважно різав скибами хліб.

Його очі кожного разу, коли він клав скибу на стіл, зустрічались з поглядом невідомого йому чоловіка, що сьогодні вранці так гарно говорив на сході...

— Чудний якийсь чоловік, кумедний, — думав собі Щербачок, — очі горять, а видно людей не бачить... Хоч і комуніст...

Крутнув головою:

— Внеси ще, Галько, огірків.

Молодиця швиденько витерла полумисок, накинула кохту, коли з печі:

— Ма-м-о-о, я боюся! Ой!..

— Чого ти, Митька? Я зараз вернуся. От дурень, тато ж у хаті...

— Криво посміхнулась і — майнула з хати.

Злякано оглянувся на піч Байденко, привітно, але з невідомою страшною мукою на обличчі, подивився пильно на Митьку, і з очей покотилися рясні-рясні сльози...

— Журишся, товаришу?!

Мовчить і шепче щось собі:

— Ех, приборкали нашу волю... Тліє душа, болить... Смерть, Саша, смерть...

Коло порога стояли з рушницями; на лаві ж сиділи в чорних шинелях, заряджали "нагана"... і балакали, як про-

The sycamore near the door bowed with its silvery leaves as they led the stranger into a strange house for a bloody wedding with death.

The tree bowed and rustled worriedly.

"Sit down, Baydenko, is that how you're called? You'll be our guest. We'll dance a cossack's dance, comrade."

"Ha, ha, ha."

The flame of the candle on the wood stove danced with laughter, it caught the gleam of sunburnt foreheads along the bench and lengthened human forms into giant shadows on the white walls of the room.

"The song's old chorus comes to mind: 'Oh, brother, where will I find you?'"

"Ha, ha, ha."

"You're telling us, friend, you're from Kaniv?"

"So you're a Ukrainian, although a traitor."

"Halka, let's have something to drink and eat."

Startled, a woman darted across the room, rattled some spoons, bent over the stove, then asked her husband:

"The roast or the cabbage stew?"

"The cabbage."

A large bottle of moonshine, cloudy as the sap of a birch, was placed on the table. The host, Conrad Shcherbachok, a robust, towhaired man, stood nearby and gravely cut thick slices of bread.

Each time he laid a slice on the table, his eyes met the gaze of the stranger who had spoken so well this morning at the village meeting.

"A strange man, funny like," Shcherbachok thought to himself. "His eyes blaze, yet they don't see anyone. Even if he's a communist . . ."

He turned his head.

"Halka, bring some pickles."

The woman quickly wiped a plate and put on her coat, when from the chimney a voice said, "Mother, I'm scared. Oh."

"What's the matter with you, Mytka? I'll be back soon. You're silly. Father's here."

Baydenko, startled, looked around toward the wood stove. His eyes were friendly, but his face revealed a strange, terrible suffering. He looked intently at the boy and tears rolled down his cheeks.

"You're worried, comrade?"

He didn't answer but whispered to himself: "Oh, they've tamed the will. The soul rots, hurts. Death, Sasha, death."

Men armed with rifles stood by the door; on the bench men in black greatcoats loaded a revolver and talked . . . about a Bolshevik soldier from Tula and how he had begged before his death.

"He unbuttoned his tunic, the red blood seeped out. He had a copper cross on his chest . . . Ha, ha."

"What are you whispering, dear comrade? Maybe you think this is a

сився перед смертю якийсь тульський солдат-большевик.

— Розстебнув гімнастьорку, червона юшка тече... І на грудях мідний хрест... Хі-хі!

— Що ти, товаришу дорогий, шепчеш: може, думаєш, пристріт, то пройде? Ой, ні — це не пристріт, — а боротьба: ми, як ти казав на сході, "вороги"...

— А наша партія, товаришу, "темна ніч"... Але вечерять просимо й ворогів: знай нашу добрість козацьку, — ти ж українець!

Блиснули очима, посміхнулись про себе й почали залазити за стіл; Байденка посадили на покутті, як почесного гостя й промовляли-приказували за кожною чаркою, покіль не підпились.

— Пий, "товаришу", бо далека дорога стелиться перед тобою...

— В Ясинове!

— В Ясинове!

— Пий, напивайся, пісні співай, бо на наше весілля йдеш... І пили й — сміялися...

Пив і Байденко; маленькою біленькою чашечкою з голубами на кінцях, як воду, пив мутний самогон, пив і закусував, а з очей капали рясні сльози, коли підводив голову на піч до білявенького хлопчика.

— Ну, скажи нам, — питали Байденка, — чи віриш та в свою всесвітню революцію, за яку кладеш зараз голову?

Посміхався, як з давніми приятелями.

— Вірю.

Гострі, завзяті очі спалахнули під засмаленими лобами, впилися в обличчя Байденка й одбивали своїм блиском-огнем одно невеличке, страшне слово — смерть...

— А скажи, товаришу, ти великий трус?

І весело одповідав він: "ні".

Далі підвівся, але дужа рука Щербачка посадила його на своє місце:

— Жди, тобі твоє буде...

Байденко:

— Востаннє, товариші, дайте подивитись мені на того білявенького хлопчика, що на печі, бо він так похожий на мого Сашу, як вилитий.

Слухали.

— Хай каже... Цікаво, як п'яний... Хі-хі!

А він під образами, блідий, як стіна, але гордий, — переборов жах — так, так, він не просить собі життя, ні, він...

— Я знаю, сьогоднішній день для мене — останній день, і — я хочу, отой білявенький хлопчик...

Клацнули скивиці... На настільнику змішалась із кришками хліба червона кров.

nightmare, that it will pass? Oh, no, it's not a nightmare. It's a struggle. We, as you said at the village meeting, are the enemy."

"And our party, comrade, is 'The Black Night.' —Yet, we even ask our enemies to sup, so you should know our cossack goodness—after all, you're a Ukrainian."

Their eyes flashed, they smirked and began climbing behind the table. They sat Baydenko at the head as the guest of honor, and they talked and joked after each toast until they were slightly drunk.

"Drink, 'comrade,' because a long journey lies before you."

"To Jasyniv."

"Drink, get drunk, sing songs, because you're going to our wedding."

And they drank and laughed.

Baydenko drank too, from a small white cup trimmed with doves around the edges, drank the cloudy moonshine like water, drank and ate, and tears rolled down his cheeks whenever he raised his head and looked at the fair-haired boy on the wood stove.

"Well, tell us," they asked Baydenko, "do you believe in your worldwide revolution for which you are about to lay down your head?"

He grinned as if they were his life-long friends.

"I believe in it."

The sharp, determined eyes blazed under the sunburnt foreheads; they devoured Baydenko's face and in their flickering flames he could read one, not very long but terrible word—death.

"And tell us, friend, are you a coward?"

He smiled and said, "No."

Then he stood up, but Shcherbachok's large hand sat him down again.

"Wait, you'll get yours in due time."

Baydenko replied, "Let me look at that fair-haired boy on the wood stove. He's so like my Sasha, a twin."

They listened.

"Let him talk. It will be interesting how a drunk . . . ha, ha."

And Baydenko, white as a sheet but still proud, sat under the icons and overcame his sorrow. No, he would not beg for his life. No, he would . . .

"I know that today is my last day and I want—that little fair-haired boy . . .

The pistol cocked and on the tablecloth the red blood mixed with the bread crumbs. And so very sharply, the song's familiar refrain came back, "Oh, brother, brother, where am I to find you?"

"You loathsome beast. Spewing out ideas. You wanted to infect the boy with your communism?"

Their eyes were red-rimmed and bleary with alcohol. The evil, cruel gleam of a wild beast dances in the pupils.

І гостро-гостро врізалось у пам'ять: "ой, брате, брате, та де тебе взяти?"

— Ги-ги! Гад рябочервий, коники викидає!

— Хлопчика... білявенького... Комуну щепить будеш?!

Червоні од самогону очі гостей посоловіли; знай жорстокий огник звіря хижого затанцював на чоловічках...

— В Ясинове — прикладами!

Вийшли з хати гості.

І вдруге ще нижче поклонився сріблястим листом явір коло порога, як вели в темряву ночі невідомого чоловіка на весілля смерти криваве...

Поклонився й зажурено зашелестів.

"To Jasyniv, on rifle butts."

The guests left the house. Once again and even lower, the sycamore bowed with its silvery leaves as they pushed the stranger into the dark night for a bloody wedding with death.

The tree bowed and rustled worriedly.

— Translated by A. Savage

ГРИГОРІЙ КОСИНКА

В житах

Це все було просто до дрібниць: і я, і заспаний ранок, і сивий степ. Я пам'ятаю хороше тільки ранок: заплаканий у росах, молодий, і трохи засоромлений сонцем, що смутне купалося у стрижні.

— Ну, ну... вже й цілуватися лізе!

Кажу це до сонця, бо воно безцеремонно грається волосинками на моїй нозі, любовно оглядає забрьохану колошу на штанях і сміється з мене крильцями бджіл: "дізік, дізік"...

— Дізік?!

Я починаю сердитись, бо що таке — "дізік"? Дізік — страшне для мене слово, бо воно нагадує мені про дійсність, раз, а друге, в нашій революційній термінології це є дезертир, а я, товариші, саме до них і належав!

Маєте:

— Коли, думаю, сонце починає шукати дезертирів — до села не піду, небезпечно (такий наш звичай дезертирський), а просто собі леведами, благо ще неділя сьогодні — сплять, в жита.

Так і постановив; леведи манять мене зрадливо вербами, городи пахнуть полином, м'ятою, але мій вірний товариш — жита.

Ляжу в долині, де тліє під сонцем Гордина могила, а передо мною стовповий шлях, Гнилище, Чорносливка, далі...

— В жита!

...Одкраснувались — наливаються через тиждень-другий — копи, а зараз догоряють; у мене почали дзвонити коси, серпи, а важкий колос схилявся до землі, — але в цю хвилину старий чорногуз поважно пройшов травою до болота, поклонився на всі чотири сторони, піймав необережну жабу і під глухий клекіт сполохав на ставищі дику качку.

— От, дурна жаба, правда?

Це моє слово до японського одрізана, але після цього я рішуче встаю, підкочую колоші і сміюся до своїх ніг, а вони ж у мене міцні, рівні, сильні (волоссям обросли, а мені баба казала: то — сила); заглядаю у стрижень: там теж до мене посміхаються сірі, гарні очі, розпатланий чуб горить на сонці та визирає ще дитяче обличчя Корнія Дізіка.

HRYHORIY KOSYNKA

In the Grainfields

It was all so extraordinarily simple: myself, the morning drowsy with sleep and the gray steppe. I remember vividly only the daybreak, drenched in dew, young and gently blushing in the presence of the sun, which woefully bathed in the hollows of the river.

"Well, look now . . . it's already begging for a kiss!"

I say this to the sun which shamelessly caresses the hairs of my legs, casts loving gazes over my soiled trousers and teases me with the buzzing of bees, —dizzik, dizzik . . .

"Dizzik?"

I begin to grow irritated, because, after all, what does "dizzik" mean? Dizzik is a frightening word for me. First, because it reminds me of reality and secondly, because according to our revolutionary terminology it stands for deserter, and I comrades, was one of them!

So there you are.

"If the sun is already beginning to search out the deserters, then I will not go to the village, for that is dangerous (such is the custom of deserters). Fortunately, it is Sunday today; everybody is resting, so I will go straight through the meadows—into the grainfields."

That is what I decided. The meadows beckon to me treacherously with their willows, the gardens smell deliciously of wormwood, mint, but my one and only faithful friend is—the grainfields.

I lie down in a valley where Hordyn's mound smoulders beneath the sun; in front of me stretches the paved road, Hnylyshche, Chornoslyvka, and then . . . —into the grainfields!

They have already adorned themselves and in a week or two they will be stacked up in sheaves, but now they are ripening and filling out. I began to hear the ringing of scythes and sickles and the heavy ear of grain bent down to the earth, but at that moment an old stork pompously crossed over the grass to the swamp, bowed in all four directions and snatched a careless frog, whose muffled gurgling startled a wild duck on the water.

"Well now, that's a stupid frog!"

That's my comment to my Japanese shotgun; then I resolutely stand up, roll up my pant legs and grin at my legs for they are sturdy, straight and powerful (they are overgrown with hair and, as my grandmother used to say, that is a sign of strength); I look into the river hollows and there, too, handsome gray eyes smile at me; in the sunlight there shimmers a dishevelled mop of hair and from beneath it peeks the still boyish face of

Показую йому кулака й ловлю зором слід чорногуза.

— Треба рушать! Поснідать би не вадило.

Але пригадаю, що коли в селі побачить салдат зелену сорочку, спокійно прицілюється з рушниці, наче в суху вербу, і вигукує, стріляючи з ляку: "стой, ні-с-мєста!"

Правда, це буває дуже рідко, бо ми, дезертири — народ бойовий, а ходимо обережно, особливо вечорами; засиніло — село наше, а ранок — жита обминаємо. Рішив не снідать, хіба можна до служби Божої хоч рисочку до рота брати?!

...Коп'ях сіна підсмикав; підбив ногами (хай слід затреться), уважно оглянув свою "японочку" — засунув її за пасок штанів, картуз на очі, а стежкою чорногуза — жита.

Не пішов, а поплив... Бо мені не привикать до одноманітного ритму хлібів, і степ для мене знайомий, як і моя "японочка": хвилюється ранками, дзвонить хвилями в обіди, а вечорами, коли догоряють жита, лягає спать.

Іду знайомими стежками: широкий Розділ зустріне мене пшеницями, Темник привітає житами, а коло Гординої могили — крайкована синіми льонами плахта з вівса, ячменю і п'яних гречок.

Все так просто, ясно, і раптом:

— Чого це курить стовповий шлях?

Лягаю. Японка косо дивиться на дорогу, мої нерви приймають пісні поля і, здається, починають підспівувати сами; десь над ухом б'ється крильцями джміль, гуде, розсотує нерви, і мені до болю хочеться піймати його і задавить...

Ще пильніше вдивляюся на закурену дорогу, "кавалерія, кавалерія" проноситься іскрою думка, гасне на синьому льону і твердо рішає — "убити двох, трьох, а тоді що буде... Застрелиться".

Але мимоволі кладу за обніжок голову, засовую босі ноги в жито, виправляюсь тілом і жду, мої нерви уже не співають, а тільки дзвонять тихо — "дзінь, дзінь!..."

Думаю:

— Копит горить під сонцем, — багатий їде...

За півгоней від мене, спиняючи ристю сивого коня, проїхав гнилищанський багач Дзюба, і жито передало його голосну, трохи чваньковиту розмову:

— Ого-го, брат! Житомирська губерня повна тепер ними, служить не хоче в комуні, а все льогкі хліба подавай!...

А другий на возі:

— Комісарами хотять бути?

— Комісарами?! Хай чортом буде! А то як ніч, — з винтовкою до вікна йде: "дайош!..."

Сіра смуга піску, білий копит коня, а за ними моє непереможне бажання вистрілити, але пам'ятаю наказ отамана Гострого — "не вилазь і не стріляй", дивлюся на жилавий

Korniy Dizzik.

I clench my fist at him and try to keep in sight the trail of the stork.

"Time to move on! It wouldn't hurt to have some breakfast either
..."

But I remind myself that a soldier catching sight of a green shirt in a village calmly takes aim with his rifle as if shooting at a dried willow, and bellows, shooting from fright, "Stop! Don't move!"

True, this happens rarely because we deserters are hardy people and we move cautiously, especially at night. When the sky turns dark—the village is ours; at daybreak we bypass the grainfields. I decided not to have breakfast; after all, how can one put even the smallest morsel into one's mouth before Mass?

I tidied up the heap of hay, stamped it with my feet (to erase the trail), carefully inspected my little Jap gun and fastened it behind my pant belt, cap pulled over forehead, along the path of the stork—into the grainfields.

I didn't walk but floated ... I certainly didn't have to grow accustomed to the rhythmic swaying of the grain, and I know the steppe like my little Jap gun: in the mornings it undulates in soft ripples, at noon it cascades in a rush of chimes and at night, when the stalks are ripening, it lulls itself to sleep.

I follow familiar paths: expansive Rozdil will greet me with wheat fields, Temnyk will welcome me with rye, and near Hordyn's mound—there is a belt of flax around a robe woven of oats, barley and carousing buckwheat.

Everything is so simple, clear, when suddenly:

"Why is there dust rising from the road?"

I lie low. My Jap gun peers crookedly at the road, my nerves embrace the melodies of the field and it seems they are beginning to sing softly too; somewhere above my ear a bumble bee vibrates its wings, buzzes and irritates my nerves and I desperately want to grab it and crush it ...

Even more diligently I study the dust-clouded road— "cavalry— cavalry"— the thought flashes through my mind, dimly flickers in the blue flax and firmly decides —"to kill two, three, and then what—kill myself."

Yet in spite of myself I pull my head away from the furrow, slide my bare feet into the rye, and my body tense in readiness, I wait, my nerves no longer sing but only tinkle softly— "dzing, dzing ..."

I think:

"The hoofs reflect the sun's light—a rich man must be coming ..."

Half a field away, driving his horse at a trot, the wealthy man Dzyuba from Hnylyshche passed by me and the rye communicated his loud, rather boastful conversation:

"Oho ho, brother! The Zhytomyr province is now filled with them; they don't want to work in the commune but are always asking for free bread ..."

Another on the wagon says:

"Do they want to be commissars?"

"Commissars?! May the devil take him. When night falls it is he who

деревій під обніжком, де лапками заплуталась і бореться у медовнику бджола, посміхаюсь, та лізу в густий льон.

— Хай буде й так...

Дзінь, Дзюба, дзінь... Це дзвонить степ на обід; мене од голоду починає ссати під ложечкою і я, щоб заспокоїти його, мимоволі думаю про Дзюбу:

— Мабуть добре поснідав? Подумаєш, герой який знайшовся: "комісарами хотять бути?" А хоч би й комісарами?.. Ні, Гострому цього сказати не можна... Уб'є...

Передо мною проходить житами тінь розстріляного на городі Дзюби комуніста Матвія Киянчука, і мені чогось до болю робиться сумно:

— Дзінь...

> Я на бочкє сижу,
> Под бочкою качка,
> Мой муж — большовик,
> А я — гайдамачка!

І підморгне! Молодець був Матвій, коли вели його...

— Дзінь...

Про комісарів я не думаю, Гострий може одвести вночі й мене купатись до стрижня, а все-таки мені цікаво: "хто вони такі?"

Степ зустрічає низькими поклонами пашні вітер, а він проходить полями — теплий, ніжний, смикає за вуса горду пшеницю, моргає до вівса й довго, довго цілує кучеряві голови гречок — п'є меди степові.

Я киваю йому головою своє "не знаю", сам хочу думати про Киянчука, але якимсь напруженням волі встаю і зразу ж присідаю, бо на дорозі майорить під вітром червона хустка (я із свого логва бачу тільки хустку); китиці, мов пучки калини, торкають колоски, вони кокетливо посміхаються до сонця, а вітер схоплюється у мене над головою маленьким вихром і танцює.

— Плювати мені тепер на Гострого! Іду назустріч, може хоч пиріжка дасть, коли не з нашого села... Дезертирові все можна! Ачхи, кучерява!

— Ой, злякається... З неділею, куди йдеш?! — не сказав, — тільки подумав: "невже Уляна?"

Я од здивування підсунув на лоба картуз, — "що ж буде далі?"

Стояла ж передо мною справжня Уляна, а з нею стояла обора панська і шість волів у плузі — орали степ колись...

Степова дичка — запалена, засмажена, а очі — два жучки... Воду носила.

— Здрастуй! — і стала.

— Здорова будь, Уляно! хотів посміхнутись і не міг; вона

158

comes up to the window with a rifle: Hand it over!"

The gray strip of sand, the white hoof of the horse and after them stretches my unbearable desire to shoot, but I remember commander Hostry's order— "don't come out and don't shoot." I look at a veiny yarrow where a bee has entangled its tendrils and is squirming in the sap. I grin and creep into the dense flax.

"Let it be . . ."

Dzing, Dzuyba, dzing . . . The steppe is ringing out for lunch. I have a gnawing hunger in my stomach and to soothe it I force myself to think about Dzyuba:

"Most likely he had an excellent breakfast! You'd think a new hero had been found: "so they want to be commissars?" And even if they really should want to be commissars? . . . No, you can't say that to Hostry . . . He will kill you . . ."

In front of me, through the grainfields there passes the shadow of the communist Matviy Kiyanchuk, executed in Dzyuba's backyard, and for some strange reason I grow painfully sad.

Dzing.

> On a barrel I sit,
> Beneath it a duck,
> My husband's a bolshevik,
> And I – a haydamak![1]

And he winks! He was brave as they led him away . . .

Dzing.

I don't think about the commissar's rank. Hostry can even take me swimming with him at night in the river hollows, but I'd still like to know— "who are they?"

With sweeping bows the steppe greets the breeze from the hay which then blows across the fields, warm and gentle. It tweaks the proud wheat by its whiskers, winks at the oats and then for a long time kisses the curly heads of the buckwheat—and sips the liqueurs of the steppe.

I shrug my "don't know" at him; I really want to think about Kiyanchuk but with a sudden burst of will I stand up only to quickly duck again, for on the road there appears a red kerchief, blowing in the wind (from my hiding place I can only see the kerchief); little flowers, clustered like cranberries, brush against the grain spikes; they coquettishly smile at the sun, and the wind rises impetuously and dances in a whirlwind above my head.

"Now I can spit on Hostry! I'll go to meet her; maybe she'll at least give me a small bun, if she's not from our village . . . Deserters are allowed everything. Maybe she'll even have curly hair!"

"Oh, will she ever become frightened . . ." I didn't say "and where are you off to on this day of rest?" —instead, I thought— "can it really be Ulyana?"

I pushed my cap back in surprise. "What will happen now?"

---

[1] *Haydamak*: A peasant anarchist rebel.

довго дивилась на мене, видно думала, а коли її око впало на моє дране коліно, де спокійно лазила божа корівка — соромливо засміялась, тільки губи якось по-дитячому затремтіли, на колосок покотилась непомітно сльоза... Сині очі питали мене:

— Хіба ти, Корнію, забув ясла коло чорного вола "Зоряна"?.. А коли цілував мої очі — на сміх показував через вибитий сучок зорю, — казав: "вони похожі на неї, правда, Улясю?"...

Я простяг руку, але не знав, з чого почати розмову, і якось по-дурному спитав її: "Тебе, Уляно, тепер і не впізнать"... І тихо впало на дорогу її слово:

— Змінилася.

А далі я просто не пам'ятаю, що сталося: вона зайнялася, двонулась до мене і глухо крикнула:

— Які вороги ми... Ні, Корнію, нам не так треба! Ходім, сядемо.

Я сп'янів... Не знаю, що питав у неї, і що казала вона мені, а тільки пам'ятаю, як буйно захвилювались жита, затремтів від радости льон і гарячий вітер припав грудьми до землі.

Колоски слухали:

— Ти й досі такий славний, Корнію... хочеш цілувати? Цілуй, хай хоч один день буде наш!

І гладила рукою мій чуб, а його розчісували уже другий рік дощі, сніги і дике вовче дезертирське життя...

Вона сміялася:

— Хіба ти не знаєш мого Дзюби? То, Корнію, зуби чортові, а не Дзюби!

Я поклав голову на її коліна і слухав, бо це була загублена в житах моя доля:

— У мене так наче пісню хто списав — "тільки й мала мати три сини й три дочки"...

Я боявся сліз і п'яно запитував Уляну:

— Правда, тепер наливаються жита? А в нас: скоро в бір підемо, — життя панське, а голод собачий — прийдеться грабить. День іде і смерти ждеш: товаришів у вас багато?

... — Ех, Корінію! Наливаються... Стій, скажений, не рви!

Я бачив на тонких поділках Уляни гарно вишиту "жидівку", на пазусі — кленове листя, і все кругом було п'яне, а червона хустка зайнялася й горіла степом од краю до краю!

— Улясю... Тепер мені нічого не страшно!

— Мила Улясю...

Шептали колоски, а вона соромливо підсмикала хвартух, кидала мені морелі і боязко, з тихою журбою, нагадувала: "піду до матері, це ж він поїхав до волости заложником, а то ж нікуди не пускає"...

160

There she stood before me—the real Ulyana, and behind her stood the master's plough and six harnessed oxen—once upon a time they used to plough the steppe.

A wild creature of the steppe—enflamed, sunburnt, and her eyes—two restless beetles . . . She was carrying water.

"Greetings!" —and she stopped.

"How do you do, Ulyana!" —I wanted to smile but I couldn't; she stared for a long while at me, evidently thinking, and when her gaze fell upon my tattered pant knee where a stag beetle was contentedly crawling—she shyly began to laugh, only her lips trembled somehow in a childlike way and, unnoticed, along a stem of rye, there rolled a tear . . .

Her blue eyes questioned me:

"Can it really be, Korniy, that you have forgotten the manger near the black ox Zoryan? . . . And how, when you used to kiss my eyes—you would jokingly point out a star through a knothole in the wood, saying 'Your eyes are like the stars, aren't they, Ulyassya?'."

I stretched out my arm but I didn't know where to begin talking and I stupidly told her: "You've changed a great deal, Ulyana." . . . And her answer fell dimly to the ground.

"Yes, I've changed."

And then I simply don't remember what happened. She blushed and rushed excitedly towards me, crying mutely.

"We are such enemies . . . No, Korniy, that's not for us! Come, let's sit down."

I grew delirious . . . I don't remember what I asked her nor what she told me; I only remember how the grainfields swelled in torrents of waves, how the flax quivered in joy and how the feverish wind fell to embrace the earth.

"You are still the same charmer, Korniy . . . Do you want to kiss me? Kiss me then and at least this one day will be ours!"

And she caressed my tousled hair which for two years only rain and snow and a savage deserter's life had combed . . .

She was laughing:

"Do you know my Dzyuba? He's got a devil's soul, not a man's."

I rested my head in her lap and listened, for this was my destiny—lost amidst the grainfields.

It was as if someone within me was composing a song— "the mother had only three sons and three daughters . . . ."

I felt tears welling up inside me and I frantically kept asking Ulyana:

"It's true, isn't it, that the grain is ripening? We will soon be going into the forest—that's a luxurious life, and when animal hunger strikes, then we will plunder. The day passes by and you wait in readiness for death: do you have many volunteers?"

"Yes, Korniy. They keep growing . . . Stop, you raving fool, don't pull!"

I saw—on the narrow hem of Ulyana's beautifully embroidered bodice—maple leaves, and all around me the world was wildly spinning and her red kerchief caught on fire and blazed across the vast expanse of the steppe.

Барю Уляну й у двадцятий раз, а може востаннє запитую кленове листя:

— І досі любиш?

Льон заморгав:

— Ой, безстиднику, хоч би не питав! Любиш? перекривила й додала: — проковтни морелю, а потім попрощаємось, — тихо поцілувала, рвонула льону горстку й очі були сині, сині — мов льон, а хустка гасла.

— Прощай, Корнію!

Далі по-старому повела бровою, моргнула й засміялась:

— Наливаються жита... Більш не треба, прощай! — Поклонилась низько на шляху і покотилась зеленими вівсами у веселу Чорносливку до матері.

— Дзінь...

Дзвони, степе! Я довго лежу й слухаю, як дзвонить у такт дзвонів степу моє серце; лізе божа корівка, беру її ніжно на руку й запитую: "хочеш на коліна, до сонця?"

— Можна. Так, берись лапками за штани, далі... дурна, падаєш? А я, по-твоєму, як держуся? Але ти не знаєш, ні, ти не знаєш, що я, Корній Дізік, п'яний сьогодні в житах, а?

— П'яні жита, розступіться! Плювать на смерть, Гострого, — я співать хочу, чуєш, степе?!

Ой, що ж бо то та за ворон...

———

І горить передо мною ще й досі Гордина могила під сонцем, червона хустка Уляни і я, коли згадую своє дезертирське життя...

Питаєте про Матвія Киянчука? Розкажу, але не зараз, бо в житах загубилася моя доля, і мені хочеться плакати, мов дитині, або співати, як співають старі, коли згадують молодість, а я ще хочу співати!

"Ulyassya . . . Now nothing can frighten me!"

"Dear Ulyassya . . ."

The rye stalks whispered to each other as she shyly tucked up her apron and threw apricots to me timidly, with silent sorrow, she reminded me: "I'll go to my mother; since he drove to the country as a hostage, usually he doesn't let me out of his sight . . ."

I kept detaining Ulyana and for the twentieth and perhaps last time I ask the maple leaves:

"Do you still love me?"

The flax winked:

"Oh shame! How can you dare ask such a question— 'Do you love me?' she mimicked and added: "Here, eat the apricot, and then we'll part." And she quietly kissed me, snatched a handful of flax and her eyes were blue, blue—like the flax, and her kerchief flickered dimly.

"Good bye, Korniy!"

And then in her old way she arched her eyebrows, winked and laughed:

"The grains are ripening . . . That's enough for us; good bye!" She bowed low on the path and rushed through the green current of oats into the gay Chornoslyvka to her mother.

Dzing.

"Ring out, steppe!"

I lie for a long time and listen to my heart beating to the rhythm of the steppe's bells; a stag beetle crawls by and I tenderly take it into my hand and ask: "Do you want to sit in my lap and sun yourself?"

"You may. Like this. Hold onto my pants with your feelers . . . slipped again, stupid? And how, in your opinion, do you think I hold on? But you don't know, do you, that I, Korniy Dizzik, am today deliriously lost in the grainfields, eh!"

Drunken grainfields, I command you to make way! I spit on death, on Hostry—I want to sing, do you hear that, steppe?

Oh, what raven is this . . . .

———————

And even now, when I remember my deserter's way of life, I see, blazing before me, Hordyn's mound beneath the sun, Ulyana's red kerchief and myself . . .

You ask about Matviy Kiyanchuk? I will tell you all about him, but not now, for my destiny has lost its way amidst the grainfields, and I want to cry like a child, or sing as only old men sing when they recall their youth, and I still want to sing!

— Translated by R. Bahrij-Pikulyk

ЮРІЙ ЯНОВСЬКИЙ

Шаланда в морі

Трамонтан дмухав з берега, був місяць січень чи лютий, море замерзло на сотню метрів, на морі розходилися хвилі, на обрії вони були чорні з білими гривами, добігали до берега навпроти вітру, вітер збивав з них білі шапки. Коло берега кригу розбив штормок, а все показувало, що незабаром ревтиме й справжній штормило, на березі стояла стара Половчиха, одежа на ній віялась, мов на кам'яній, вона була висока та строга, як у пісні.

Одесу видко по другій бік морської затоки, це місто обдував трамотан, воно височіло на березі, мов кістяк старої шхуни, з якої знято паруси, лагодять на неї мотор чи парову машину. Одеса переживала чергову морську зиму, вітри всіх напрямків не минали її, тумани з моря заходили часом, мокрі, густі сірі тумани. От і тепер туман насунувся раптом з моря й закрив Одесу. Половчиха стояла нерухомо, обіч поралися коло шаланд на березі рибалки з артілі, море виштовхувало на землю шматки криги, холод проймав до кісток, трамонтан дмухав широкою, рівною зливою. Була надморська зима, зимовий туман, за його запоною гримів уже серед моря шторм, докочуючи хвилі дужчі й вищі, засвітився одеський маяк, смуги червоні й зелені, промені червоні й зелені.

Половчиха, вирядивши в море чоловіка, виглядала його шаланду, її серце обдував трамонтан, її серце ладне було вискочити з грудей, а з моря йшли холод та гуркіт, море зажерливо ревло, схопивши її Мусія. Вона не показувала перед морем страху, вона мовчки стояла на березі — висока й строга, їй здавалося, що вона — маяк невгасимої сили.

"Ой, пішов ти в море, Мусієчку, — говорила вона мовчки, — та й слід твій солона вода змила. Та коли б я знала та добачала, я б той слідок долонями прогортала та до берега тебе покликала. Ой, подми, вітре-трамонтане, оджени в море негоду та оджени й тумани, а я стоятиму тут самотня до краю, і хоч би з мене дерево стало, то я б усіма вітами над морем махала й листям би шуміла".

І після довгих віків показалась шаланда в морі, ледве мріла вона серед хвиль, надовго ховалася за водяними горбами, з'являлася на хвильку і впірнала, мов у безодню. Вона

YURIY YANOVSKY

A Boat in the Sea

The wind blew from the coast. It was the month of January, or perhaps February. The sea was frozen for a hundred meters out, the waves crashed against each other; on the horizon they were black with white crests, but as they rushed toward the shore the oncoming wind knocked their white caps off. The wind shattered the ice near the shore; it was clear that a real storm would roar soon. On the shore stood old Polovchykha, her clothes whipped around her as though she were made of stone; she stood tall and stern as if in song.

Odessa was visible on the other side of the bay. The city was being swept by the wind; it towered above the shore like the skeleton of some old schooner, stripped of her sails and being readied for a motor or a steam engine. Odessa was living through another winter by the sea; winds from all directions descended upon her; sometimes sea fogs crept in from the water, wet, thick, gray fogs. Even now a fog moved in suddenly and blanketed the city. Polovchykha stood motionless; nearby, fishermen from the fishermen's cooperative worked on the boats while the sea hurtled pieces of ice upon the shore, the cold pierced to the bone and the wind blew across a sheet of torrential rain. It was a winter by the sea; behind the wintry fog a real storm was thundering over the water, rolling in waves increasingly mightier and higher. The light in the Odessa lighthouse went on, casting red and green beams, red and green rays.

Polovchykha, having seen her husband off to sea, was awaiting his return. Her heart, ready to spring from her breast, was chilled by the wind. Only cold and noise came from the sea, a sea that was bellowing greedily, having snatched her Musiy. She showed no fear of the sea; she stood silently on the shore, tall and stern—it seemed to her she was a lighthouse of inextinguishable strength.

"O, you went to sea, my darling Musiy," she wept silently, "and the salty water obliterated your track. If I had known or surmised, I would have swept that track clean with my palms and called you back to the shore. O, blow wind, drive off the bad weather and dispel the fog, and I shall stand here alone until the end, and even if I were to turn into a tree, I would wave all my branches toward the sea and I would rustle all my leaves."

And after long ages, a boat appeared on the sea. It was hardly visible among the waves; for long moments it vanished behind the hills of water; it appeared for an instant and then plunged back, as if into an abyss. It fought with the storm breast to breast while the waves clamored on the

билася з штормом груди в груди, а на березі лише шерхіт хвиль, і страшно глянути на шаланду, як людина — самотня вона серед водяних гір. Розгойдує її море, кидає через хвилі, прошиває нею хвилі, холодні бризки печуть вогнем, примерзає до тіла мокра одежа, тільки ж — не піддається рибалка, Мусій з чужим чоловіком б'ються до берега!

Стара Половчиха не зводила з них очей, її серце було з шаландою, на березі гомоніли рибалки з Мусійової артілі, з селища бігли діти до моря. На березі виріс натовп, осторонь стояла стара степовичка Половчиха, вона мужньо дивилася на боротьбу її чоловіка, туман кублився над морем, був лютий холод.

"Гребуть, — сказав хтось, — та хіба допоможеш їм у такий шторм?" Молодші рибалки кинулися до шаланд, їм заступили дорогу старші, — "не дурійте, хлопці, шаланди загинуть, і вас краби поїдять, артіль наша бідна, голова артілі Мусій Половець, він нам за шаланди голови поодриває, коли живий випливе".

Стара Половчиха побачила, як зламалося весло, бо шаланда стала кружляти, на очах у всього берега двічі обкрутилася на місці, її вдарила одна хвиля, її штовхнула друга, підкинула, повернула, посуда пішла під воду. Рибалки тоді кинулися до шаланд, посунули до моря "Ластівку" — гордість цілої артілі, сіло четверо велетнів, піднялися в повітря весла, щоб одразу вискочити на хвилю, на лахмату, височенну хвилю. "Ластівку" звалило набік, купа криги вдарила її по обшивці, вона ринула через борт, рибалки опинилися у воді, стали рятувати "Ластівку". Хвиля збивала їх докупи, крига ранила їм голови, вони вчепилися в "Ластівку", з берега кинули їм кінець із зашморгом, вони прив'язали його до човна й витягли "Ластівку" на берег.

На хвилях видно було Мусійову шаланду, вона блукала догори кілем, натовп рибалок поздіймав шапки, і в цей час побачили у морі помах людської руки. Хтось плив серед крижаного моря, плив до берега, плив наввимашки, рівно вигрібав руками, його хвиля відносила назад у море, назад у морський туман. Він простував до берега.

Наперед вийшов велетень-рибалка, він ніс жмут мотуззя і вихилив склянку спирту, поліз у воду, одразу став синій, а на березі розмотували кінець, і велетень плив назустріч людині в морі. Його била крига, та він виплив на чисте, за ним волочилася мотузка, а людина вже зовсім конала серед хвиль, вона лежала на спині, її кидало на всі боки, велетень-рибалка плив і плив.

Та вийшло, що людина не гинула, вона од холоду втратила була свідомість і почала, очунявши, щосили вигрібатися до берега. Зустріч відбулася серед хвиль, і плавці довго не

shore, and it was frightening to look at the boat, so like a person, alone in the mountainous water. The sea was swaying it, hurtling it across the waves, piercing the water with it; the icy spray burned like fire, the sodden clothes froze to the skin but—the fishermen did not give in; there was Musiy and a stranger fighting to the shore!

Old Polovchykha did not take her eyes off them; her heart was with the boat. On the shore the fishermen began murmuring; children were running from the village toward the sea. A crowd gathered on the shore; the old steppe woman Polovchykha stood at one side, courageously looking at her husband's struggle. The fog was settling upon the water; it was bitterly cold.

"They're rowing," someone said, "but can you help them in such a storm?"

The younger fishermen rushed to the boats, but the older ones stepped in their way.

"Don't be crazy, boys, the boats will be lost, you'll be eaten by the crabs; our cooperative is poor, its head is Musiy Polovets, he'll have our heads for the lost oars if he comes out alive."

Old Polovchykha saw an oar break because the boat floundered; it spun around twice before the eyes of everyone on the shore, a wave hit it, another pushed it, threw it up, turned it over, and the boat plunged under.

The fishermen rushed to the boats, pushed one called "Swallow" to the water—the pride of the entire cooperative—four giants sprang in, raised the oars so the boat would be caught up by the wave, by the tattered, mighty wave. Instead, the boat was hurled on its side, ice struck the sheating, water poured over the deck; the fishermen found themselves in the water, they began rescuing the "Swallow." Waves threw them against each other, ice struck their heads. They grasped the boat; a rope with a noose was thrown from the shore; they tied it and "Swallow" was pulled ashore.

Musiy's boat was visible on the waves. It was wandering with its keel high in the air; the crowd of fishermen took off their caps, and in that instant they all saw the movement of a man's arm among the waves. Someone was swimming among the ice floes, swimming toward the shore, swimming arm over arm, rhythmically placing his arms in and out of the water while the waves carried him back into the sea, back into the ocean fog. He aimed for the shore.

A giant of a fisherman stepped forth, carrying a loop of rope; after downing a glass of alcohol, he entered the water and immediately turned blue. The rope was unraveled on the shore as the fisherman swam to meet the man in the sea. Again and again he was struck by ice, yet he managed to swim into the open, the rope dragging behind him in the water. The man ahead seemed to be dying among the waves; he was lying on his back, the waves casting him from side to side. The giant of a fisherman swam and swam.

But the man was not dead; he had lost consciousness because of the cold, and now, having regained it, he began to swim with all his strength toward the shore. They met among the waves. For a long time they

могли схопитися за руки, їх усе розбивала хвиля, та нарешті їм пощастило, мотузка тоді напнулася до берега, як жила, десятки рук ухопилися за неї, десятки рук потягли гуртом. Плавці мчали до берега, захлинаючись водою, пробиваючись крізь кригу. Чужа людина вилізла на берег і не могла звестися на босі ноги. Половчиха пізнала Чубенка. Він весь задубів, у нього лише калатало гаряче живе серце, його підхопили під руку, — "товариші, — сказав Чубенко через силу, — я плачу за героєм революції, що визволив мене з французької плавучої тюрми". І всі пішли від моря, а стара Половчиха залишилася стояти на березі, висока та строга, як у пісні.

У морі видко перекинуту шаланду, там загинув її чоловік Мусій Половець, він чимало пожив на світі, од нього зла не бачила, був справний рибалка на Чорному морі під Одесою, і чи завжди так буває, що молоде випливає, а старе гине. Із Дофінівки прибіг хлопчина — "бабо, а діда Мусія не буде, бо той дядько казали, що упірнув дід Мусій двічі й потім щез, а дядько упірнув за ним і вдарився головою об човна, і не буде вже діда Мусія".

Берег спорожнів, рибалки пішли геть, і нікому не було дивно, що стара Половчиха не рухнулася з місця. Вона справляла жалобу, трамонтан обдував її, мов кам'яну, штром невгавав, крига трощилася одна об одну, туман сунувся до берега, одеський маяк миготів червоно та зелено.

Половчиха здумала за своє дівоцтво, дівування в Очакові, хазяї трамбаків сваталися до неї, а що вже шаланд, баркасів, моторок, яхт! Вона була доброго рибальського роду, доброї степової крові, її взяв за себе Мусій Половець — дофінівський рибалка, непоказний хлопець, нижчий од неї на цілу голову. Та така вже любов, і так вона парує самця й самицю в природі. Половчиха стала до бою за життя, за рибу, стала поруч Мусія, і наплодили вони хлопців повну хату.

Хлопці виростали коло моря, тісно стало в хаті од їхніх дужих плечей, а Половчиха тримала хату в залізному кулаці, мати стояла на чолі родини, стояла, мов скеля в штормі.

Сини повиростали й розійшлися, Андрій вдався у дядька Сидора, таке ж ледащо й не знати що, а Панас привозив матері контрабандні хустки й серги, шовк і коньяк, Половчиха складала все до скрині та боялася за Панаса. Вона його важко народжувала, і він їй став дорожчий, виходила вночі до моря, їй все здавалося, що чує плескіт його весел і треба рятувати від погоні. А Оверко — той артист і грав з греками у "Просвіті" та читав книжок, написаних по-нашому. На дядькові гроші в семінарії вчився, рибалка з нього був ніякий, а й його жалко, не чути за нього давно, і Панаса не чути, та й Андрія, мабуть, убито, бо снився під вінцем.

Тільки Іван працює на заводі і робить революцію, і Мусій

couldn't touch hands; again and again the waves separated them. When finally they succeeded in meeting, the rope strained toward the shore, many hands grabbed it, many hands heaved. The swimmers sped toward the shore, swallowing water, pushing through the ice. The stranger crawled out of the water but could not get up on his bare feet. Polovchykha recognized Chubenko. He was completely numb; only his hot, beating heart thumped within him; he was seized under the arms.

"Friends," he said with an effort. "I weep for the hero of the revolution who rescued me from the floating prison of the French."

And everyone went away from the sea; only old Polovchykha remained standing on the beach, tall and stern as if in song.

The capsized boat was visible on the water; there had died her husband Musiy Polovets. He had lived some time in this world, he had never done evil, he was an able fisherman on the Black Sea near Odessa; must it always be that the young survive and the old die? From the village of Dofinivka a small boy came running.

"Grandma, grandpa Musiy will not come, because that man said that grandpa bobbed up twice and then disappeared and he dived after him and hit his head against the boat, and grandpa won't be coming anymore."

The beach grew empty; the fishermen went away, but no one was surprised that old Polovchykha did not budge from her place. She was observing her mourning; the wind blew around her, as if she were made of stone. The storm did not abate, the ice floes crushed each other, the fog moved toward the shore, the Odessa lighthouse blinked red and green.

Polovchykha was thinking of her girlhood, of her maiden days in Ochakiv, when the owners of tugboats courted her—the many boats, barges, motor launches and pleasure craft they had! She was of good fishermen's stock, of good steppe blood. Musiy Polovets took her for his own—a fisherman from Dofinivka, not a handsome youth, shorter than she by a whole head. But such is love, and thus it pairs the male and female in nature. Polovchykha stepped forward to fight for survival, for fish; she stood alongside Musiy, and they had a houseful of boys.

The boys grew up by the sea, their broad shoulders crowded the house. Polovchykha ran the house with an iron hand, the mother stood at the head of the family, she stood like a mountain in a storm.

The boys grew up and went their ways. Andriy was like his Uncle Sydor, idle beyond belief; Panas brought his mother contraband scarfs and earrings, silk and cognac. She put everything away in the chest and feared for her son. She had had difficulty in giving him birth and he became her most precious one. When she walked out to the sea at night, it always seemed to her that she was hearing the splash of his oar and that she had to save him from pursuers.

And Overko, that artist, he acted with the Greeks at *Prosvita*[1] and read books in foreign languages. He used his uncle's money to study at the seminary; he was a poor fisherman and she felt sorry for him. She hadn't heard from him in some time, nor from Panas, and it might be that Andriy

---

[1] *Prosvita* (Enlightenment): A Ukrainian cultural organization.

ховає гвинтівки (хоч в Одесі й стоять французи). Серед них є й наші, вони приходили по прокламації і раз налякали Мусія до смерті.

Перекинута шаланда гойдалася на хвилях, шторм лютував без угаву, Половчисі здалося, що шаланда поближчала. Її море приб'є до берега, тоді треба виволокти і врятувати, і артіль подякує — без шаланди риби не наловиш. Посуда наближалася до берега неухильно, невідступно, ступінь за ступнем, хвилина за хвилиною.

Половчиха стала чекати шаланди, щоб зберегти артільне добро, вона підійшла до самої води, хвиля обхлюпала її до колін. Шаланда сунулась ближче і ближче, вже чути, як стукається об неї крига, вже видко її засмолене дно, і кілева дошка витикається з води. Хвиля перекочувалась через чорне плисковате днище, серце Половчихи захолонуло, за шаландою щось волочилося по воді, видувалося на воді лахміття.

Жінка дивилася й боялась роздивитися, море їй приносило покору, море їй прибивало до берега, певно, і тіло Мусія Половця. Буде над чим поплакати й потужити, і поховати на рибальському цвинтарі, де лежать самі жінки та діти, а чоловіки лише мріють там лягти і лягають у морі на глибині, під зеленим парусом хвилі.

Половчиха дивилась та боялась роздивитися, їй хотілось крикнути й покликати свого Мусієчка, хвиля била її по ногах, крига черкала по литках, шаланда вже зовсім була близько. Вона сунулась носом на берег, хвиля гуркотіла камінням на мілкому. Половчиха хотіла витягти посуду, а потім тужити коло чоловіка, вона вже бачила його тіло у мутній воді, серце їй щеміло, і руки не почували ваги шаланди, і тоді до неї озвався голос. Вона скрикнула, бо то був голос її чоловіка, голос стомлений і рідний.

"Наша артіль бідна, — сказав старий, — і кидати шаланди в морі не годиться. Я — голова артілі, то мусив і рятувати, а Чубенко, мабуть, доплив добре, здоровий і завзятий, ніяк не хотів плисти без мене, аж поки я не пірнув під перекинуту шаланду, а він усе гукає, та все пірнає, шукаючи мене".

Старий Половець став на мілкому з чоботом у руці й викинув чобіт на берег та почав поратися коло шаланди. Половчиха заходилась йому допомагати, лютий трамонтан заморожував душу, берег був пустельний, його штурмувало море. Одеса крізь туман здалеку височіла на березі, мов кістяк старої шхуни.

І подружжя Половців пішло до домівки. Вони йшли, преніжно обнявшись, їм у вічі дмухав трамонтан, позаду калатало море, вони йшли впевнено й дружно, як ходили через ціле життя.

had been killed because she had dreamed of him during a wedding ceremony.

Only Ivan was working at the factory and fermenting a revolution and Musiy hid rifles (although Odessa was occupied by the French). Among them were some of our people; they came after the proclamation and scared Musiy to death.

The capsized boat swayed upon the waves, the storm raged without cease, it seemed to her that the boat was coming closer. If the sea brought it in, she would drag it out and salvage it; the cooperative would thank her—without boats you can't catch fish. The boat was coming closer and closer. It moved steadily toward the shore, persistently, step after step, minute after minute.

Polovchykha was waiting for it. To salvage the cooperative's property, she walked up to the edge of the water, a wave drenching her up to the knees. The boat moved closer and closer; she could hear ice knocking against its sides; already she could see the tarred bottom and the keel sticking out of the water. The waves rolled over the black flat bottom; Polovchykha's heart grew cold for something was dragging behind the boat; it looked as if rags were floating on the water.

The woman stared but was afraid to turn around; the sea was her humility, the sea was probably bringing her the body of her husband. She'd have something to cry and mourn over and to bury in the fishermen's cemetery where only children and women lie and the men only dreamed of resting. But they die where the sea is deep, under the green sail of the wave.

Polovchykha looked and was afraid to acknowledge it, she wanted to shout and call her husband's name; the waves were beating against her feet, ice struck her calves, the boat was very close now. It moved with its prow toward the beach, the waves rumbled stones in the shallow water. She wanted to drag the boat out, and then mourn over her husband; she could already see his body in the muddy water. Her heart was crying, her arms did not feel the weight of the boat, and then a voice spoke to her. She cried out. It was the voice of her husband, a voice tired but very dear.

"Our cooperative is poor," her husband said, "and to abandon the boat in the sea would not have been right. I am the head of the cooperative, so I had to save it, and it looks as though Chubenko reached the shore safely. He is strong and brave; he wouldn't swim without me until I dived and hid under the overturned boat. He called and called, diving and looking for me."

Old Polovets stood up in the shallow water. He threw the boot he held in his hand up on the shore and began pulling in the boat. Polovchykha tried to help him. The angry wind froze the soul; the beach was deserted—it was beseiged by the sea. Odessa, visible through the fog, towered in the distance, like the skeleton of an old schooner.

The couple went home. They walked, hugging each other tenderly while the wind blew into their eyes and behind them the sea roared. They walked surely and companionably as they had throughout their lives.

– Translated by A. Savage

ЄВГЕН ГУЦАЛО

Морська новеля

Хлопчик у рваних трусах, які вже давно втратили свій початковий колір, розмахував лозовою хворостиною. Ту хворостину він виламував дуже довго й важко і ще й зараз переживав радість того моменту, коли вона нарешті відчахнулася і схвильовано, протестуюче затремтіла в його слабкій, але настирливій руці. Хлопчик вимахував лозиною, милувався, що вона вкрита такою ніжною зеленою шкіркою; вона не облазила навіть тоді, коли він шльогав кропиву та високу лугову траву.

Поруч з ним ішла дівчинка в легких сандаликах, з бантиком у коротких кісках і в білому сарафані. Вона уважно слухала товариша, і в тих місцях розповіді, де її щось особливо вражало, здивовано розводила руками, опущеними вниз, і навіть розчепірювала пальці.

— А потім я побачив море.

— Море? Яке воно?

— Голубе... Голубе-голубе. Ми їхали машиною. Я спочатку подумав, що то небо.

— А море схоже на небо?

— Тільки коли воно голубе.

— А коли йде дощ, тоді яким стає море?

Він не бачив моря в негоду, а тому й не знав, яким воно тоді буває.

— Мабуть, також голубим, — висловив здогад.

— Ні, ні, — заперечила вона.

— А яким же?

— Не знаю. Я не бачила.

— Може, чорним, таким, як грозове небо?

— Ага!

В її погляді світилася гостра, весела радість. Їй подобалося, що море з голубого перетворюється на чорне. В їхньому селі не було ні моря, ні великого ставка. Протікав лише дрібний ручай. Але він ніколи не міняв своїх кольорів. Він постійно був сумно-зеленкуватим.

— Скажи, а море буває... жовтим?

— Жовтим?

— Так, жовтим!

YEVHEN HUTSALO

A Sea Story

The boy, wearing tattered shorts, which had long since lost their original color, was waving a twig of brushwood. He had broken off the twig with great difficulty and felt even now the pleasure of the moment when it had finally broken loose and trembled reluctantly in his weak but determined hand. The boy was swishing the twig—admiring the tender green bark which did not peel off when he swung against nettles and tall meadow grass.

Beside him walked a small girl dressed in white, wearing light sandals, with a bow in her short braids. She was listening attentively to her friend and whenever something struck her particularly in his story she unfolded the hands held down at her sides and even spread wide her fingers.

"And then I saw the sea."

"The sea? What is it like?"

"Blue. Light blue. We were diving. At first I thought it was the sky."

"So the sea is like the sky?"

"Only when it's blue."

"And when it rains—what's the sea like then?"

He hadn't seen the sea when it was raining and so didn't know what it was like.

"Maybe it's blue then too," he guessed.

"No, no," she contradicted.

"Well, what then?"

"I don't know. I never saw it."

"Maybe it's black, like the sky during a storm."

"Perhaps."

Her eyes shone with acute joy and pleasure. She liked to imagine that the blue sea could turn black. There was no sea in her village, not even a small pond. Only a small stream. But it never changed color. It was always a mournful green.

"Tell me, can the sea be yellow?"

"Yellow?"

"Yes, yellow."

— Не знаю... Ага, пригадую. Одного разу був сильний вітер, хвилі билися в кручі, розточили глину, і вода біля берега була жовтою.

— То біля берега, а далі, далі?

— Ні, далі воно не було жовтим...

— А скажи, — її очі знову сповнились жадібної цікавости, — море не було... червоним?

Він аж зупинився від здивування. Його вразило запитання.

— Червоним? — перепитав він і на мить уявив перед собою багато-багато диких маків, що пелюстковим червоним вогнем запалили простір до обрію.

— Ага, червоним! — гаряче видихнула вона, розуміючи, що він пригадує, бо, можливо, й бачив море червоним.

— Ні, не бачив, — журно сказав він.

— Не бачив, — зів'яло повторила вона.

— Воно не буває червоним.

Тоді вона зупинилася і невдоволено, роздратовано застукала сандаликами об стежку.

— Буває, буває! І червоне, і жовте! Мені мама казала, що є червоне море і жовте!

— Є червоне море?

— Так. І жовте!

Тепер вони дивились одне на одного, неначе вперше бачились. Їх обох здивувало те, що вода може мати різні кольори, як веселка. Але чому ж тоді річка в їхньому селі завжди залишається сумно-зеленкуватою? Невже тому, що біля неї, в лугах, ростуть зелені трави, зелена лепеха, зелений рогіз, зелені дерева?

І дівчинка дуже пошкодувала, що вона не бачила моря. Вона неодмінно зуміла б застерегти різні кольори. Можливо, море від хлопчика ховалося. Тоді, коли він дивився на нього, воно було голубим. А тільки варто було йому повернутися до нього спиною, і воно робилося... оранжевим!

— А ти повертався до моря спиною?

— Спиною? Навіщо?

— Треба!

— Повертався, здається...

— А потім швидко оглядався назад?

— Ні.

— Ет! — невдоволено вигукнула вона. — Треба було підглянути за ним через пальці. — Та й махнула невдоволено рукою.

Тоді хлопчик відчув себе скривдженим. Він не любив, коли його ставили в незручне становище. І це в той час, коли він бачив море на власні очі, купався в ньому, а вона не бачила нічого, крім оцієї сумно-зеленкуватої річечки. У нього за-

"I don't know. Oh, yes, I remember. One day the wind was very fierce, the waves dashed against the cliffs and mixed with the sand so that the water near the shore was yellow."

"Near the shore? What about farther out?"

"Farther out it wasn't yellow."

"Tell me," her eyes filling with eager curiosity, "was the sea ever red?"

He was so struck that he stopped. The question stunned him.

"Red?" he asked, and for a moment he saw in front of him a field of poppies which with their petals set the horizon on fire.

"Yes, red!" she spurted out eagerly, thinking that he might have seen a red sea.

"No, I didn't see it," he said sadly.

"You didn't!" she repeated weakly.

"It is never red."

She stopped and, quite annoyed, stamped her sandals on the path.

"Yes, it is. It can be red and yellow. My mother told me that there is a red and a yellow sea."

"A red sea?"

"Yes, and a yellow one."

They stared at each other as if seeing themselves for the first time. They were both surprised that water could have the colors of the rainbow. So why did the stream in their village stay a mournful green? Perhaps because it was surrounded by green grass, green burdocks, green bullrushes and green trees?

The girl was sorry she hadn't seen the sea. She would have noticed all the shades of color. Perhaps the sea was hiding from the boy. When he looked at it it seemed blue. But if he turned his back it would become orange!

"Did you have your back to the sea?"

"My back? Why?"

"You should."

"Maybe I turned."

"And then looked back quickly?"

"No."

"Oh," she was disappointed. "You should have peeked between your fingers." She waved her hand in chagrin.

The boy felt offended. He didn't like to be put on the spot. After all, he had seen the sea with his own eyes, and swum in it. She hadn't seen anything apart from her mournful green stream. The boy's throat

175

пекло в горлі, засвербіло в очах, і він, не роздумуючи, замахнувся лозовою хворостиною і боляче шмагнув дівчинку. Від несподіванки вона присіла, наставила перед собою розчепірені долоні, неначе захищаючись від нового удару, що неминуче мав присмоктатися до її ніжного, худого тіла. Очі в неї збільшилися, налившись раптовим сліпим страхом, і вона нічого не могла вдіяти ні з очима, ні з руками, ні з слабким тілом, яке покірно й злякано чекало на новий удар.

Лозина ще хиталася в хлопчиковій руці, зблискуючи на сонці гляцевитою шкіркою, яка не облазила, коли він шмагав по травах, і зараз не облізла, не полупилась, хоча він ударив по ногах дівчинку.

Тепер хлопчик сам не розумів, як усе це сталося, в ньому пробудилася жалість, він хотів зробити дівчині щось приємне, сказати вибачливі слова. І він сказав:

— Чому ти не плачеш?

Вона не відповіла, тільки стежила за ним, не кліпаючи.

— Я не хотів...

Вона знову нічого не відповіла, тільки очі з великих, круглих повільно перетворювались на звичайні, а з них невидимо почав щезати негарний сліпий страх.

Дівчинка несподівано посміхнулася кутиками уст.

Хлопчик піймав отой усміх, жалісливо скривився, присів, і їхні голови опинилися зовсім близько, і він на самому денці її очей побачив по одній маленькій сльозинці.

— Я більше не буду, — сказав він тихо, проникливо, вкладаючи в ці слова усе гарне й світле, що було в його душі.

Дівчинка посміхнулася широко, очі раптом спалахнули іскрами, виповнившись сміхом, вона прожогом підхопилася і застрибала біля нього:

— А мені не боляче! Не боляче! То я так...

Він дивився на неї знизу вгору, стежив, як метляється її бантик, як біля загорілих ніг хвилюється сарафан.

— А мені не боляче!..

І тоді в ньому пробудилося ще інше невдоволення. Не від свого вчинку, ні. А від того, що вона його обманула, обвела кругом пальця. Вона прикинулася. Їй не боліло!.. Він і вірив, і не вірив їй. Але чому ж тоді вона зробила такий рух руками, і чому тоді в неї стали такі незвичайні, великі очі, і на денці в кожному тремтіло по маленькій, гострій сльозинці?

— То я знічев'я тебе вдарив...

Вона, не слухаючи, пішла вперед по білій сухій стежині, на якій валялися затоптані стебла трав. Він постояв трохи, стежив, як вона йде, тримаючи руки трохи відстовбурченими від плаття, неначе боячись забруднити його чи бодай торкнутися. Далі й собі рушив.

— А на морі я згадував тебе...

was burning, his eyes itched and, without thinking, he swung the twig, lashing the girl painfully. She was so surprised that she crouched, spreading her palms to protect herself against the new blow which would inevitably hurt her tender, thin body. Her eyes grew large with fear and she could not do anything about her eyes or her weak body which awaited a new blow.

The twig remained in the boy's hand, its unpeeled bark shining in the sun as he swished it against the grass, and it did not peel off now as he struck the girl's legs. Now the boy couldn't understand how it had all happened. He felt sorry and he wanted to say something nice to the girl to apologize. He said:

"Why don't you cry?"

She didn't reply, watching him unflinchingly.

"I didn't want to . . ."

Again she didn't answer, only her eyes returned to their normal size. The ugly, blind fear had disappeared from them.

The girl raised the corners of her mouth in a smile. The boy understood. He screwed up his face, crouched so that their heads were quite close, and on her lower lids he saw two small tears.

"I won't do it again," he said quietly and firmly, filling these words with all his heart.

The girl gave a broad smile, her eyes sparkling. She laughed, shot up suddenly and leap-frogged around the boy.

"It didn't hurt. It didn't . . ."

Now the boy was filled with another kind of disappointment. Not because of what he had done. But because he had been cheated. She twisted him around her finger. She pretended. She wasn't hurt. He both believed and disbelieved her. Why, then, had she raised her hands, why had her eyes grown large and filled with tears?

"I hit you for no reason . . ."

Without listening to him she walked ahead along a dry white path strewn with trodden blades of grass. He waited awhile, watching how she walked with her hands held away from her dress as if she were afraid to dirty it with her touch. Then he followed her.

"I thought about you at the sea."

— Мене?

— Еге.

— А як ти мене згадував?

Він на хвилину задумався. Як же він її згадував?..

— Ну, так, розумієш... Як ми ходимо до школи. І на уроках у клясі... А де ти була, коли я був на морі?

— Я їздила на машині.

— На легковій?

— Еге!

— І багато?

— Багато. Пригадуєш отого дядечка, що часто приїжджав до нас у село з району? Коли він мене зустрічав, то завжди вгощав цукерками.

— Білявий, він сміявся весь час? Шкутильгав на ліву ногу, то на паличку спирався?

— Так, він був дуже веселий. І в нього були дуже солодкі цукерки. Він ходив зі мною оцим лугом і розпитувався, як я живу.

— Ти ходила з ним навіть по цій стежці?

— Навіть по цій стежці. А одного разу він мене поцілував.

— Навіщо? — здивувався хлопчик. — Адже він не батько, а зовсім чужа людина.

— Я не знаю, навіщо він це робив. Він не казав.

— А мати знала?

— Мати знала. Вона тоді лежала в лікарні, ми їздили до неї з батьком, і я їй призналася. А мати сказала: "То, напевне, дуже гарний чоловік, коли він цілує мою донечку".

— А за цукерки?

— І за цукерки теж призналась. Вона сказала: "Коли вгощають солодким, то не відмовляйся, а тільки сама ніколи не проси".

— І за цю стежку сказала?

— За стежку? Ні... За стежку не сказала.

— І потім ти його більше не бачила, коли почалися канікули?

— Так, я його не зустрічала. А потім я йшла в бібліотеку міняти книжку.

— Яку? Я її читав?

— Про анаконду.

— А що це таке?

— Це удав. Він живе в тропіках...

Він зідхнув:

— Ні, не читав.

— Я йшла дорогою, коли раптом зупинилася легкова машина. А з неї виглянув отой чоловік і запитав: "Ти не хочеш покататися?"

"About me?"

"Yeah."

"What did you think about me?"

He grew pensive for a moment. What did he think about her?

"Well, you know ... How we go to school—the lessons, the classroom. Where were you when I went to the sea?"

"I went for drives."

"In a car?"

"Yes."

"How often?"

"Often. Do you remember the man who often came to our village from the district? Whenever he met me he gave me candies."

"The blonde one who laughed a lot? Who limped with his left foot and carried a stick?"

"Yes, he was very funny. He had wonderful candies. When he walked along this meadow with me he asked me where I lived."

"You walked on this path with him?"

"Yes, on this path. Once he kissed me."

"Why?" the boy wondered. "He's not your father; he's a stranger."

"I don't know why he did it. He didn't tell."

"Did your mother know?"

"She knew about it. Just then she was in the hospital. Father and I visited her, and I told her. Mother said, 'He must be a very nice man, if he kissed my daughter.'"

"Did you tell her about the candies?"

"Yes, I did. She said: 'When anyone gives you candy don't refuse it. But never ask for it yourself.'"

"And did you tell her about this path?"

"About the path? No, I didn't."

"Later, when the holidays began, did you see him again?"

"No, I didn't. Then I went to the library to change a book."

"Which one? Have I read it?"

"About an anaconda."

"What's that?"

"It's a boa; it lives in the tropics."

He sighed— "No, I haven't read it."

"I walked along the road, and suddenly a car stopped. That man leaned out and asked me if I wanted to go for a drive."

"And what did you say?"

"I said yes. He opened the door and put me beside him. He was very handsome and he laughed. He asked me if I was afraid of cars. I said I wasn't and we drove off. He looked at me so kindly."

— Ну, а ти?

— Сказала, що хочу. Він одчинив дверцята і посадив мене поруч себе. Він був дуже гарний і сміявся. Він запитав, чи я не боюся в машині. А я сказала, що не боюсь. І ми поїхали. Він дивився на мене ласкаво.

— Куди ж ви їхали?

— Ми їхали по дорозі. Минули одне село, а потім інше. Вибралися на асфальт. Я запитала, чи скоро ми повертатимем назад. А чоловік засміявся. І сказав: "Ти не хвилюйся. Ми просто покатаємось". І дав мені цукерку. Я взяла цукерку, але їсти не стала.

— Чому?

— Мені не хотілось. Розумієш, раптом зовсім перехотілося їсти цукерку. Неначе вона мала бути гіркою. Хоч я знаю, що вона була смачною. Я й раніше їла такі, і вони мені подобались.

— Що ж ти зробила з нею?

— Ну, я тримала її в руці... А скоро ми поминули якесь містечко, навіть не зупинилися в ньому. Я сказала, що не хочу більше кататись. Тоді чоловік сказав, що ми повернемо зараз праворуч, а потім іншою дорогою помчимо додому... Незабаром машина повернула праворуч, потім ще, і я подумала, що ми їдемо додому. Чоловік нічого не казав, тільки став суворим і більше не посміхався. Я запитала, коли ми будемо дома. Він однією рукою погладив мене по голові. Рука в нього була гаряча, суха... Я бачила, як він міцно стиснув губи, щось міркує. І раптом він запитав, чи я його люблю. Я сказала, що люблю тільки маму й тата. Тоді він запитав: "А мене?" Я повторила, що люблю тільки маму й тата і що колись любила свою тьотю. Але це було ще тоді, коли вона не вмерла, а коли вмерла, то я майже забула про неї і перестала любити. Тоді чоловік сказав, що дуже мене любить і в нього в кишені заготовлено для мене багато цукерок.

— Він купив для тебе багато-багато цукерок?

— Ага, але я сказала, що мені вже перехотілося солодкого, і запитала, коли ж ми будемо дома. Він відповів, що вже скоро, це ми поїхали назад незнайомою дорогою.

— І він посміхався?

— Ні, він уже не посміхався. Він сказав, що ось зараз треба зупинитися, він пообідає, а потім ми поїдемо далі. І ми зупинилися в одному селі. Він пішов до буфету, а я виглянула у вікно. Це село я знала. Воно зовсім близько від Києва. Коли ми з мамою й татом їздили до бабусі автобусом, то також зупинялися тут. Я відчинила дверці, вистрибнула на дорогу і тихенько пішла. Потім оглянулася. Чоловіка ніде не було. Я побігла в бічну вуличку і раз-у-раз озиралася, бо думала, що він за мною поженеться на машині. Але його не було. Я минула

"Where did you drive?"

"Along the road. We passed one village, then another, till we reached the highway. I asked if we would go back soon. The man laughed. Then he said, 'Don't worry. We are just driving around.' He gave me candy. I took it, but I didn't eat it."

"Why not?"

"I didn't feel like it. You see, all at once I didn't want to eat candy. Just as if it had turned bitter. Although I knew it was sweet. I had eaten the same kind before and I liked it."

"What did you do with it?"

"I just held it in my hand. Soon, we passed through a town without stopping. I told him I didn't want to go any farther. Then the man said that we would soon turn right and go home a different way. After a while he turned right and I thought that we were going back. The man didn't say anything, was very stern and didn't laugh anymore. I asked when we would be home. He stroked my hair with his hand. His hand was hot and dry ... I saw his teeth were clenched and he was deep in thought. Suddenly he asked me if I loved him. I said that I loved my mother and father. Then he asked, 'And me?' I said the only people I loved were my mother and father and when my aunt was alive I loved her too. Then he said that he loved me very much and that his pockets were full of candies—all for me."

"He bought all those candies for you?"

"Yes. But I told him that I didn't want any candies and asked him when we'd be home. He said, 'Soon,' and we drove on along a strange road."

"Did he smile?"

"No, he didn't. He said that we must stop, so that he could have his lunch. Then we'd drive on. We stopped in a village. He went to a lunch counter and I was left in the car, leaning out of the window. I recognized the village. It is quite close to Kiev. When I went to visit my grandma with my mother, we stopped here too. I opened the car door, jumped out and walked quietly away. Then I looked back. The man wasn't anywhere around. I ran into a street and kept looking back because I thought he would chase me in his car. But he wasn't there. I passed the village and reached the highway. Then I saw a bus. I stopped and raised my hand. It stopped. The driver looked out and asked where I was going. I said, 'To Kiev, to my grandma.' 'And why are you alone?' he wanted to know. I said I liked to walk by myself. He opened the door and let me in."

"Did you have the money for the fare?"

"No, I didn't. Then the conductress said that I would have to get off. But an old man with a briefcase got very angry and started shouting that children shouldn't have to pay the fare because they don't work.

село, опинилась на шосе... Далі бачу: мене наздоганяє автобус. Тоді я зупинилася й підняла руку. Автобус став. Виглянув водій і запитав, куди мені. Я відповіла, що в Київ до бабусі. "А чому ти сама?" — поцікавився він. Я сказала, що люблю ходити сама. Він відчинив зелені двері і впустив мене всередину.

— А в тебе гроші на квиток були?

— Ні, не було. Тоді кондукторка сказала, що не має права везти мене зайцем. А один дядечко з портфелем почав сердитись, кричати, що з дітей не слід брати за проїзд, бо вони не працюють. Кондукторка сказала: "А коли так, то ви візьміть їй квиток". Дядько з портфелем зафиркав, ще більше розсердився, а потім поліз у гаманець, вийняв гроші і взяв квиток.

— І ти приїхала до бабусі?

— Приїхала. А вона питає: "Онучко, а де ж батько чи мати?" Я відповіла, що сама добралася. Бабуся не повірила. Тоді я сказала про того чоловіка, який віз мене на машині. Бабуся розхвилювалася і почала розпитувати, який той чоловік з лиця. Я сказала, що дуже гарний, що він весь час посміхається. Тільки він не посміхався в машині, а був строгий. А ще я сказала, що він білоголовий... Коли бабуся почула, що він білоголовий, то розхвилювалася ще дужче. Вона сказала: "Ти бач, як він далеко відвіз дитину..." Але це вже не цікаво. Ти краще знову розкажи про море.

— Ні, цікаво. Що ж було далі?

— А далі я жила в бабусі. Вона написала в наше село, і приїхав батько. Він радів, що зустрівся зі мною, бо думав, що я пропала. А куди ж я мала пропасти, правда?

— Правда.

— Ми з батьком пішли на пошту, і він написав мамі телеграму, що все благополучно, бо я жива й здорова. Потім ми були в кіно, а після кіно їли морозиво. Увечері мене поклали спати. Я вже задрімала, коли почула, що бабуся з батьком розмовляють про мене. Бабуся обурювалась. Вона кричала про когось: "Та як він смів таке робити з нашою онучкою?" Батько мовчав, а потім сказав зовсім тихо й сумно, що він усе розуміє. Що білоголовий колись навчався з моєю матір'ю в інституті, і вони одне одного любили. І що білоголовому дуже хотілося забрати свою дочку до себе... Але тут я вже не слухала, а заснула, бо вони заговорили про якусь іншу дівчинку, а не про мене, бо я ж не була дочкою білоголового.

— І це все?

— Все. Так я покаталася на машині.

— І більше не їздила?

— Ні. Білоголовий більше не з'являвся. А коли з'явиться, я більше не сяду до нього в машину.

The conductress said, 'Why don't you buy her a ticket?' The briefcase man got even angrier, then dived into his purse, took out the money and bought me a ticket."

"And did you go to your grandma's?"

"Yes. And she said, 'Where are your father and mother?' I told her I came by myself. Grandma didn't believe me. Then I told her all about the man in the car. Grandma got very upset and started asking me what he looked like. I told her he was very handsome, always smiling. Except that he didn't smile in the car, but was stern. I told her, too, that he had gray hair. When she heard that she got very upset. She said, 'You see how far he took the child.' But this isn't very interesting. You tell me again about the sea."

"No, it is interesting. What happened then?"

"I stayed with grandma. She wrote to our village and my father came to fetch me. He was very glad to see me because he thought I was lost. But how could I get lost?"

"Yes."

"I walked to the post office with my father and he sent a telegram to my mother telling her that everything was all right and I was fine. Then we went to a movie and after the show we had some ice cream. At night they put me to bed. I was dozing off when I heard grandma talking to my father about me. She was very angry and said, 'How dare he do this to my grandchild?' Father didn't say anything at first, and then he said rather sadly that he could understand it all. The gray man had been at college with my mother and they were in love once. The man was longing to take his daughter to his place ... But I didn't hear the rest and fell asleep. They couldn't have been talking about me but about some other little girl, because I'm not the gray man's daughter."

"And that's all?"

"That's all. That's how I went for a drive."

"And you didn't go anymore?"

"The gray man didn't come back. If he does come back I won't go in his car."

"Why not?"

"Because he drives where he wants to and doesn't listen to me. But tell me more about the sea. I've never seen the sea. How big is it?"

"Huge."

"And the waves?"

"Huge."

"As big as this bush?"

"Bigger."

"As big as this house?"

— Чому?

— Бо він везе, куди хоче, а мене не слухається. Але ти краще розказуй про море. Я ніколи не бачила моря. Воно велике?

— О-о!

— А хвилі які?

— О-о!

— Такі, як цей кущ?

— О-о!

— Вищі?

— Як ота хата!

Вони зупинилися й розглядали білу хату під стріхою, неначе вперше її бачили. А можливо, дівчинка бачила й справді вперше, бо то вже була не хата, а велика бурунчаста хвиля, а за нею зводились не хати, а нові хвилі, і вже шуміло море, хлюпаючи тривожно й холодно по садках, а вони обоє стояли на березі.

They stopped and looked at a white house with a thatched roof as if they were seeing it for the first time. Perhaps the girl was seeing it for the first time since to her it wasn't a house but a big, stormy wave and beyond it were not houses but more waves and the sea roared stormily and fiercely across the orchards while the two children stood on the shore.

– Translated by G. and M. Luckyj

МИКОЛА ВІНГРАНОВСЬКИЙ

Білі квіти

Ще. суму не було. Не було й золотого прощання гаїв, цвіли сині сокирки та молочай на сухих берегах між глодом і скелями, цвіли петрів батіг та рожа собача...

— Ти хочеш цього?
— Ні.
— Ти хочеш цього.
— Кажу тобі — ні.
— Ти не розумієш мене.
— Розумію. Але — ні.
— Ні, ти не розумієш.
— Може...

Було ще літо. І тихі дні були над степами, і тихе небо пливло над водою, видно було бубирів на жовтому дні ріки.

Чекалося осені.

Ми поверталися з верхів'я Синюхи. На колінах лежали рушниці, човен несло течією, ми хрумкотіли цибулею з хлібом, і цвів молочай, та небо цвіло ні білим, ні синім, а цвіло самим собою в тій передосінній порі, коли приходить сумовита прозорість води, і коли птиця не спить ночами.

— Я люблю тебе.

Впала краплина з весла.

Із сірого надбережжя вихопилась чапля з чапленям, пролетіла низько над нами, випустила щось біленьке з-під себе, і впало воно саме там, де сидів Дмитро.

— Ти диви, місце вибрала! — Дмитро схопив рушницю і вистрілив. Чапля оглянулася на чапленя, махнула йому крилом і поквапилася до очерету й верб, що заступали нам річку.

— А якби на голову?

— Ну й що? — сказав Павло, надкушуючи синю цибулину. Павло вбив дві качки, я — одну, Дмитро — жодної.

Тихо пливли береги, тихо пливла вода, пахло порохом...

— Ти помітив, що за весь наш з тобою час розмову починаю першою завжди я.

— Не лайся. Ну от скажи: навіщо ти починаєш лаятись?

MYKOLA VINHRANOVSKY

White Flowers

It was still before sorrow. Before the golden farewells of the groves when the blue poplars were in bloom, milkweed lay on dry banks between hawthorn and cliffs, and vines and wild roses were in blossom.

"Do you want it?"
"No."
"You want it."
"I'm telling you—no."
"You don't understand me."
"Yes I do, but: no."
"No, you don't understand."
"Perhaps . . ."

It was still summer. Quiet days over the steppes, placid sky over the water and the perch could be seen on the yellowish bottom of the river.

We were waiting for fall.

We were coming back from the peak of Synyukha. Shotguns lay on our knees, the boat was borne by the current, we crunched onions with our bread. Milkweed was blossoming and the sky was neither white nor blue, but had its own color in this pre-autumnal time when water becomes sad and transparent and when the birds do not sleep at night.

"I love you."

A drop fell from the oar. A heron with her young one flew out of the bank, circled low over us and dropped something white which fell where Dmytro was sitting.

"She certainly chose a spot," Dmytro seized the gun and fired. The heron looked back at its young one as if waving to it and hid among the reeds and willows which separated us from the river.

"What if she did it on your head?"

"That's nothing," said Pavlo, biting a bluish onion. Pavlo shot two ducks, I—one, Dmytro—none.

The water flowed quietly, rippling against the banks. There was a smell of gunpowder.

Кому це потрібно? Нікому. Ні тобі. Ні мені.

— Я люблю тебе. А тобі це ні до чого.

— Ні.

— Що — ні?

— Так. Тобто мені це ні до чого.

— Не бреши. Ти брешеш?

— Брешу.

— Бо ти дурний. Ти дурний, аж крутишся. Ну, не будь дурним, дорогесенький мій, ну, не будь.

— Добре, не буду.

— Не смійся. Тільки не смійся, бо що ж мені тоді робити?

— Добре.

Скинулися щука, і Дмитро знову схопив рушницю.

— Хай вона мені скинеться ще раз!

— Ну й що?

— Я їй покажу тоді що!

— Ти вже показав. — Павло полоскав у воді огірок-жовтяк.

— Я ж непитущий. Це ж ви наглушились самогоняри — трах-бах, дивись — і щось упало з неба.

— Трах-бах! Сам ти трах-бах.

— Сам не сам, але я не вбив нічого.

— Не вбив!

— А що ж — і не вбив!

— Не вбивкай.

— Іди ти під чорти! Не дратуй мене.

— Не вбив, не вбив!..

— Справді, не вбив.

— А ми — вбили?

— Василю, повертай до берега, скинемо цього "невбив-цю".

— Ша, хлопці. Справді, якого чорта? Роздягайтесь, бачите — гребля, будемо човна перетягати.

Упала друга краплина з весла.

...Шумовиння води, низка зеленого каміння через ріку і поза камінням верби внизу з очеретом були вже перед очима. На правому березі трьома згорілими поверхами чорнів допотопний дідівський млин, з четвертим поверхом над водою, де мололись усі ближні поля в неближні роки, як і цього року.

— Не хитайте човна! Скидайте штани.

Ми роздягалися, вдарила вода по ногах, і човен спіткнувся носом об греблю.

— Піднімай його, піднімай!

— Та піднімаю, хай він сказиться! Що я — віл?

— Задирай йому хвоста! Хвіст!

Човен пішов униз, і ми, по груди у воді, вели його між

Did you notice," she said, "that I always start talking to you first?"

"Don't nag. Why do you start nagging? Who wants it? Neither you nor I."

"I love you, but you don't care."

"No."

"What do you mean, no?"

"Yes, I don't care."

"Don't lie. You're lying?"

"Yes, I am."

"You are a fool, a big fool. Don't be so silly, darling."

"All right. I won't."

"Don't laugh. What can I do if you laugh?"

"All right."

The pike got away and Dmytro again grabbed the gun.

"Let it try that again."

"So what?"

"I'll show her."

"You've done it already." Pavlo was rinsing a yellow cucumber in the water.

"I don't drink. It's you boozers who do all the bang-bang. And something fell on you from the sky."

"Bang-bang yourself."

"Well, I didn't kill anything."

"So what, you didn't."

"No, I didn't."

"Don't kill it, then."

"Go to hell. Don't bug me."

"Didn't kill, didn't kill . . ."

"No, I didn't."

"And what about us?"

"You killed."

"Vasyl, steer toward the bank. Let's disembark the non-killer."

"Quiet, boys. What the hell for? Get undressed. There's the dyke. We'll pull the boat."

A second drop fell from the oar.

The rushing water, a row of green stones stretched across the river and beyond them the willows on a reedy bank—all this was now in sight. On the right bank an antidiluvian ancestral mill showed three burnt-out stories, with the fourth floor overhanging the water. Here this year, as always, all the grain in the neighborhood was milled.

"Don't rock the boat. Take off your pants."

We undressed, stepped feet first into the water and the boat touched

189

камінням до глибшого річища, що біля млина.

Запахло борошном.

Від млина тягнулася черга возів і машин з мішками зерна, над берегом паслись випряжені коні, біля возів на соломі сиділи дядьки, хто вечеряв, хто грав у карти, а хто дрімав.

— Алло, ти вже спиш?

— А ти?

— Як чуєш. Я не сплю. Мені не спиться.

— Що ж ти робиш?

— Думаю.

— І я.

— Про що ж ти думаєш?

— Про тебе.

— І я про тебе.

— На добраніч.

— На добраніч.

Дикі гуси у небі! Як давно я не бачив гусей, щоб літали... Дикі гуси у небі кружляють над млином — зерно почули... Не кружляйте, бо ваші три смерті лежать у нашому човні.

— Дай рушницю! Рушницю дай!

— Обійдешся.

Дмитро кинувся проти води до корми, але забив ногу об підводний камінь і заскавучав, як собака.

Я сказав йому:

— Ти ж бачиш — високо.

— Дай, хоч оскому зжену.

— Геть і не говори.

— Дай рушницю, тобі кажу, бо тебе вб'ю.

— Тоді — на.

Дмитро схопив рушницю і по груди у збуреній воді заводив тією рушницею по крилатих гусячих животах.

— Ну, стріляй. Чого ж ти не стріляєш?

— Вода хилитає. Не можу прицілитись.

— Дай мені.

— На.

Я вистрілив по тих гусях, як по своїх сльозах.

Летіть! Не треба мені вас. Мені потрібен я, бо оскільки існуєте ви, і світ, і все на світі — існую і я. Летіть, бо час хилитає мене...

— Ти бачиш мене?

— Ти білієш, і я тебе бачу.

— Тобі холодно?

— Ні. І тобі?

— Вранці у мене літак.

the dyke with its nose.

"Lift it up, up."

"Lift the bastard yourself. What am I—an ox?"

"Pull the tail end up."

The boat plunged down and we, up to our chests in water, pulled it between the stones to the deeper part of the river, near the mill.

There was a smell of flour.

A long line of carts loaded with sacks of grain stretched from the mill. Unharnessed horses grazed on the bank. Men sat on straw near the carts, some eating their supper, some playing cards and some dozing.

"Hi, are you asleep?"

"What about you?"

"As you can hear. I'm not asleep. I can't sleep."

"What are you doing?"

"Thinking."

"So am I."

"What about?"

"About you."

"So am I."

"Good night."

"Good night."

Wild geese in the sky. How long ago since I saw flying geese? Wild geese in the sky circle over the mill; they sensed the grain. Don't circle, for death is waiting for you in our boat.

"Give me the gun, give me the gun."

"Let it go."

Dmytro pushed up against the current to the stern but stumbled with his foot against an underwater rock and howled like a dog.

I told him: "Can't you see? They are high."

"Give it to me. I'm itching to use it."

"Don't talk like that."

"Give me the gun, I tell you, or I'll kill you."

"Here, take it."

Dmytro caught the rifle and, in water up to his chest, aimed at the bellies of the flying geese.

"Fire. Why don't you fire?"

"The water is swaying me. I can't take aim."

"Give it to me."

"Here."

I fired at the geese as if they were my tears. Fly away. I don't need you. All I need is myself. Since you exist, the world and everything in the world, including myself, also exists. Fly away, for time is swaying me.

191

— Як?!

— Вранці.

— Відколи ми з тобою, ніяк не зрозумію: коли ти смієшся і коли говориш серйозно.

— Де твої очі? Тобі не соромно так говорити?

— Не вистачало...

— От і не говори.

— Обніми мене...

Черга возів загиналась до річки, на останньому возі, на мішках, стояла дівчина в білому в синій горошок платті. За нею заходило сонце, і заходило так, наче сходило.

— Хлопці, покатайте мене!

Ми були вже в човні, я сидів на веслах, жовтіла вода, сонце заходило, наче сходило.

Павло гукнув:

— А твій старий де?

— Який старий?

— Твій!

— Тато? Та біля млина.

— То йди — покатаємо.

Я розвернув човна до берега, подав їй руку.

Щось сліпуче блиснуло, мертво-фіолетовим світлом шугонуло по наших обличчях, і один із дротів між стовпами над рікою провис у воду.

— Луснув! Каліки нещасні! Не могли як слід ізолювати. І так усе... — прогудів Дмитро, вчепившись у дівчину сірим поглядом.

— Не хилитайте човна, ой, не хилитайте!

— Цур не боятися, а то висадимо!

— Тоді краще зсадіть... Ой!.. Гребіть до берега! — вона оглянулась на мене. — Я плавати не вмію.

— І я не вмію, так що ж з того?

— Як це не вмієте?

— Не вмію. Води боюся.

— А в нашому селі ні річки, ні ставка. Правда, була така собі річечка, так почали осушувати береги під капусту, от вона й померла. Поділася кудись. Тепер ні ріки, ні капусти.

— Каліки нещасні!

— А звідки ж ти? — Павло наливав горілки.

— Тридуби знаєте? Так від Тридуб ще три кілометри.

— Знаємо! Василю, тримай!

— Може б ти, Павле, спершу запропонував нашій дамі? Як вас зовуть?

— Настею. Але я — ні. Пийте ви. Нате. — Вона взяла від Павла кухлик і передала мені на весла.

— За ваше здоров'я, Насте.

"Can you see me?"

"You are white and I can see you."

"Are you cold?"

"No. Are you?"

"I have to catch a plane in the morning."

"Really?"

"In the morning."

"Since I've been with you I can't understand when you are laughing and when you are being serious."

"You have eyes. Aren't you ashamed to talk like this?"

"It wasn't enough."

"Don't talk."

"Put your arms around me."

The row of carts stretched to the river. On the last one, on top of the sacks, stood a girl in a white dress with blue dots. The sun was setting behind her and it looked as if it were rising.

"Boys, take me for a ride."

We were already in the boat; I was holding the oars. The water was yellowish and the sun was setting as if it were rising.

Pavlo called out:

"Where is your old man?"

"Which one?"

"Yours."

"My dad? At the mill."

"Come here. We'll take you."

I turned the boat toward the bank and gave her my hand. There was a blinding flash and a deadly violet light lit our faces. One of the cables between two poles over the river had touched the water.

"It broke. Poor devils. It wasn't insulated properly. So it goes . . ." mumbled Dmytro, piercing the girl with his gray eyes.

"Don't rock the boat; don't do it."

"Don't be afraid, or we'll take you back."

"Better put me back. Row to the bank." She looked round at me. "I cannot swim."

"I can't swim either. So what?"

"You can't?"

"No. I'm scared of water."

"There is no pond or stream in our village. True, there was once a stream but when they started to use the water to irrigate cabbages, it died. It disappeared somewhere. Now there is neither stream nor cabbages."

"Poor devils."

"Where are you from?" Pavlo was pouring himself a drink.

"Do you know Three Oaks? Well, it's three kilometers from there."

— Пийте на здоров'я. Огірка вам чи цибулину?

— Огірка.

Дівчина сполоснула огірок, і я надкусив з її руки. Вона посолила його, і я надкусив з її руки вдруге і втретє.

— А вишень у нас цього року було, як болота! — сказала вона. Але сказала про вишні даремно: другого огірка я не попросив, і вона начебто заспокоїлась. Лише її рука не змогла найти собі місця — вона поклала її на коліно, потім на борт човна, а відтак занурила у воду. Сонце заходило біля її руки в бурштиновій воді.

Я сказав:

— Пристаньмо біля цього острівка та сядьмо вже по-людськи, та в дурня зіграймо.

— Греби!

— Ви граєте, Насте?

— У дурня? Аякже. І два на два, і один на один умію. Може, ще огірка?

— Ще.

Вона вибрала найбільший огірок, і я надкусив його з її золотої в краплинах руки. З ліктя капала вода на мою босу ногу. Настя одвела лікоть, і краплини западали на дуло рушниці.

— А це що, рушниця у вас?

— Рушниця.

— А тієї зими у нас десять гектарів яблунь зайці пообгризали.

— І що, пропав сад?

— Геть чисто!.. Може, яка сотня деревинок і вціліла.

— Каліки нещасні! Не могли пообкутувати дерева!

— Ніколи було. Голову колгоспу міняли! — Настя засміялася. Тонко засвітилися на вечірньому сонці її темносині зуби.

— Ти ще не стомилась?

— Ні. Мені потрібно, щоб ти завжди був поруч. Раніше я думала, що у великих дозах мені тебе просто не витримати. Тепер, коли тебе не було, я тихенько почала божеволіти.

— Ти завжди була серйозною людиною, люба моя.

Але не настільки, щоб зараз глузувати з цього.

— Правильно.

— Ти пригадуєш його?

— Кого?

— Ну, того, у кого ти мене, як кажуть, відбив...

— Ні. Абсолютно. Жодної риси.

— Я в усьому вірю тобі. Я не знаю, чи зможу відрізнити брехню від правди. Боюсь — ні, тому що дуже хочу вірити, а з другого боку, мені так брудно брехав той, обличчя якого

"Yes, we know. Vasyl, hold it steady."

"Perhaps, Pavlo, you should offer it first to our lady? What's your name?"

"Nastya. No, thanks, but go ahead and drink. Here you are." She took a glass from Pavlo and gave it to me.

"Your health, Nastya."

"Cheers. Do you want a cucumber or an onion?"

"Cucumber."

The girl rinsed a cucumber and I took a bite of it from her hand. She sprinkled salt on it and I took bite after bite.

"We had lots of cherries this year," she said. But no one paid any attention. I didn't ask for a second cucumber and she calmed down. Only her hand couldn't rest; she placed it on her knee, then on the edge of the boat and then she dipped it into the water. The sun was setting near her hand, in the amber water.

I said: "Let's stop near this island and sit down and play cards."

"Row!"

"Do you play, Nastya?"

"Cards? Yes, I do. In twos or alone. Would you like some more cucumber?"

"Yes."

She picked out the largest cucumber and held it out for me to bite in her golden wet hand. Water dripped from her elbow onto my bare foot. Nastya moved her elbow and some drops fell on the barrel of the gun.

"What is this, your rifle?"

"A rifle."

"Last winter the hares nibbled ten acres of appletrees."

"And was the orchard lost?"

"Completely. Perhaps a hundred trees were saved."

"Poor devils. Couldn't wrap up the trees."

"There was no time. The chairman of the collective farm was being replaced." Nastya laughed. Her dark blue teeth shone delicately in the setting sun.

"You aren't tired yet?"

"No. I must always have you next to me. Before I thought I couldn't stand you in large doses. Now, when you were away, I was slowly going insane."

"Darling, you were always so serious."

"Not so serious that it can be joked about now."

"True."

"Do you remember him?"

"Whom?"

"My old boyfriend."

ти не пам'ятаєш, що можу із "пильности" тепер взагалі не вірити в усе добре. Можу, правда, і не хочу, чуєш?

— Розумію.

— І взагалі, зрозумій мене. Я не хочу розпорошувати себе на цю "пильність", і не хочу вірити хоча б через те, що так легше й спокійніше. Тому мені не треба брехати, розумієш?

— Ти ж знаєш мене: якщо я не збрешу — не проживу. Це поперше. А подруге, брехати якось легше, ніж говорити правду. От я тобі й брешу. Слухай: мені пахне мандрівочка. На цей раз — далека і надовго. Ми не будемо бачитись рік.

— Рік?

— Рік.

— Куди ж це ти знову зібрався, горенько ти моє?

— На працю, щастячко, на працю.

— Ти мене покидаєш.

— Сьогодні у нас літо. Так от: осінь, зима і весна...

— Коли ми з тобою зустрілися, я вирішила стати для тебе жінкою, "з якою йому було б легко". Бачиш, ні жінкою, "яку він любить", ні жінкою, "з якою він одружений", ні навіть жінкою, "з якою він живе".

— Вирішила слушно.

— Я хотіла, щоб тобі не потрібно було виплутуватись, прикидатись закоханим більше, ніж є насправді, щоб ти був зі мною, як з самим собою. І навіть ще більше самим собою, ніж із собою.

— Коли ми з тобою зустрілися, я вирішив будь-що відбити тебе від того обличчя, якого не пам'ятаю. Я пам'ятаю тільки тебе. Мені було цікаво: відіб'ю я тебе чи ні. Першого вечора не вийшло. Відбив я тебе другого вечора.

— Ні, любий. Для мене це було першого вечора. Інше діло, що ти влюбливий і вмієш любити кожного разу, як вперше, до того ж я зрозуміла за той вечір і ніч...

— О! Оце воно і є. Що ти зрозуміла?

— За весь наш з тобою час, з того вечора й ночі і по сьогодні, у мене таке відчуття, що ти щось перевіряєш у мені, в собі і не любиш мене. Спостерігаєш. Кроликом я себе почуваю досить часто. Отже, я не стала жінкою, "з якою йому було б легко". Бачиш, як...

— Та бачу. І це воно, мабуть, так і є.

— Не тікай. Будь відвертим.

— Може, про почуття досить?

— Здорово ж ти мене по пиці...

— Непогано. А чи не з'їсти б нам чогонебудь? Від голоду аж в очах рябіє. Що в тебе є?

— Макарони.

— Ну і їжонька ж! Та Бог з нею — тягни сюди.

"No. Not a thing. Not a feature."

"I trust you in everything. I don't know if I can separate lies from truth. I'm afraid I can't because I want to believe you and, secondly, the one before you, whose face you don't remember, lied to me and so I don't have to believe in anything good. Or perhaps I don't want to. Do you hear?"

"Yes, I understand."

"Please, get this straight. I don't want to be confused and I do not want to believe you just because it's easier and safer that way. So you mustn't lie to me."

"You know me. If I don't tell a lie I'm not myself. That's one thing. For another, it's easier to lie than to tell the truth. So I'm telling you lies. Listen. I have to travel. This time it's going to be a long trip. We won't see each other for a year."

"A year?"

"A year."

"Where are you going, poor dear?"

"To work, darling, to work."

"Are you leaving me?"

"Today it's summer, and so: autumn, winter and spring."

"When we met I decided to be a wife 'with whom you would have no trouble.' And you see, I'm neither a wife 'whom he loves' nor a wife 'to whom he's married' nor even a woman 'with whom he is living.' "

"Your decision was right."

"I didn't want you to find excuses, to seem to be more in love than you actually were. I wanted you to be with me as you are with yourself. I wanted you to be more yourself."

"When we met I decided to win you over from the one whose face I don't remember. I only remember you. I was curious: shall I win you over or not? The first evening I was a failure. I didn't succeed until the second."

"No, darling. For me it happened the first evening. Sure, you fall in love easily and you can love every time as if it were the first time. I noticed this that evening and night."

"This is it. What did you notice?"

All the time, from that first evening and night til today I have a feeling that you are testing something in me and yourself, and that you don't love me. You watch me. Very often I feel like a rabbit. So I haven't become a wife 'with whom you would have no trouble.' You see how . . ."

"Yes, I see. It probably is so."

"Don't run away. Be frank."

"Maybe. Let's leave the emotions."

"It is as if you had slapped my face."

"Not bad. Haven't you anything to eat? I'm famished. What is there?"

— Ще є вчорашній борщ.

— Твого борщу не хочу. Ти не вмієш варити борщу. Поперше, ти переварюєш капусту, а капусту треба кидати в борщ останньою, щоб вона була твердою, як дротина. І картоплю треба кидати не різаною, а цілою. І, крім засмажки, потрібно кидати в борщ ще цибулю. Також цілу. Вона, коли звариться, — солодка. Ну, як я тебе?

— Зовсім і не боляче.

— Буде тобі "не боляче"! Не навчишся варити борщу — пиши пропало: ні ти мене не знала, ні я тебе не знав. Ясно?

— Ясніше ясного.

— Отак. Давай макарони і той твій ширпотребний борщ. Оце з'їм його, і щоб більше такого борщу не варила.

— А хто ж тобі варитиме в мандрівочці?

— Невже ти насправді думаєш, що ніхто?

— Ні, дорогий, що є жінки вродливіші й розумніші за мене — так, є. Ближчі, дорожчі, рідніші — є. Бажаніші — так, є! Такої ж, як я, — нема, так само як такого, як ти, — нема, розумієш? Оце я знаю, тому й не дуже хвилююся через ті всі мандрівочки. Мене хвилює інше...

— Кажи швидше, що тебе хвилює, бо я задихнусь з цікавости. Подай лишень соли, бо макаронешти — як трава.

— Зачекай. Сміятися будеш потім... Так, мене хвилює інше... Не пригадую назви села. Приїхали ми того літа на давню могилу. Зробили обміри і зняли поверхневий настил, посходились дядьки, і один розповів мені таке: копав він у себе на городі біля тієї могили і викопав глечик, глиняний, запечатаний. Зрадів — думав, скарб. Розпечатав — рідина, темна, густа, з прекрасним запахом. Прийшли кум, кума, дружина прибігла — лизнули: солодко і міцно, валить з ніг. Випили. Вино було. Потім злякались, стали чекати смерти. Не вмерли. І, щоб не випробовувати долю, вилили, виполоскали, і налив дядько у глечик квасу. А потім приїхали археологи і визначили, що цьому глечикові триста літ... Жах! Адже ті люди не зрозуміли тоді, яке рідкісне й дороге вино вони пили! Рідкісне...

— Ти маєш рацію. Але, як ти знаєш, перевагу я віддаю горілці.

— Не хитруй. Скажи мені так: дорога моя, щось у твоїх доводах при тобі заважає мені з тобою погодитись.

— Дорога моя, щось у твоїх доводах при тобі заважає мені з тобою погодитись...

Острівець був як острівець. Між вигорілими чоластими берегами він жив собі посеред ріки мініятюрною Африкою з персональними джунглями з воскової уже блекоти, могутнього будяка, гривастого щиру, лободи й дивними буйними

"Macaroni."

"Oh boy, what a dish. Still, let's have it."

"I've got some borshch too from yesterday."

"I don't want your borshch. You can't cook it. First you overcook the cabbage. Cabbage must be put into borshch last so it is stiff like wire. Potatoes should be put in whole, not cut up. And apart from seasonings there must be some onions in it. Whole. When they are cooked they are sweet. Did I hit you hard?"

"It wasn't painful."

"Don't be silly. If you can't cook borshch you're lost. We are strangers. Clear?"

"Very clear."

"So. Give me some macaroni and some of your old borshch. I'll eat it so you won't have to make it any more."

"Who is going to cook for you on your travels?"

"You really think there won't be anybody?"

"No darling. There are women more beautiful and wiser than I. Dearer and more desirable—yes. But none like me, just as there is no one like you, you get it? I know it and that's why I'm so bothered by these travels. I'm concerned about something else . . ."

"Tell me quickly what's bothering you for I'm dying to hear it. Give me some salt. This macaroni is like grass."

"Wait. You'll laugh later. Yes, I'm worried about something else. I don't remember the name of the village. That summer we visited the old grave mound. We surveyed it and took measurements. Some old men came by and one of them told me this story. He was digging in his back yard near this mound and dug up a pot made of clay, sealed. He was overjoyed, for he thought it was a treasure. He opened it—it was full of some liquid, dark, thick, with a marvellous fragrance. His old cronies came and along with his wife they tried it. It was sweet and strong; it went to their heads. They drank it. It was wine. Later they were afraid they might die. But they didn't die. So's not to tempt fate again they poured out the rest, cleaned the pot out and filled it with *kvas*.[1] Later, archaeologists came and said that the pot was three hundred years old. Imagine. These people didn't know what a rare old wine they were drinking. Very rare . . ."

"You're right. But, as you know, I'd rather have *horilka.*"

"Don't quibble. Better tell me straight: 'Darling, something in your arguments makes it impossible for me to agree with you.'"

"Darling, something in your arguments makes it impossible to agree with you."

It was a small island, as islands go. It lived there alone between the

---

[1] *Kvas*: A sour drink.

квітами. Лапатими білими зорями вони світилися над плебейським острівним населенням і дивились у світ вичікувально й непевно.

Мало хто турбував острівець своїми відвідинами. Іноді припливав качиний виводок, покахкував під голодними глинястими берегами та й чимчикував собі за водою вниз, у царство ряски і вербового розгілля.

— Отут.

Тугими довгими ногами дівчина ступила на берег. Очі її кинулися на квіти і тихо перевелися на мене. Сонне сонце облягало її плечі, і обличчя її на тлі того сонця видавалося темним.

Я сказав:

— Будемо вечеряти з квітами, так?

— То піти мені та нарвати?

— Ідіть, тільки недовго.

— Я миттю, — сказала вона, не рушаючи з місця. — Я хутко, — проказала ще раз, і її тінь пішла по моїй довгій тіні вечірній у золоту блекоту.

— Василю, глянь! Диви! — закричали хлопці, посхоплювали рушниці й поприсідали. — сідай, сідай, сядь!

Від млина на нас летіло дві качки. Вони були ще високо і далеко, але реактивний посвист їхніх крил надав нашим рухам тієї своєрідности, яка була властива ще принаймні неандертальцям.

Сірою люттю блищали очі в Дмитра, Павлові не сиділось, і він порачкував у лободу, а потім лободою-лободою посунув угору, туди, до греблі, де знижувались качки. Дмитро кинувся за ним, загнав щось колюче в ногу, задригав тією ногою, як прив'язаний півень, та й зник у кудлатій лободі.

Моя рушниця благально дивилася на мене з човна і, якби мала ноги, бігла б уже за хлопцями та ще й кричала: "Зачекайте! Ті качки — то тільки для мене, трах-бах, побий мене сила Божа!"

Але тут із блекоти вийшов білий запах квітів. Вийшов він тихо і світло, тихо і світло торкнувся мого обличчя, торкнувся, міцніючи, ще раз, біло глянув на темніючу воду — засріблилася вода, повела синіми плечима, і соняшні промені, нанизуючись на його білий повів, наче обілялися і вже пахучо звучали в сизу вечоровість до білих хат над срібною Синюхою.

Я глянув на рушницю, але не взяв її, пішов на ті білі квіти. В душі було прозоро і тонко, як і в повітрі, хоча десь у глибині цієї прозорости будилася золота сурма тривоги. Тугий її звук пожежив груди. Справді, було пізно: сурма сурмила тривогу, і солодкий поклик її вів своєю дорогою. Цією дорогою мене вже вело невзуте серце.

steep banks amid the miniature African jungle consisting of wax-like henbane, mighty thistles, dogwood with a long mane, pigweed and luxuriant wild flowers. Like white stars they shone over the plebeian population of the island and looked at the world expectantly and uncertainly.

Hardly anybody disturbed the island. At times a string of wild ducks swam towards it, making strange noises at the hungry clay banks as they swam downstream into the kingdom of meadow grass and willow twigs.

"Here."

With her strong legs the girl stepped onto the bank. Her eyes saw the flowers and moved on to me. Sleepy sunshine enveloped her back and her face looked dark against the sun.

I said: "We shall eat our supper among the flowers."

"Shall I go and pick some?"

"Go, but don't be long."

"One moment," she said without moving. "I'll be quick," she repeated and her shadow passed my long evening shadow and disappeared into the golden henbane.

"Vasyl, look, look," the boys shouted, seizing their rifles and crouching. "Sit down."

Two ducks were flying in our direction from the mill. They were far away and high up but the swishing noise of their wings made us act like Neanderthal men.

Dmytro's eyes shone with anger; Pavlo could not sit still and went into the pigweed and, hidden there, moved up to the dyke where the ducks were coming in low. Dmytro rushed after him, stepped on something sharp, shook his aching leg and disappeared into the weeds.

My rifle looked at me imploringly from the boat and had it had legs it would have run after the boys shouting "wait—the ducks are for me—bang, bang, I'll be damned."

The smell of the white flowers came out of the henbane. It came quietly and radiantly, touching my face and in a little while fell over the dark water making it white. The water sparkled with silver, shrugged her shoulders and the sun's rays bathed in the white breeze became whiter and shone fragrantly at evening over the white houses and the silver Mount Synyukha.

I looked at the rifle but didn't take it and walked towards the white flowers. My heart was still and resonant like the air, although somewhere at the bottom of this stillness a trumpet of anguish awakened. Its sound disturbed the chest. Indeed, it was late. The trumpet blared bugle-like and its sweet alarm led me along the path. Along it my heart led me innocently.

The sun was setting as it was rising, but layers of darkness flowed in

201

Сонце заходило, наче сходило, але смуги темні текли у прощальному повітрі, і світ уже був зеброю. Раптом дівчина випросталась переді мною. В її руках білів оберемок квітів.

Я дивився на неї крізь квіти. Між білими тими квітами стояли її жовті очі. Руки мої пройшли крізь квіти, і я обійняв її. Вона обняла мене. Запахло люпином і водою.

Наші голови випали з низького сонця.

the nostalgic air and the world looked like a zebra. The girl suddenly stood before me. In her hands she held a bunch of flowers.

I looked at her through the flowers. Her yellow eyes amid the white flowers. My hands pushed through the flowers and embraced her. She put her arms around me. There was a smell of lupin and water.

Our heads fell out of the sinking sun.

– Translated by G. and M. Luckyj

ВАЛЕРІЙ ШЕВЧУК

Мій батько надумав садити сади

Батько ставить валізу на подвір'ї, заходить побалакати до сусіда, свого приятеля, потім приходить додому, лізе до каструлі, здіймає кришки, принюхується, а потім дуже голосно сміється. Мати червоніє (вона і в сорок років не втратила цієї здатности) і опускає голову. Тоді батько хапає її в обійми і крутиться з нею по хаті. Мати говорить: "тьху, дурний", а батько знову голосно сміється. Мати звикла до порядку, звикла до чисто виметених кімнат і гладко застелених ліжок. Батько ненавидить порядок, він з шумом гепає на дбайливо прибране ліжко і кидає одну з білосніжних подушок в куток. Мати вже встигла звикнути до такої розправи з її стараннями, одначе вона щоразу бурчить, говорячи про порядок, про чужу працю. Батько голосно сміється, а мати не витримує і сміється також. Вона дуже любить батька, бо коли він вривається в кімнату з чергової поїздки, вона вся починає світитися, бігає, метушиться і тонко-тонко червоніє. Батько безцеремонно наводить нелад, з його валізи з'являються предмети чоловічого туалету (я іще не голюся), вони теж розкидані по всій кімнаті, мати безрезультатно старається зібрати їх в одне місце, а батько голосно сміється. Він має чудовий нюх і, лежачи на свіжезастеленому ліжку, безпомилково вгадує, що вариться на кухні, а мати говорить: "От завтра не вгадаєш". Але батько і назавтра вгадує, а мати старається все більше урізноманітнити їжу, і я помічаю, що ми починаємо харчуватися краще. Інколи батько відставляє матір від кухні і варить сам, принюхуючись і примішуючи, мати пробує сміятись, але його вариво подобається навіть їй. Така ідилія сімейного життя тягнеться до весни. Я дивуюсь, як вона їм не набридає: врешті, і безладдя батька доходить до неприємних меж, і мені, що увібрав як звички батька, так і звички матері, буває неприємно бачити постійний шарварок, але я так само нічого не можу зробити, як і мати. Весною батько знову їде в експедицію, в хаті нарешті стає тихо і прибрано, навіть трохи сонно, а мати перестає червоніти, перестає сміятися. Вона причіпливо дивиться за мною, виходжу з дому неймовірним чистюлею, але це знову до приїзду батька, коли налогоджена таким чином гармонія

My Father Decided to Plant Orchards

Father would put his bag down in the yard, drop in for a chat with his neighbor, a friend, then come in, poke his nose into pans, lifting the lids and sniffing and then roaring with laughter. Mother would blush (she has not lost this art, although she is fortyish) and lower her head. Then father would embrace her and they would twirl around the room. Mother would say, "Enough, you silly," and father would roar with laughter again. Mother was used to neatness, cleanly swept rooms and smoothly made beds. Father hated neatness; he would fling himself noisily onto a carefully made bed and hurl one of the snow-white pillows into a corner. Mother had long since resigned herself to this treatment of all her efforts, yet every time she would demur and talk of "taking care" and of "respect for other people's work." Father would roar and mother could not resist it and would laugh too. She was very much in love with father because when he rushed into the living room back from one of his trips, she would begin to radiate, run around and blush ever so slightly. Father would create a hell of a mess and from his bag there would appear articles of men's toiletry (I hadn't started shaving), spreading themselves all over the room, and mother would try unsuccessfully to gather them into one place while father would roar with laughter. He had a wonderful sense of smell and, lying on a snow-white covered bed, would guess without fail what was cooking in the kitchen. Mother would say, "But you won't guess what's for tomorrow," but father would guess that too. Mother would try to prepare different dishes and I noticed that we would begin to eat much better. Sometimes father would release mother from the kitchen and cook himself, sniffing and mixing while mother would try to laugh, although his cooking pleased even her. A family idyll like this would last till spring. I began to wonder why they didn't get fed up with it in the end. Father's untidiness was beyond everything and I, in whom my father's and my mother's habits were combined, would get sick of seeing this constant upheaval, but, like mother, I could not do anything about it. In the spring father would leave again on an expedition. The house would become quiet and tidy, even a little sleepy, and mother would no longer blush or laugh. She would look after me very attentively and I would go out looking incredibly clean. This lasted until father's return when the painfully restored harmony would break with a crash and everybody would become

з тріском ламається, і всі стають трохи неакуратними, а в хаті знову все перевертається догори ногами.

Правда, цього року було все трохи не так. Батько приїхав, як завжди, дуже звичайно, але, переступивши поріг, він не поліз до каструль, а сказав: "Я надумав посадити сад". "На асфальті?" — засміялася мати. "Чого на асфальті?" — засміявся батько, — "мені дали за містом город". "І що ти на ньому будеш садити?" "Сад", — сказав батько, і мати засміялась. "Чого ти смієшся?" "А хто за твоїм садом ходити буде?" "А ти", — відповів батько. Мати засміялась і сказала: "Діждешся".

Ми їхали з батьком в трамваї, і я уважно за ним стежив. В нього за цей сезон з'явилось багато зморщок і значно порідів чуб. Він продовжував весело говорити, але це вже не був безперервний могутній потік, він інколи замовкав і забував, про що говорив перед цим. Я відчув, що батько старіє. Я відчув, що, може ,він втомився. "Як робота?" — спитав він мене, і я знову помітив, що раніше про роботу й навчання він не питав. Він говорив: "Надіюсь, ти цілком дисциплінований, ввічливий". Мати відповіла: "Цілком". І на цьому допит закінчився. Але сьогодні він спитав: "Як робота?" І я відповів, як-то звичайно відповідають в таких випадках: "Нічого, дякую". "Ми трохи не маємо з тобою контакту", сказав він. Я знову здивувався: "Можливо". "Дівчину маєш?" — спитав він, і мені стало смішно. А він це помітив: "Ти смієшся, бо так говорять всі батьки, які хочуть встановити контакт з синами?" А він не дурний, подумав я і сказав: "Так говорять в поганих кінофільмах". "На жаль, відповів він. — Я дуже рідко ходжу в кіно".

Ми зійшли з трамваю, довго плутались передмістям, потім вийшли в поле, і батько показав відмірену кілочками ділянку. Потім ми копали ямки, батько голосно розповідав різні веселі історії, ми сміялися, був чудовий осінній день, було неспокійне осіннє сонце, було ніжно-голубе небо. Батько розповідав анекдоти і косився у мій бік. Він темпераментно копав, сміявся з моїх мозолів, а мені здавалося, що в цьому дуже чудовому дні є людина, яка дуже серйозна, є людина, яка відчуває, що вона старіє, а тому хоче посадити на цій землі сад...

Ми посадили кволі деревини і повернулися додому. "Посадили?" — спитала мати. "Аякже", — відповів весело батько. Він увійшов в кімнату і весело гепнувся на застелене ліжко. "Ну, Колю", — сказала мати. "Ти вариш суп з грибами", — сміючись, сказав батько. Потім він повернувся до мене і поприятельськи моргнув мені.. І знову мені здалося, що в кімнаті є дуже серйозна людина, яка відчула, що старіє, і вирішила посадити сад. Тільки, очевидно, тим садом був уже

a little careless and the house would be all upside down once again.

True, this year things were not quite the same. Father came back as before, just as usual, but stepping inside, he did not make for the pots and pans, but said, "I have decided to plant an orchard." "Where, on a sidewalk?" mother laughed. "Why do you laugh?" "And who is going to look after your orchard?" "You!" replied father. Mother laughed again and said: "You'll have to wait a long time."

Father and I were riding in a streetcar and I looked at him closely. His face had become quite lined during the last few months and his hair much thinner. He still continued to joke, but no longer in an uninterrupted flow. At times he grew silent and forgot what he had just said. I realized that father was getting old. Perhaps he was tired too. "How's schoolwork?" he asked me and I noticed that he had never asked about school before. He used to say: "I hope you are well behaved and polite." Mother used to answer: "Sure he is." But today he asked, "How's schoolwork?" And I answered as I usually did to a question like that: "Thanks, not bad." "We two don't have much contact," he said. Taken by surprise I said: "Maybe not." "Do you have a girlfriend?" he asked and I almost laughed. "You are laughing because that is what all fathers who want to establish contact with their sons ask." He's no fool, I thought, but I said: "That's how they talk in a bad movie." "Unfortunately, I very rarely go to a movie," he replied.

We got off the streetcar, walked for a long time through the suburbs and reached the open fields where father showed me the patch staked off by markers. Then we dug little holes, father loudly told me some amusing stories, we laughed. It was a beautiful fall day; the autumn sun was unsteady in the soft blue sky. Father was telling anecdotes, glancing sideways at me. He dug furiously, laughed at my blisters and I felt that on this lovely day a serious man, realizing that he was getting old, wanted to plant an orchard.

We planted weak saplings and returned home. "Have you planted them?" asked mother. "Sure," father answered merrily. He came into the room and carelessly flung himself on the neatly made bed. "Now then, Kolya," said mother. "You are making mushroom soup," said father laughing. Then he turned and winked at me. Again I felt that this very serious man felt that he was getting old and had decided to plant an orchard. Except that it occurred to me that I was that orchard . . . and I felt a little unhappy. I felt envious that he had given everything to his work and to mother and that he had not noticed me for such a long time. "Perhaps we should go to a movie?" asked father.

I looked at mother. She was in the kitchen, listening. "Yes, let's all go," I answered.

We went out. We took mother by the arms, and raising her head, she said, "What a deep blue the sky is today."

я... і мені стало трохи боляче. Мені стало трохи заздрісно, що він все віддавав роботі і матері, що він так довго не помічав мене. "Може, підемо в кіно?" — спитав батько.

Я глянув на матір. Вона стояла в кухні і прислухалася. "Давай підемо всі разом", — відповів я...

Ми вийшли з дому. Ми взяли під руку матір, і вона, підвівши догори голову, сказала: "Яке сьогодні голубезне небо!"

— "А сад доведеться доглядати тобі", — сказав батько.

— "Діждешся", — сказала весело мати. — "Ти завжди хочеш, щоб твій сад доглядав хтось".

Я здивовано подивився на матір. Вона теж розуміла батька. Вона теж розуміла серйозну людину, яка почала старіти і вирішила посадити сад.

Батько розповідав веселі історії. Він чудесно їх розповідав. Ми сміялися, сміялися голосно і весело. А навкруги було багато людей. І в кіно було багато людей. І була дуже тепла осінь. А в кіно йшла комедія. І ця комедія була такою, що ми навіть сміялися. А потім знову мені стало трохи боляче. Я розумів, що цей біль може і безпідставний, але раніше ми ніколи не ходили на такі веселі і приємні фільми. Але це нічого... Це добре, що ми почали ходити...

А потім ми зустріли мою дівчину. Я трохи відстав від батьків, а вона сказала: "Який в тебе красивий батько!" "Правда?" — перепитав я. "Ну, звичайно", — сказала вона, і ми побігли вниз по бульвару, де в синіх сутінках застигла непорушна осіння річка.

"And you will have to look after the orchard," said father.

"You bet," laughed mother, "you always want somebody to look after your orchard."

I looked at mother with surprise. She understood father too. She too understood the serious man who had begun to grow old and wanted to plant an orchard.

Father was telling amusing stories. He was an excellent storyteller. We laughed and laughed. There were a lot of people around us. The fall weather was very warm. We were watching a comedy on the screen and the comedy was so good that we laughed out loud. Then I started to feel a little unhappy again. I knew that this feeling was unreasonable, but we had never been to see such a good and happy movie before. But never mind. It's good that we went at last.

Later we met my girlfriend. I lingered a little behind my parents and she said: "Your father is very good looking."

"Do you really think so?" I asked.

"Of course," she said and we raced down the boulevard to where the blue dusk hid a still, autumn river.

— Translated by G. and M. Luckyj

ВАЛЕРІЙ ШЕВЧУК

Швець

I

— Все буде добре, — швець виплюнув з рота дерев'яну шпильку і вгатив її у підошву. — Ось побачиш, все буде добре. Коли я сказав — значить буде.

Марія дивилася на нього великими очима й сумно хитала головою. Швець відвернувся, поглядаючи на чисте, обмите теплою голубінню серпневого дня вікно.

— Ти скажеш, яка хороша сьогодні неділя!

— Хороша, — зітхнула Марія.

Швець струсив на підлогу обрізки і зняв через голову великого, вкритого плямами шкарубкого клею фартуха. Встав, розім'явся, важко, з хрускотом присідаючи й викидаючи вперед короткі жовті руки.

— Ти випрасувала костюм?

— Ага...

— Піду подивлюсь. Чи думаєш, що мені дуже хочеться туди йти?

— Я тебе не примушую.

— Але все одно — подивитись треба. Коли чоловік не подивиться того, що є, то погано.

Натягав штани, стрибаючи на одній нозі. За вікном хилило на вечір, сонце било коротким різким промінням, заливаючи тріпотливим рожевим світлом кімнату. Швець підійшов ближче і вперся долонями у підвіконня, пофарбоване бруднувато-білою, потрісканою від часу фарбою. Завелика майка обвисла на грудях, відкривши жорстку кучеряву зарість...

— А серпень цього року теплий, — видихнув він.

— Ти не дуже там сиди, Павле. — Марія взяла віник і стала з шурхотом змітати шкіряні обрізки.

— Я ж кажу — подивлюсь. Може, воно легше, коли вірять... — Швець усе ще дивився у вікно, вбираючи в себе і виструнчений ряд телеграфних стовпів, і темні цяточки людей коло річки, і гурт низьких, з розчиненими віконницями будинків. — Мені що Бог, що чорт, — він мружив очі на ластівок, які ширяли в повітрі. — Але я завжди кажу: прошу мене переконати, що це добре, і я повірю.

VALERIY SHEVCHUK

The Cobbler

I

"It's going to be all right," the cobbler spat out a wooden nail and drove it into the sole. "You'll see; everything is going to be fine. If I say so—it will."

Maria looked at him with her large eyes and shook her head sadly. The cobbler turned away, looking through the clean window bathed in the warm blue of an August day.

"What a lovely Sunday!"

"Beautiful!" sighed Maria.

The cobbler shook the leather cuttings down on the floor and pulled over his head the large apron covered with sticky glue. He got up, stretched himself, bent down so that his bones cracked and spread his short yellow hands in front of him.

"Have you ironed my suit?"

"Yes."

"Well, I'll go and look around. Do you think I want to go there?"

"I'm not forcing you."

"All the same, I'll go and look. Why not, if there's something to look at?" He was putting his trousers on, standing on one foot. Outside, the evening was closing in; the sun struck with short, sharp rays, flooding the room with tremulous pink light. The cobbler came closer to the window, leaning with his palms on the windowsill, painted dirty blue, with the paint peeling off. His vest, which was too large for him, hung down around his chest, baring a fierce hairy growth.

"August is warm this year," he remarked.

"Don't you stay there long, Pavlo." Maria took the broom and started to sweep the leather fragments away noisily.

"I said, I'll look in. Perhaps it's easier for those who believe . . ." The cobbler was still looking through the window, noticing the row of telegraph poles lined up as if on parade, the dark dots of people near the river and some low buildings with their shutters open. "God or devil, it's all the same to me." He focused his eyes on the swallows darting through the air. "But I always say: convince me that it's good and I'll believe it."

211

Він відірвався од вікна і повернувся до дружини. Марія випросталась, тримаючи у витягнутій руці обшморганого віника, подивилися на чоловіка чорними втомленими очима.

— Чудний ти, Павле.

Він одягав через голову білу випрасувану сорочку, що свіжо шаруділа під руками.

— Чудний не чудний, але Барвінський так розписував... Пам'ятаєш, він був алькоголіком?

— Ти теж скоро ним станеш.

Павло вигулькнув з коміру сорочки.

— Я сказав — кінець, — кивнув він головою. Думаєш, я не знаю сам? У получку підемо прямо в магазин.

Марія нагорнула сміття на фанерну дощечку. Він дивився на її зігнуту спину і напружену шию, над якою був туго змотаний темний вузол волосся.

— Ти можеш собі мовчати, — швець натягнув на плечі дешевенького піджачка. — Але я сам хазяїн. Побачиш.

Він пошукав у кишені, витягнув сигарету. Встромив у зуби і чиркнув сірником.

— Ти ж казав, що кинув.

— Не все зразу, Марійко, — випустив хмарку диму. — Гадаєш, за один день усе зробиться?

Він пішов, зачинивши за собою старі, рипливі двері. Бетонні сходи сіріли у вогкому затінку, самотня, забризкана глиною лямпочка матово блимала під темною дощаною стелею. Пахло старою віконною замазкою і гасом, у роті відчувався гіркий дух пригорілої кави. Хтось голосно розмовляв, різкі виляски жіночого голосу билися в порожній тиші коридора. Павло зупинився й обдивився. Наплинуло щемко почуття, яке завжди було при ньому, коли виходив з дому, щоб посидіти у пивниці. Але сьогодні це був лише відгук, далекий і ледь відчутний. Він пережив його, як переживав завжди, у ньому було щось і від цього будинку, де мешкав, і від запаху пригорілої кави, і від останнього погляду дружини. Хтось нагнітав примус, той спочатку шипів, а потім однотонно загув, сповняючи своїм нервовим шумом сходи і темний коридор. Павло затягся й коротким рухом викинув у жерстяну, пофарбовану в темно-синій колір урну недокурок. Під підошвами зарипів пісок, тручись об бетон. Павло вийшов на залите сонцем кам'яне подвір'я, де сушилася білизна. Треба було низько нахилитися, щоб пройти до підворіття.

З вікна пиріжкового цеху на нього дивився чоловік у білому халаті. Він вирячив очі й несподівано підморгнув Павлові.

Два ряди колишніх єврейських лавочок тягнулися вздовж вулиці, й Павло згадав напівзабутий час, коли на ганках ще сиділи бородаті продавці, які проводжали кожного перехо-

He tore himself away from the window and turned to his wife. Maria straightened up, holding in her hand a worn-out whisk. She looked at her husband with her tired black eyes.

"You are strange, Pavlo."

He was pulling his freshly-ironed shirt over his head and liked to feel its crispness with his hands.

"Why strange? Barvinsky wrote about it. Remember, wasn't he an alcoholic?"

"You'll soon be one yourself."

Pavlo thrust his head into the collar opening.

"I said—that's that." He nodded his head. "Don't you think I know it myself? On payday we'll go straight to the store."

Maria swept the rubbish into one heap and then onto a dustpan. He watched her bent back and tense neck with a tightly-wound dark ball of hair on top.

"You don't have to say anything. I can look after myself—you'll see." He searched in his pocket and took out a cigarette. He stuck it between his teeth and lit it.

"You said you'd given it up."

"Not all at once, Maria." He let out a cloud of smoke. "Do you think everything is done in a day?"

He went out, closing the creaking old door behind him. The concrete steps looked gray in the damp shade and a solitary lamp, spattered with clay, blinked dully under the wooden ceiling. There was a smell of window paint and gas and his mouth was full of the bitter taste of burnt coffee. Someone was talking loudly; the sharp strains of a female voice resounded in the empty corridor. Pavlo stopped and looked around. He felt a strange desire, which always overcame him when he was leaving the house, to go and spend some time in a bar. Today this feeling was weak, a distant echo. He always felt it; it reminded him of the house where he lived, the burnt smell of coffee and the last look of his wife. Someone was pumping a primus stove which hissed at first, and then hummed monotonously, filling the staircase and the dark corridor with its noise. Pavlo inhaled the cigarette and then, with an abrupt gesture, threw the butt into the dark blue tin ashtray. He felt sand under his shoes, crunching against the concrete. Pavlo came out into the cement yard, flooded with sunlight, where clothes were drying. He had to bend low to reach the gate.

A man in white overalls was looking at him from the window of a pastry shop. He stared and unexpectedly winked at Pavlo.

Two rows of what used to be Jewish shops lined both sides of the street and Pavlo recalled the half-forgotten time when on the porches there sat bearded merchants who followed each passerby with attentive looks. Now warehouses had taken their place and older, serious ware-

жого уважним поглядом. Тепер тут містилися склади, і літні, поважні комірники завжди стовбичили коло відчинених дверей. Чомусь здавалося, що лавочки раніше належали їм, і саме це змусило їх піти в комірники. Жінки всідалися на ганках і обговорювали щось різкими гортанними голосами, що відлунювали од кам'яних пішоходів і масивних дубових дверей.

Тінь уже затягла вулицю, але на заході ще грало рожеве сяйво і сліпило очі, нагадуючи про затишний пляж, де лежали бронзові розморені тіла, ледве прикриті клаптиками кольорової матерії. На світанку їх змінять рибалки, що збираються тут з цілої околиці. Вони сидять непорушно, зливаючись зі своїми вудочками й час від часу голосно перемовляючись.

Край площі виднілася синя будочка пивниці, коло неї під барвистими парасолями сиділи по-недільному зодягнуті чоловіки. Він впізнавав їх: Закревський — з міцною шиєю і крутою, дебелою спиною, Мусійчук — з малим поморщеним обличчям і рудими обскубаними вусами, Голобуцький — з круглим веселим обличчям і яскраво-рожевим черепом, і, нарешті, Стах Бондар, що повільно цідив з великого кухля бурштинове пиво.

Дві сині вежі костьолу впинались у небо блискучими хрестами, коло нього громадилась череп'яними банями соборна церква. Павлові раптом стало дивно, що йде до темного будинку, де прибито головатими цвяхами бляшану вивіску з круглими літерами, і він зупинився серед порожньої величезної площі, роззираючись довкола. Його оточував сірий асфальт, що виливався з-під ніг, оббігав довкола, закручуючи, наче вир, — серед цієї одноманітної сіризни постать його здавалася темною комашиною.

II

Відчував це саме й минулої неділі, коли сидів у темному кутку і слухав монотонний голос пресвітера. Той читав якусь дуже давню притчу з грубезної книги, і Павло дивився, як повільно пересувається по сторінці його товстий палець. За нігтем темніла смужечка бруду, палець сунувся по рябій сторінці, час від часу врочисто піднімався і знову падав. Було дуже тихо, лише на віконному склі дзижчала муха, крильця її просвічувалися сіточкою перетинок. Біля Павла з присвистом дихала груба жінка в чорній сукні. Вона сиділа, розставивши круглі, м'ясисті коліна, і сукня між ними прогиналася. Великі губи ворушилися, як у витягнутої на берег риби. Павло згадав, що йому довелося з нею цілуватися на початку відправи. Під серцем защеміла нудьга, від якої зашерхло в горлі, і він змушений був проковтнути гарячий клубок. Було збіса неприємно, проте палець пресвітера діяв заспокійливо,

214

housemen were standing at the open doors. It looked somehow as if they had owned the older shops and had only recently become renters. The women sat on porches and debated matters in guttural tones which echoed between the stone walls and the massive oak doors.

The street was now in the shade but in the west the sun was still shining rosily, blinding the eyes and recalling the secluded beach with outspread bronze bodies, barely covered by bits of colored cloth. In the morning, these would be replaced by fishermen who would gather here from everywhere around the neighborhood. They would sit motionless with their fishing rods, exchanging a word from time to time.

The blue front of a tavern could be seen at the side of the square where men, dressed in their Sunday best, were sitting under multicolored umbrellas. He recognized them: Zakrevsky, with his strong neck and powerful back; Musiychuk, with his small wrinkled face and reddish, wispy mustache; Holobutsky, with his merry, round face and bright pink skull; and, lastly, Stakh Bondar, who was slowly sipping the amber beer from a large mug.

Two blue church spires pierced the sky with shining crosses and next door was another church with tiled cupolas. Pavlo suddenly felt it odd to be going inside the dark building with the brass plate nailed outside, and he stopped in the middle of the empty square, looking in all directions. He was surrounded by gray asphalt which spread from under his feet and swung wide like a vortex. In the middle of this monotonous gray his figure seemed like that of a dark insect.

II

He had felt the same last Sunday when he sat in a dark corner and listened to the dull voice of the presbyter. He was reading aloud some old parable from a thick book and Pavlo noticed how slowly his fat finger moved along the page. With black dirt under the nail the finger moved on the gray page, lifting ceremoniously from time to time and then dropping down again. It was very quiet; only a fly buzzed against the windowpane, its wings transparent, like a net. Next to Pavlo a stout woman in black was breathing heavily. She sat with her round, muscular knees spread apart, her dress dipping between them. Her fat lips moved like the mouth of a fish lying on shore. Pavlo recalled that he had had to kiss her before the service. He felt a yearning in his heart which made his throat dry and he tried to swallow hard. He felt most unpleasant, but the presbyter's finger had a soothing effect; it crawled along the page farther and farther and the fat fingertip halted reassuringly at the most instructive passages . . .

Eleven years ago, Pavlo had come back from the war. Maria and

він повз по рябій сторінці все далі й далі, і товста пучка повчально спинялася на найбільш виразних місцях...

Одинадцять років тому Павло повернувся з війни, його чекала Марія з дитиною. Вона була худа, аж чорна. Обоє довго стояли в сутінках кімнати, дивлячись одне на одного, не могли скинути заціпеніння, яке враз скувало їх. То була найтяжча хвилина. В Марії по щоках текли рясні сльози, а він мовчки дивився на неї. Вона почала вже схлипувати вголос і раптом закричала розпачливо й жалісно. Потім вони не могли розірвати обіймів, він відчував устами її мокре, солоне обличчя. Жінка ще схлипувала, все міцніше й міцніше горнулась до нього. Тоді заплакала мала Люся, що несподівано прокинулась. Вона хапала його за коліна, і він відчував, як у нього дрібно тремтять пальці. Одірвав від себе дружину й повільно став розв'язувати речовий мішок.

— Хто це, мамо? — смикала Марію дочка.

— Тато, — відповіла вона плачучи. — Тато...

— Тату, — сказала мала. — Це ти хіба?

— Я, — підтвердив Павло.

Потім вони лягли спати, повечерявши хлібом та консервами. Він голубив дружину, боячись дійти найзаповітнішого. Але це сталося само собою, і в ту ніч був зачатий Борис...

Павло заплющив очі. Йому стало спокійно й тепло від споминів. Денна втома розлилася по всьому тілу, у вухах ще й досі жили відлунки стукоту молотка, пахло ацетоновим клеєм і шкірою, свіжою постіллю, яку щосуботи стелила Марія. Вчувався запах підгорілої кави, і десь далеко гув примус. А на ганках колишніх лавок сиділи пишні жінки й гортанними голосами про щось перемовлялись.

М'який, вкрадливий голос пресвітера читав стару історію, що проголошувала ті ж істини, які втовкмачувала йому мати в дитинстві, беручись за батькового паска. Він думав про те, що вже давно його так ніхто не переконував, навпаки — паска доводиться брати йому. Це теж своєрідне, правда, трохи спрощене доведення істини.

Коло нього голосно дихала товста жінка, вона ворушила своїми гладкими коліньми, і від цього приємно шаруділо чорне крепдешинове плаття. Треба плаття й Марії, думав він ,але не чорне, а світле, з великими квітами, яке він бачив на дружині директора фабрики, коли та вилазила з легкової машини. Вона незграбно виставила загорілу повну ногу і блиснула мереженою білизною. Йому не було заздрісно на ту білизну, тільки хотілося, щоб у Марії було таке плаття. Та гроші, які збирав, залишились у пивниці, він думав про ту пивницю, де подавали до пива несвіжі сирки, огірковий салат і чогось завжди холодне бараняче рагу, яке готувала сама буфетниця...

his child were waiting for him. His wife was thin, almost black. They both stood for a long time in the unlit room, looking at each other and unable to shake off the rigidity which bound them together. It was a difficult moment. Maria's cheeks were wet with tears and he looked at her silently. She had started to sob, and suddenly cried out despairingly. Later they clung together in an embrace and his lips felt her wet, salty face. His wife was still sobbing, pressing herself passionately against him. Little Lusya had been awakened, and started to cry too. She clutched at his knees and he felt her trembling fingers. He broke loose from his wife and started to untie his kitbag.

"Who is this, mummy?" their daughter asked.

"Daddy," answered Maria, still crying.

"Daddy," repeated the child. "Is that you?"

"Yes, it's me," agreed Pavlo.

Then, after a supper of canned meat and bread, they went to bed. He caressed his wife, afraid to go too far. But nothing could stop it, and Borys had been conceived that night.

Pavlo closed his eyes. He felt calm and warm after these reminiscences. Lassitude flooded his body; his ears still retained the hammering echoes; he could still smell the glue and leather as well as the fresh bedding which Maria changed every Saturday. The smell of burnt coffee wafted distantly and the primus hummed somewhere far away. On the porches of what used to be shops, women talked in guttural voices.

The soft, penetrating voice of the presbyter told the old story which preached the same kind of truth he had heard as a child from his mother who sometimes resorted to using his father's belt. He thought it was a long time since anyone had tried to persuade him so hard, with or without the belt. This is also a kind of truth, a simplified demonstration of it.

Near him the fat woman was breathing heavily, moving her smooth knees and rustling unpleasantly her crepe-de-Chine dress. Maria needed a new dress too, he thought, not black, but bright, with large flowers, like the one he had seen on the wife of the manager of the factory as she was getting out of a car. She clumsily showed her tanned, full leg and flashed a lace slip. He didn't envy her the slip but he wished Maria could have a dress like that. Yet the money he earned went to the tavern. He thought about the tavern where beer was served with stale cheese, cucumber salad and nearly always cold lamb stew prepared by the barmaid herself.

"Brother, are you asleep?" the presbyter asked him in a soft voice.

Pavlo blinked his eyes. Barvinsky was nudging his elbow.

"I know you are tired, but it's a sin to sleep when the Holy Scripture is read."

A taste of metal filled his mouth; his tongue and his lips froze.

217

— Ви спите, брате? — спитав його м'який голос пресвітера.

Павло кліпнув очима. Барвінський смикав його за піджак.

— Ви втомилися, я розумію, але то гріх, коли сплять при святому читанні.

Металевий присмак з'явився в роті — задерев'яніли язик і вуста. На нього дивилося кільканадцять запалених цікавістю очей.

— Ви повинні відповідати за свої дії. Кожна доросла людина має відповідати за свої дії.

— Ідіть ви до біса, — раптом розсердився Павло. — Не хочете — я можу піти.

Він підвівся і став пробиратися до виходу.

— Стривайте, — зупинив його пресвітер. — Це непорозуміння. Не треба так гостро реагувати.

Навколо загомоніли, слова сипались, наче полова, пройняті удаваною смиренністю, і йому здалося, що до нього звідусіль тягнуться гострі пазури. Вони були ще сховані в подушечках, але ось-ось мали впитися в серце. Довкола відчувалася порожнеча, навіть повітря було висмоктане, і він ішов між двох хвиль ненависті, яка хлюпала зі смиренно приплющених очей. Щось гнало його звідси, з обвішаної паперовими гаслами кімнати, і, рвонувши двері, Павло вискочив на вулицю. Його засліпило величезне сонце, що висіло на виднокрузі. Воно сипонуло міріадами жовтих тонких, наче стріли, променів, і на серці стало враз тепло, як тоді, коли він приносив дітям подарунки. Швець примружився й задивився на захід. Крізь вії видно було, як повільно ховалося оточене пірчастими, схожими на рибок, хмарками сонце.

III

Буфетниці Зіні гаряче, вона п'є холодне пиво, спираючись плечем об двері. Піт блищить на вилицюватому обличчі, а під пахами темніють мокрі плями. Павло стягнув піджак і кинув його на стілець. Було парко, він розстебнув комір, відпустив трохи краватку.

— Чого тобі? — озвалася буфетниця.

— Пива, — сказав Павло, витираючи мокрого лоба. — Душно, хай йому біс.

— Буде дощ, — проказав Мусійчук високим фальцетом, підіймаючи вгору короткого темного пальця.

— Братва, — Голобуцький обтер рукавом лисину. — Є два квитки на футбол. Продаю.

— Футбол, — прорік Стах Бондар, одриваючись від кухля, — збіговисько ідіотів. Я раз пішов, то, повірте, мало не відтоптали ноги.

Several pairs of curious eyes looked at him.

"You must act responsibly. Every adult must be responsible."

"Go to hell!" Pavlo suddenly grew angry. "If you don't want me I can go."

He got up and started to make his way to the door.

"Wait!" the presbyter stopped him. "This is a misunderstanding. Don't take it too seriously."

There was a commotion; words filled with false modesty flew like chaff, sharp claws stretched out to him from all sides. They were still blunt but at any moment they could attack his very heart. He felt a strange emptiness around him; even the air was sucked away by two waves of hatred which rose from the meekly half-closed eyes. Something propelled him away, out of this room with the papered slogans on its walls and, seizing the doorknob, Pavlo leaped out onto the street. He was blinded by the enormous sun hanging on the horizon. It pierced him with thousands of thin yellow arrows and his heart suddenly felt warm, just as it did when he brought presents to his children. The cobbler blinked and looked westward. Through his eyelashes he saw the sun setting slowly, surrounded by feathery, fish-like clouds.

III

Zina, the barmaid, was hot. She was drinking cold beer, leaning with her back against the door. Sweat glistened on her face with its prominent cheekbones, and gathered in wet spots under her armpits. Pavlo took off his jacket and chucked it on the chair. It was humid; he unbuttoned his collar and loosened his tie a little.

"What will you have?" asked the barmaid.

"Beer," said Pavlo, wiping his wet forehead. "Gosh, it's stuffy."

"It'll rain," said Musiychuk in a high falsetto, raising his short, swarthy finger.

"Boys," Holobutsky wiped his bald head with his sleeve, "I am selling two tickets to the game."

"Soccer!" said Stakh Bondar, putting down the beer mug. "It's a gathering of idiots. I went once. They almost trampled me."

Kalenyk nodded.

Pavlo slurped his beer.

"People have gone crazy," he blurted out.

"Ha-ha! You're out of touch," said Holobutsky, shaking his bare skull.

The beer was good, cool and fresh. The oppressive blue air flooded the tables and people could be heard breathing. Musiychuk tipsily rested

Каленик кивнув головою.

Павло відсьорбнув пива.

— Люди подуріли, — буркнув він.

— Ха-ха, — Голобуцький затрусив лисим черепом. — Ти відсталий чоловік, Павле.

Пиво було добре, холодне й свіже. Задушне синє повітря заливало столики, і чути було, як важко дихають люди. Мусійчук п'яно похилив голову на груди. Голобуцький сховав квитки до кишені, а буфетниця Зіна голосно ковтала холодне питво. Її великий живіт коливався під білим, трохи брудним халатом. На пішоходах миготіли постаті останніх пляжників, їхні кроки лунко розбивалися об кам'яні плити. Павло дивився на замощені потрісканим каменем кручі. По них вився буйний хміль. З парку долинала танцювальна музика, мерехтіли далекі вогні на електричних стовпах.

— Павле, — вигукнув своїм фальцетом Мусійчук. — То правда, що ти записався у штунди? — він захихотів, обтираючи вуса двома пальцями.

Павло мовчав.

— Хотів, — нарешті сказав він. — Але мене заставили цілуватись з такою товстою пикою, що я втік.

— Уже як товста, то й поцілуватись не можна, — оскирилася Зіна.

— З тобою, Зіно, я б цілу ніч...

— А думаєш, була б гірша від своєї клячі?

— Охо, моя кляча ще повезе.

— Дивися, щоб не завезла.

— А хай завозить, — Павло прискалив око.

— Ну-ну, то як ти цілувався? — присунувся Голобуцький.

— Та так, — Павлові перехотілося говорити. Задивився у сутінь, жовта лямпочка блимала над столиком, а навколо неї хаотично кружляли комарі та нічні метелики. В душну темряву вривався запах очищеної від денної спеки землі й вільготний подих річки. Від того подиху зашепотіло листя, десь у глибині містечка загавкав самотній пес.

Зіна принесла новий кухоль, і швець одразу ж відпив половину. Вже пішли Мусійчук з Голобуцьким, підвівся Каленик, Стах Бондар взяв його під пахву й поволік у темряву. Павло сидів, повернувшись до вікна, а Зіна прибирала зі столиків. Бахнув несподівано постріл, і в повітрі зависли три ракети: жовта, голуба і зелена.

— Що це?

— У парку. Масове гуляння сьогодні.

Він подумав, яке це чуже для нього — масове гуляння.

— Ну як, Зіно, життя? — спитав він.

Вона розіпнулася і відкинула з лоба пасмо волосся.

his head on his chest, Holobutsky put the tickets back into his pocket and the barmaid, Zina, noisily swallowed a cold drink. Her big stomach swayed under the white overall which was a bit grubby. On the sidewalk the last beachcombers could be seen, their steps resounding against the stone slabs. Pavlo looked at the cracked cliffs smothered with creeping hops. Dance music could be heard from the park, distant lights shimmered along the electricity poles.

"Pavlo," Musiychuk asked in his falsetto, "is it true that you have joined the Baptists?" He giggled, wiping his mustache with two fingers.

Pavlo was silent.

"I wanted to join," he said at last. "But they forced me to kiss such a fat mug that I ran away."

"So, because she was fat she wasn't worth kissing," protested Zina.

"With you, Zina, I wouldn't mind the whole night."

"I wouldn't be worse than your old mare."

"My old mare has still got plenty of life in her."

"Watch out, she'll do you in."

"Let her try!" Pavlo winked.

"Tell us," Holobutsky came nearer. "How did you kiss?"

"Ah well!" Pavlo was fed up with this talk. He stared into the dusk. A yellow lamp twinkled across the table, surrounded by a swarm of mosquitoes and moths. The stuffy darkness was slowly penetrated by the scent of the soil and the damp river. This breath stirred the leaves and a lonely dog started to bark somewhere in the town.

Zina brought a fresh glass of beer and the cobbler drank half of it at once. Musiychuk and Holobutsky had left and Stakh Bondar took Kalenyk under his arms and dragged him away into the darkness. Pavlo sat turned to the window while Zina was clearing the tables. A shot was heard suddenly and three clusters of firecrackers burst in the air: yellow, blue and green.

"What's that?"

"It's in the park. Public holiday with everybody out promenading today."

He found this a very strange notion—public promenading.

Well, how's life, Zina?" he asked.

She undid a few buttons and brushed away a strand of hair from her forehead.

"I manage, Pavlo. Like this—from morning till night. It's interesting to watch people here." Her face looked very tired now.

"I don't think you'll get used to this."

"Even if I did, don't you think it's revolting?"

"People don't just drink for fun." He got up and put on his jacket. Nervously, he buttoned it up.

"Who knows?" Zina noisily swung a chair onto a table. In a brown puddle of gravy a moth was struggling vainly, spasmodically

221

— Кручусь, Павле. Отак з ранку до вечора. Дивись тут на вашого брата, — в неї на обличчі залягла глибока втома.

— По-моєму, тобі не звикати...

— А думаєш, як звикла — то не буває гидко?

— Люди не так просто п'ють, — він підвівся і натягнув на плечі піджак. Нервово застібував гудзики.

— Хто їх знає? — Зіна з гуркотом поставила стілець на стіл. У коричневій калюжі соусу безсило повз нічний метелик, його велике сіре тіло і коричневі, як і соус, крильця спазматично стріпувались.

— Іди вже додому, — Зіна розв'язувала ззаду поворозки халата.

Павло розплатився і повільно пішов униз. На нього війнуло прохолодою, яка вбиралася кожною клітиною тіла. Важко кумкали жаби, час від часу випускаючи протяжні, наче поклики, звуки. Шамотіло вгорі листя, вітер перебирав його з тією особливою поквапливістю, яка виникає перед дощем. Павло підвів голову і задивився на темне, каламутне небо. Велика крапля вдарила його по лобі й розповзлася щемливою прохолодою.

Він сів на камінь край дороги й, обхопивши голову руками, пробурмотів:

— Хай йому біс!

fluttering its wings which were brown too.

"You'd better go home." Zina untied her overall at the back.

Pavlo paid and slowly walked downstairs. Cool air struck him and pierced every cell of his body. Frogs croaked heavily, letting out from time to time prolonged noises like calls. Leaves rustled above, stirred suddenly by the wind before rain. Pavlo raised his head and stared at the dark, muddy sky. A large drop of rain struck him on the forehead and made him shudder.

He sat on a stone at the side of the road and, his head in his hands, murmured:

"Oh, to hell with it!"

— Translated by G. and M. Luckyj

UKRAINIAN ACADEMIC PRESS

The primary goal of Ukrainian Academic Press (UAP) is to encourage and promote scholarly writings in English on a wide range of subjects relating to Ukraine. Original monographs by well-known subject specialists cover a variety of topics with particular emphasis on cultural and intellectual life, history, literature, and other areas of the humanities and social sciences.

ABOUT THE EDITOR

Dr. George S. N. Luckyj, professor emeritus of Russian and Ukrainian literatures at the University of Toronto, obtained his B.A. and M.A. degrees from the University of Birmingham, England. After serving for four years with the British Army of the Rhine, he joined the staff of the English Department at the University of Saskatchewan. In 1952, he received a Ph.D. in Slavic languages from Columbia University. An internationally known scholar, Dr. Luckyj is a frequent contributor to professional literature. Among his publications are *Literary Politics in the Soviet Ukraine, 1917-1934* (Columbia University, 1956) and *Between Gogol' and Shevchenko* (Harvard Series in Ukrainian Studies, 1971). He has also published translations of stories by Mykola Khvylovy and was one of the editors of *Ukraine: A Concise Encyclopedia* (University of Toronto Press, 1963; 1971). He is editor of the series Ukrainian Classics in Translation published by Ukrainian Academic Press.

ABOUT THE AUTHORS

YEVHEN HUTSALO (b. 1937)

Author of several collections of short stories, all published in the 1960s. He rarely writes poetry. Most of his stories deal with village or small-town life and the collection *Bathed in Lovage* (1965) draws heavily on the peculiarities of the Podillya region. The present story is one of his earliest.

MYKOLA KHVYLOVY (1893-1933)

According to those who knew him, Khvylovy was the most striking figure of the Ukrainian cultural renaissance in the 1920s. A passionate communist, he was at the same time deeply dedicated to the national idea. In time the two proved incompatible and Khvylovy, unable to bear the conflict any longer, shot himself in May, 1933.

Khvylovy's place in Ukrainian intellectual history is secure primarily because of his brilliant pamphlets (*Whither Are You Going*, 1925, *Thoughts Against the Current*, 1926, *The Apologians of Scribbling*, 1926) in which he deplored the low quality of contemporary letters and called for an orientation towards Western Europe. He was severely censured by the Party and by Stalin personally for issuing a call "away from Moscow." An able organizer, he led the literary group VAPLITE (Free Academy of Proletarian Literature) and edited several journals. His opposition to the policy of Russification ended in failure.

Khvylovy excels as a lyrical and poetic short story writer (collections *The Blue Etudes*, 1923, *Autumn*, 1924). He is also the author of an unfinished novel *The Woodsnipes* (1927). A collection of Khvylovy's stories in English translation (*Stories from the Ukraine*) appeared in New York in 1960. The story "My Being" was first published in 1924.

HRYHORIY KOSYNKA (1899-1934)

Perhaps the most talented short story writer of the early Soviet period, Kosynka died in his prime, under sentence of execution for alleged counter-revolutionary activity. The upheaval of the revolution is often depicted impressionistically in his stories. Free of political tendentiousness, they are as artistically accomplished as Babel's Russian stories on a similar topic. Kosynka's first story appeared in 1919. Four

collections came out in the 1920s. Some of his stories have been translated into East European languages and into English and German. A new volume of Kosynka's writings appeared in Kiev in 1962 after his partial rehabilitation.

MYKHAYLO KOTSYUBYNSKY (1864-1913)

Kotsyubynsky appeared in Ukrainian literature at a time when realist and populist trends were still strong, but were gradually giving way to Modernism. In a period of transition he made his finest contribution to this new literary school which placed artistic considerations above social and national issues. Some of his short stories are clearly stamped with impressionism and exoticism. Others deal with contemporary themes but in a much subtler way than his predecessors. He is also the author of two novels, very different in style: *Fatamorgana* (1903-10), an account of a village rebellion, and *The Shadows of Forgotten Ancestors* (1911), a stylized folk legend. The latter was made into a film (1964) which enjoyed great success in Europe and North America. "On the Rock" was written in 1902.

VALERIYAN PIDMOHYLNY (1901-1941)

His first short stories appeared in 1919. In 1922 his first short novel *Ostap Shaptala* was published. Recognition came to Pidmohylny with the publication of his novel *The City* in 1928. He was at that time a leading member of the apolitical literary group *Lanka* (The Link). In 1930 his last novel was serialized in a Kiev magazine. It has recently been translated into English under the title *A Little Touch of Drama*. Pidmohylny's great promise as a novelist was cut short by his arrest in 1934. He died in a Soviet concentration camp. An admirer and translator of French literature, he wrote in a style strongly influenced by contemporary Western European trends. This short story was written in 1922.

VALERIY SHEVCHUK (b. 1939)

Graduate in history of Kiev University and author of many short stories. The second story is taken from the first chapter of his novel *12, Riverside*, which appeared in 1968.

VASYL STEFANYK (1871-1936)

Although often regarded merely as a "bard of the Ukrainian village," Stefanyk is a major short story writer by any standards. A master of the short story genre, the novella, he shows in all his writing extraordinary dramatic quality. His stories of peasant life from the Pokuttya district acquire universality by the force with which they convey the misery and heartbreak of human existence. Most of them are

written in a peasant dialect. Stefanyk made his debut in 1899 with a collection *The Blue Book* from which two stories appear here. "The Stone Cross" was written in 1899. Altogether five collections of stories were published in his lifetime.

MYKOLA VINHRANOVSKY (b. 1936)

Of peasant stock, Vinhranovsky is a well-known poet who rarely writes prose. His first collection of poems *Atomic Preludes* was published in 1962. A graduate of the Cinematographic Institute, he worked as a film director in Kiev. In the 1960s he was among the most original and nonconformist young poets.

VOLODYMYR VYNNYCHENKO (1880-1951)

Vynnychenko became a staunch radical intellectual at the turn of the century. A convinced socialist, he played a leading part in the government of the short-lived Ukrainian People's Republic in 1917-19. Later he lived the life of an isolated emigre in France, where he died. As a writer, Vynnychenko belongs to the modernist school with definite "decadent" leanings. He was a very popular and prolific short story writer, novelist and dramatist. His best works have been translated into several languages and his plays performed in European theaters. A protean talent, he often baffled his critics and readers by the wide range of his techniques and by his sharp analytical penchant. Since the 1930s his works have been proscribed in the Ukraine. A new Ukrainian edition of his short stories came out in Czechoslovakia in 1968, containing the story printed here, which was first published in 1902.

YURIY YANOVSKY (1902-1954)

A leading Soviet Ukrainian novelist who started as a poet in 1924. His early novels, *The Master of the Ship* (1928) and *The Four Sabres* (1930), though very different in structure and theme are masterpieces of poetic prose. Yanovsky's early style is still visible in *The Horsemen* (1935), a "novel in tales" from which the present story is taken. Later he adhered to the official theory of socialist realism. The author of several film scenarios, Yanovsky in his early writings has much in common with Dovzhenko's movies of that period. "A Boat in the Sea" is a poet's vision of his country's character and of man's ability to survive.

MYKHAYLO YATSKIV (1873-1961)

Among the modernist writers of his period, Yatskiv is a secondary figure. Nevertheless, his stories of peasant life have an originality and humor which are quite impressive. For a time he belonged to the group "The Young Muse." His first collection of stories *In Satan's Kingdom*

appeared in 1900 with the subtitle "ironic-sentimental sketches." The short story printed here was first published in 1906 and a slightly abridged version of it with a new title was republished in a Soviet collection in 1957. Yatskiv is also the author of a novel *The Dance of Shadows* (1917).